Viele Gedanken vieler Köpfe

Eine Schatzkammer mit Zitaten aus der Literatur jedes Landes und jeder Zeit

Louis Klopsch

Writat

Diese Ausgabe erschien im Jahr 2024

ISBN: 9789359941301

Herausgegeben von
Writat
E-Mail: info@writat.com

Nach unseren Informationen ist dieses Buch gemeinfrei.
Dieses Buch ist eine Reproduktion eines wichtigen historischen Werkes. Alpha
Editions verwendet die beste Technologie, um historische Werke in der gleichen
Weise zu reproduzieren, wie sie erstmals veröffentlicht wurden, um ihre
ursprüngliche Natur zu bewahren. Alle sichtbaren Markierungen oder Zahlen
wurden absichtlich belassen, um ihre wahre Form zu bewahren.

VORWORT.

Im begrenzten Umfang dieses kleinen Bandes hat sich der Verfasser bemüht, nur solche Materialien zu verwenden, die geeignet sind, einem möglichst großen Leserkreis von Nutzen zu sein. Fast vierhundert Themen wurden von ihm behandelt, und die zitierten Zitate stammen von renommierten Autoren mit anerkannten Fähigkeiten. Mehr als 2500 Auszüge aus der erlesensten Literatur aller Zeiten und Sprachen, thematisch geordnet und in einem Umfang, der so umfangreich ist, dass sie fast jedes Thema berühren, das den menschlichen Geist beschäftigt, bilden einen Schatz an Gedanken, der, wie man hofft, dies auch tun wird für alle akzeptabel und hilfreich sein, in deren Hände dieser Band fallen könnte.

Viele Gedanken vieler Köpfe.

Fähigkeit. – Keinem Menschen mangelt es an einer Eigenschaft, durch deren ordnungsgemäße Anwendung er in der Welt Gutes verdienen könnte; und wer auch immer nur wenig in seiner Macht hat, sollte sich beeilen, dieses Wenige zu tun, damit er nicht mit dem verwechselt wird, der nichts tun kann. – Dr. Johnson .

Wir beurteilen uns selbst danach, wozu wir uns fähig fühlen, während andere uns danach beurteilen, was wir bereits getan haben. – Longfellow .

Jeder Mensch ist im Rahmen seiner Fähigkeiten für alles Gute verantwortlich und nicht für mehr . – Gail Hamilton .

Der Besitz großer Kräfte bringt zweifellos eine Verachtung für bloße äußere Erscheinung mit sich. – James A. Garfield .

Die Kunst, mäßige Fähigkeiten zum Vorteil zu nutzen, wird gelobt und erlangt oft mehr Ansehen als tatsächliche Brillanz . – La Rochefoucauld .

Reichtum eines armen Mannes . – Matthew Wren .

Das Maß für die Leistungsfähigkeit ist das Maß für die Sphäre eines Mannes oder einer Frau . – Elizabeth Oakes Smith .

Natürliche Fähigkeiten können den Mangel jeder Art von Kultivierung fast ausgleichen; aber keine Kultivierung des Geistes kann den Mangel an natürlichen Fähigkeiten ausgleichen. – Schopenhauer .

Ein fähiger Mann zeigt seinen Geist durch sanfte Worte und entschlossenes Handeln. – Chesterfield .

Absolution. – Niemand nimmt Sünden weg (die das Gesetz, obwohl heilig, gerecht und gut, nicht wegnehmen konnte), außer Er, in dem keine Sünde ist. – Beda .

Er allein kann Sünden vergeben, der vom Vater aller zu unserem Meister ernannt wird; Er ist nur in der Lage, Gehorsam von Ungehorsam zu unterscheiden. – Hl. Clemens von Alexandria .

Es ist nicht der Botschafter, es ist nicht der Bote, sondern der Herr selbst, der sein Volk rettet . Der Herr bleibt allein, denn kein Mensch kann Gott bei der Sündenvergebung zur Seite stehen; Dieses Amt gehört ausschließlich Christus, der die Sünden der Welt wegnimmt. – Hl. Ambrosius .

Es liegt allein am wahren Gott, die Menschen von ihren Sünden befreien zu können. – Hl. Cyril .

Weder ein Engel noch ein Erzengel, noch nicht einmal der Herr selbst (der allein sagen kann: „Ich bin bei dir") kann uns, wenn wir gesündigt haben, erlösen, es sei denn, wir bringen Reue mit. – St. AMBROSIUS .

Aktion. – Das, was getan wird, nützt, und nicht, was darüber gesagt wird. – EMERSON .

Handeln bringt möglicherweise nicht immer Glück; Aber es gibt kein Glück ohne Handeln. – BEACONSFIELD .

Es gibt drei Arten von Handlungen: die guten, die schlechten und die zweifelhaften; und wir sollten vor denen, die zweifeln, äußerst vorsichtig sein; denn wir sind von diesen zweifelhaften Handlungen am meisten bedroht, weil sie uns nicht beunruhigen; und doch führen sie unmerklich zu größeren Übertretungen, so wie die Schatten der Dämmerung uns allmählich mit der Dunkelheit versöhnen. – A. REED .

Zu den tapferen Taten spricht allein. – SMOLLETT .

Es ist gut, gut zu denken: Es ist göttlich, gut zu handeln. – HORACE MANN .

Aktive Naturen sind selten melancholisch. Aktivität und Melancholie sind unvereinbar. – BOVEE .

 Nicht Freude und kein Leid ist unser bestimmtes Ziel oder unser Weg; Sondern zu handeln, damit uns jeder Morgen weiter findet als heute.

* * * *

jedoch keiner Zukunft angenehm! Lass die tote Vergangenheit ihre Toten begraben! Handeln , handeln, in der lebendigen Gegenwart! Herz im Innern und Gott im Kopf ! – Longfellow.

Jeder Mann hat instinktiv das Gefühl, dass alle schönen Gefühle der Welt weniger wiegen als eine einzige schöne Handlung . – LOWELL .

Erstaunliche Taten können ebenso gut durch den Sohn des Webers wie durch den Sohn des Prinzen vollbracht werden. – Dryden.

Es geht nicht darum, süße Dinge zu kosten, sondern edle und wahre Dinge zu tun und sich unter Gottes Himmel als von Gott geschaffener Mensch zu rechtfertigen, wonach sich der ärmste Sohn Adams dunkel sehnt. Zeigen Sie ihm, wie das geht, der langweiligste Tagesarbeiter wird zum Helden. – CARLYLE .

Überlege mit Bedacht, aber handle mit Entschlossenheit; und gnädig nachgeben oder sich mit Entschlossenheit widersetzen. – COLTON .

Wenn unsere Seelen diese Wohnung verlassen, ist der Ruhm einer gerechten und tugendhaften Tat größer als alle Wappen auf unserem Grab oder seidene Banner über uns . – J. SHIRLEY .

Unsere Taten machen oder verunstalten uns – wir sind die Kinder unserer eigenen Taten. – VICTOR HUGO .

Da der Mensch seinem Wesen nach aktiv ist, muss er in der Aktivität sowohl seine Freude als auch seine Schönheit und Herrlichkeit finden; und Arbeit ist, wie alles andere Gute, ihr eigener Lohn. – WHIPPLE .

Unglück. — Zeiten großen Unglücks und großer Verwirrung haben schon immer die größten Geister hervorgebracht. Das reinste Erz wird aus dem heißesten Ofen gewonnen, und der hellste Blitz wird aus dem dunkelsten Sturm hervorgerufen. – COLTON .

Am Tag des Wohlstands haben wir viele Zufluchtsorte, auf die wir zurückgreifen können; am Tag der Not nur einer . – HORATIUS BONAR .

Kleine Geister werden durch Unglück gezähmt und unterworfen; aber große Geister erheben sich über sie . – WASHINGTON IRVING .

Eine elende Seele, von Widrigkeiten geplagt . Wir bitten um Ruhe, wenn wir sie schreien hören. Würden wir aber mit der gleichen Last an Schmerz belastet , so viel oder mehr würden wir uns beschweren. –Shakespeare.

Der Himmel ist nicht immer zornig, wenn er zuschlägt, sondern bestraft diejenigen, die ihm am meisten gefallen. –Pomfret.

Das Feuer meiner Not hat die Masse meiner Bekanntschaft vernichtet. – BOLINGBROKE .

Auf jedem Dorn wächst köstliche Weisheit; In jeder Rinne fließt eine süße Belehrung. -DR. Jung.

Wenn die Vorsehung aus geheimen Gründen ätzende Sorgen oder scharfes Leid sendet; Wir müssen zu dem Schluss kommen, dass es so sein sollte , und dürfen nicht verzagen oder ungeduldig werden. –Pomfret.

Wenn du am Tag der Not ohnmächtig wirst, ist deine Kraft gering . – SPRÜCHE 24:10 .

Widrigkeiten wecken Talente, die unter wohlhabenden Umständen schlummern würden. – HORAZ .

In dieser wilden Welt sind die Liebsten und Besten die am meisten geprüften, am meisten beunruhigten und verzweifeltsten . –Crabbe.

Die Lehren aus Widrigkeiten sind oft dann die gütigsten, wenn sie am schwerwiegendsten erscheinen. Die Niedergeschlagenheit der Eitelkeit veredelt manchmal das Gefühl. Der Geist, der nicht völlig im Unglück versinkt, erhebt sich höher als zuvor darüber und wird durch das Leid gestärkt. – CHENEVIX .

Im bitteren Kelch liegt Heilung. – SOUTHEY .

Wohlstand ist der Segen des Alten Testaments, Widrigkeit ist der Segen des Neuen Testaments, das den größeren Segen und die klarere Offenbarung der Gunst Gottes in sich trägt . – BACON .

In allen Fällen von Herzschmerz lindert die Anwendung der Enttäuschung eines anderen Mannes den Schmerz und lindert die Verärgerung. – LYTTON .

Wen der Herr liebt , den züchtigt er . – HEBRÄER 12:6 .

Die hellsten Kronen, die im Himmel getragen werden, wurden im Ofen der Trübsal geprüft, geschmolzen, poliert und verherrlicht. – CHAPIN .

Echte Moral bleibt nur in der Schule der Widrigkeiten erhalten, und ein Zustand anhaltenden Wohlstands kann sich leicht als Treibsand für die Tugend erweisen. – SCHILLER .

Affektiertheit. – Zuneigung ist die Weisheit der Narren und die Torheit mancher vergleichsweise weisen Männer.

Niemals werden wir durch Eigenschaften, die wir besitzen, so lächerlich gemacht wie durch diejenigen, die wir anstreben oder zu haben vorgeben. – AUS DEM FRANZÖSISCHEN .

Zuneigung ist ein größerer Feind für das Gesicht als die Pocken. – ST. EVREMOND .

reich zu erscheinen. – LAVATER .

Zuneigung verbirgt dreimal so viele Tugenden wie Nächstenliebe Sünden. – Horace MANN .

Zuneigung. – Ein liebendes Herz ist die wahrste Weisheit. – DICKENS .

Richte deine Zuneigung auf die Dinge in der Höhe, nicht auf die Dinge auf der Erde . – KOLOSSER 3:2 .

Liebkosungen, Ausdrucksformen der einen oder anderen Art sind für das Leben der Zuneigungen so notwendig wie Blätter für das Leben eines

Baumes. Wenn sie völlig zurückgehalten werden, wird die Liebe an der Wurzel sterben. – HAWTHORNE .

Ein einsamer Segen, den nur wenige finden können. Unsere Freuden mit denen, die wir lieben, sind eng miteinander verbunden. Und der, dessen wache Zärtlichkeit den behindernden Dorn entfernt , der die Brust, die er liebt, verletzt, glättet nicht allein den holprigen Weg eines anderen , sondern streut Rosen, um seinen eigenen zu schmücken.

Zuneigung ist ein Garten, und ohne sie gäbe es keinen grünen Fleck auf der Erdoberfläche.

Von aller irdischen Musik reicht der Schlag eines liebenden Herzens am weitesten in den Himmel. – BEECHER .

Wenn es etwas gibt, das den Geist für Engelsbesuche offen hält und den Dienst am Bösen abwehrt, dann ist es menschliche Liebe . – WILLIS .

Gebrechen. – Gott wäscht manchmal die Augen seiner Kinder mit Tränen, damit sie seine Vorsehung und seine Gebote richtig lesen können. – TL CUYLER .

Last tragen kann. – PHILLIPS BROOKS .

Jeder Mensch glaubt, dass er genau die Prüfungen und Versuchungen hat, die er am schwersten ertragen kann; aber sie sind es, weil sie genau die sind, die er braucht. – RICHTER .

Bedrängnis ist nur der Schatten von Gottes Flügel . – GEORGE MACDONALD .

Aromatische Pflanzen verleihen dort, wo sie wachsen, keinen würzigen Duft ; Aber zertreten und zu Boden getreten, verbreiten sie ihre milden Süßigkeiten. -Goldschmied.

Bedrängnis scheint der Leitfaden zum Nachdenken zu sein; der Lehrer der Demut; der Elternteil der Reue; die Pflegerin des Glaubens; der Stärker der Geduld und der Förderer der Nächstenliebe.

Außergewöhnliche Bedrängnisse sind nicht immer die Strafe für außergewöhnliche Sünden, sondern manchmal auch die Prüfung außergewöhnlicher Gnaden . – MATTHEW HENRY .

Wenn Sie nicht möchten, dass das Leiden Sie zweimal besucht, hören Sie sofort zu, was es lehrt. – BURGH .

Der Mensch wird zur Not geboren, während die Funken nach oben fliegen . – HIOB 5:7 .

Bedrängnis ist die heilsame Seele der Tugend; Wo Geduld, Ehre, süße Menschlichkeit und ruhige Standhaftigkeit Wurzeln schlagen und kräftig gedeihen. –Mallet und Thomson.

Die Söhne der Bedrängnis sind Brüder in Not; Ein Bruder zur Linderung, wie herrlich ist das Glück! – Verbrennungen.

Mit dem Wind der Trübsal trennt Gott im Boden der Seele die Spreu vom Korn . – MOLINOS .

Keine gegenwärtige Züchtigung scheint freudig, sondern schmerzlich zu sein; dennoch bringt sie danach die friedvolle Frucht der Gerechtigkeit für diejenigen, die dadurch ausgeübt werden. – HEBRÄER 12:11 .

Alter. – Kein weiser Mann wollte jemals jünger sein. – SWIFT .

Ich verehre das Alter; und ich liebe den Mann nicht, der ohne Emotionen auf den Sonnenuntergang des Lebens blicken kann, wenn sich die Abenddämmerung über dem wässrigen Auge zu sammeln beginnt und die Schatten der Dämmerung auf dem Verstand breiter und tiefer werden. – LONGFELLOW .

Man muss nur älter werden, um nachsichtiger zu werden. Ich sehe keinen Fehler begangen, den ich nicht selbst begangen habe. – GOETHE .

Das, was man gewöhnlich Vergötterung nennt, ist nicht die Schwachstelle aller alten Männer, sondern nur derer, die sich durch ihre Leichtsinnigkeit auszeichnen. – CICERO .

Wir dürfen die Fehler unserer Jugend nicht auf unser Alter übertragen; denn das Alter bringt seine eigenen Mängel mit sich. – GOETHE .

Lernen Sie, gut zu leben oder Ihren Willen gerecht zu gestalten; Du hast gespielt und geliebt und gegessen und getrunken ; Gehen Sie nüchtern davon, bevor ein lebhafteres Zeitalter kommt Er brüllt weiter und stößt dich von der Bühne. -Papst.

Wenn Falten auf unsere Stirn geschrieben werden müssen, sollen sie nicht ins Herz geschrieben werden. Der Geist sollte nicht alt werden. – JAMES A. GARFIELD .

Vierzig ist das Alter der Jugend; Fünfzig ist die Jugend des Alters. – Victor HUGO .

Denken Sie daran, dass einige der schönsten Tropfen im Kelch des Lebens auch im Alter noch für uns übrig bleiben können. Der letzte Schluck, den uns eine gütige Vorsehung zu trinken gibt, kann, wie es von dem Schluck des alten Römers heißt, am Boden des Bechers kostbarste Perlen enthalten, auch wenn er sich am Boden des Bechers befindet. – WA NEUER MANN .

den Himmel zusammenzuflicken . – SHAKESPEARE .

Nur wenige Menschen wissen, wie man alt ist. – LA ROCHEFOUCAULD .

Wenn Menschen im Alter tugendhaft werden, opfern sie Gott lediglich die Hinterlassenschaften des Teufels. – SWIFT .

Die Mängel des Geistes nehmen ebenso wie die des Gesichtsausdrucks mit dem Alter zu. – LA ROCHEFOUCAULD .

Wer die letzten Jahre seines Lebens mit Ehre und Trost verbringen möchte, sollte in jungen Jahren bedenken, dass er eines Tages alt werden könnte, und sich im Alter daran erinnern, dass er einmal jung war. – ADDISON .

Der Winter, der die Blätter um uns herum abstreift, lässt uns die fernen Regionen sehen, die sie früher verdeckten; Ebenso raubt uns das Alter unsere Freuden, nur um die Aussicht auf die Ewigkeit vor uns zu vergrößern. – RICHTER .

Das Leichteste, was unsere Freunde an uns entdecken können, und das Schwierigste, was wir an uns selbst entdecken können, ist, dass wir alt werden. – HW SHAW .

Ehrgeiz. – Die meisten Menschen würden in kleinen Dingen Erfolg haben, wenn sie nicht von großen Ambitionen geplagt würden. – LONGFELLOW .

Wer Berggipfel erklimmt, wird die höchsten Gipfel vorfinden , die am meisten in Wolken und Schnee gehüllt sind ; Wer die Menschheit übertrifft oder unterwirft , muss auf den Hass derer unten blicken. –Southey.

Diejenigen, die hoch stehen, haben viele Windstöße, die sie erschüttern ; Und wenn sie fallen, zerschmettern sie sich selbst. –Shakespeare.

Der Weg der Herrlichkeit führt nur zum Grab. – GRAY .

Wir sollten darauf achten, uns durch gute Leistungen einen guten Ruf zu verdienen. und wenn diese Sorgfalt einmal angewendet wird, darf man sich keine allzu großen Sorgen um den Erfolg machen. – ROCHESTER .

Sagen wir, was wir wollen, Sie können sicher sein, dass Ehrgeiz ein Fehler ist; Die Zermürbung unseres Herzens wird niemals belohnt – es stiehlt dem Leben die Frische – es dämpft seine lebhaften und geselligen Freuden – es verschließt unsere Seele vor unserer eigenen Jugend – und wir sind alt, bevor wir uns an das erinnern, was wir geschaffen haben ein Fieber und eine Arbeit unserer rassigsten Jahre. – LYTTON .

Ich fordere dich auf, den Ehrgeiz abzuwerfen : Durch diese Sünde sind die
Engel gefallen. –Shakespeare.

Ein edler Mann vergleicht und bewertet sich selbst mit einer Idee, die höher
ist als er selbst, und ein gemeiner Mann mit einer Idee, die niedriger ist als er
selbst. Das Eine erzeugt Streben; der andere Ehrgeiz. Ehrgeiz ist die Art und
Weise, nach der ein vulgärer Mann strebt. – BEECHER .

Es steht dem Menschen nicht zu, in absoluter Zufriedenheit zu ruhen. Er
wird mit Hoffnungen und Sehnsüchten geboren, während die Funken nach
oben fliegen, es sei denn, er hat seine Natur verroht und den Geist der
Unsterblichkeit ausgelöscht, der sein Anteil ist. – SOUTHEY .

Ehrgeiz hat für alle nur einen Lohn: Ein wenig Macht, ein wenig
vergänglicher Ruhm, ein Grab zum Ausruhen und einen verblassenden
Namen! –William Winter.

Mein ganzer Ehrgeiz ist, das gestehe ich, dem Unbekannten Gewinn zu
machen und ihm zu gefallen ; Wie Bäche, die von Quellen unten gespeist
werden und auf ihrem Weg Segen verstreuen . -DR. Baumwolle.

Engel. – Wenn Sie in Ihren wachen Stunden um die Gesellschaft der Engel
werben, werden sie mit Sicherheit im Schlaf zu Ihnen kommen. – GD
PRENTICE .

Der anklagende Geist, der mit dem Eid in die Kanzlei des Himmels flog,
errötete, als er ihn ablegte; und der Engel, der es aufschrieb, ließ eine Träne
auf das Wort fallen und löschte es für immer aus. – STERNE .

 Es gibt zwei Engel, die jeden von uns unsichtbar begleiten und in großen
Büchern unsere guten und bösen Taten aufzeichnen . Wer die Guten
aufschreibt , schließt nach jeder Tat sein Buch und steigt damit zu Gott
auf. Der andere hält sein schreckliches Tagebuch bis zum Sonnenuntergang
offen , damit wir Buße tun können; Dabei verblasst die Aufzeichnung der
Aktion und hinterlässt eine weiße Linie auf der Seite. Wenn meine Tat nun
gut ist, wie ich glaube , kann sie nicht mehr zurückgerufen werden. Es ist
bereits im Himmel versiegelt , als eine gute Tat vollbracht. Der Rest gehört
dir. – Longfellow.

Millionen spiritueller Wesen wandeln unsichtbar auf der Erde , sowohl
wenn wir aufwachen als auch wenn wir schlafen. –Milton.

Wut. – Und auf jemanden, den wir lieben, zornig zu sein , wirkt wie
Wahnsinn im Gehirn. – Coleridge.

Der Zorn wird uns als eine Art Stachel eingepflanzt, um uns mit den Zähnen gegen den Teufel knirschen zu lassen, um uns vehement gegen ihn zu machen, nicht um uns gegeneinander aufzustellen.

Wenn der Zorn hemmungslos zur Tat stürmt, stolpert er wie ein heißes Ross auf seinem Weg. -Brutal.

Lamentation ist der einzige Musiker, der sich immer wie eine Kreischeule auf das Dach eines wütenden Mannes setzt. – PLUTARCH .

Er ist ein Narr, der nicht wütend sein kann; aber er ist ein weiser Mann, der es nicht tut. – SENECA .

Wütende Männer schlagen diejenigen, die ihnen das Beste wünschen. – SHAKESPEARE .

Männer erfinden oft im Zorn, was sie mit Vernunft wollen. – WR ALGER .

Wut ist die ohnmächtigste Leidenschaft, die den Geist eines Menschen begleitet; es bewirkt nichts, was es bewirkt; und verletzt den Mann, der davon besessen ist, mehr als jeden anderen, gegen den es gerichtet ist. – CLARENDON .

Wenn Sie wütend sind, zählen Sie zehn, bevor Sie sprechen. wenn sehr wütend, hundert. – JEFFERSON .

Ein wütender Mann öffnet seinen Mund und schließt seine Augen. – CATO .

Wenn ein Mann Unrecht hat und es nicht zugibt, wird er immer wütend. – HALIBURTON .

Zorn untergehen . – EPHESER 4:26 .

Zorn beginnt mit Torheit und endet mit Reue. – PYTHAGORAS .

Wut führt oft dazu, dass wir bei einem das verurteilen, was wir bei einem anderen gutheißen. – PASQUIER QUESNEL .

Angst. – Es ist besser, wegen allzu ängstlicher Befürchtungen verachtet zu werden, als durch einen zu selbstbewussten Sicherheitsbeamten ruiniert zu werden . – BURKE .

Kann Ihre Fürsorge die Ursache ändern oder die Komplexität menschlicher Ereignisse aufdecken? – BLAIR .

Fast alle Männer sind überängstlich. Kaum betreten sie die Welt, verlieren sie schon die Vorliebe für natürliche und einfache Freuden, die in jungen Jahren so bemerkenswert war. Stündlich fragen sie sich, welche Fortschritte sie auf der Suche nach Reichtum oder Ehre gemacht haben; und sie gehen weiter, wie ihre Väter vor ihnen gegangen sind, bis sie müde und krank im Herzen mit einem Seufzer des Bedauerns auf die goldene Zeit ihrer Kindheit zurückblicken. – ROGERS .

Nichts im Leben ist bemerkenswerter als die unnötige Angst, die wir ertragen und uns im Allgemeinen selbst bereiten. – BEACONSFIELD .

Kunst. – Die Vollkommenheit der Kunst besteht darin, Kunst zu verbergen. – QUINTILIAN .

Kunst muss in der Natur verankert sein, sonst ist sie der Sport jedes Hauchs von Torheit. – HAZLITT .

Schönheit ist zugleich das höchste Prinzip und das höchste Ziel der Kunst. – GOETHE .

Kunst imitiert nicht, sondern interpretiert. – MAZZINI .

Kunst ist die Gabe Gottes und muss zu seiner Ehre genutzt werden. – LONGFELLOW .

Assoziiert. – Lass dich nicht täuschen: Schlechte Kommunikation verdirbt gute Manieren. – 1. KORINTHER 15:20 .

Wer aus der Küche kommt, riecht nach ihrem Rauch; Wer einer Sekte angehört, hat etwas von deren Geschwätz; Die Universitätsluft verfolgt den Studenten und trockene Unmenschlichkeit den, der sich mit literarischen Pedanten herumtreibt. – LAVATER .

Wer mit weisen Männern wandelt, wird weise sein. – SALOMO .

Wenn du immer mit Lahmen zusammenlebst, wirst du selbst hinken lernen. – Aus DEM LATEINISCHEN .

Wenn Männer geschätzt werden wollen, dürfen sie nur mit denen verkehren, die achtbar sind. – LA BRUYÈRE .

Seien Sie bei der Wahl Ihres Unternehmens sehr umsichtig. In der Gesellschaft deiner Gleichen wirst du mehr Freude haben; In der Gesellschaft deiner Vorgesetzten wirst du mehr Gewinn finden. Der Beste im Unternehmen zu sein bedeutet, schlechter zu werden; Das beste Mittel, um besser zu werden, besteht darin, dort der Schlechteste zu sein. – QUARLES .

Der Gefährte der Narren wird vernichtet werden. – SPRÜCHE 13:20 .

Wählen Sie die Gesellschaft Ihrer Vorgesetzten, wann immer Sie sie haben können. – LORD CHESTERFIELD .

Ich habe es als Maxime niedergelegt, dass es für einen Mann gut ist, dort zu leben, wo er seine intellektuellen und sozialen Vorgesetzten treffen kann. – THACKERAY .

Bleiben Sie in guter Gesellschaft, und Sie werden dazugehören. – George HERBERT .

der Ewigkeit zusammen sein werden . – FULLER .

Astronomie. – Die Betrachtung himmlischer Dinge wird einen Menschen sowohl erhabener und großartiger sprechen als auch denken lassen, wenn er sich den menschlichen Angelegenheiten zuwendet. – CICERO .

Die Sonne jubelte rund um die Erde und verkündete täglich die Weisheit, Macht und Liebe Gottes. Der Mond erwachte, und aus seinem jungfräulichen Gesicht, das seine wolkigen Locken ablegte , blickte er sanftmütig hervor, und mit seinen jungfräulichen Sternen wandelte er in den Himmeln. Er ging jede Nacht dort umher und unterhielt sich beim Gehen über Reinheit, Heiligkeit und Gott. –Robert Pollok.

Ich liebe es, inmitten der sternenklaren Höhe umherzustreifen, die kleinen Szenen der Erde hinter mir zu lassen und der Fantasie ihren Flug auf Adlerschwingen zu ermöglichen, die schneller sind als der Wind. Ich liebe es, die Planeten in ihrem Lauf zu verfolgen; Um die Kometen zu markieren, die zur Sonne rasen, und dann in den unermesslichen Raum zu starten, wo sie , für das menschliche Sehvermögen verloren, in der Ferne rennen. Ich liebe es, den Mond zu sehen, wenn er hoch oben in den Himmeln reitet , in geliehenem Glanz hell; Zu ergründen, wie sie das Thema Gezeiten beherrscht und wie sie ihr Licht von der Sonne leiht . Ö ! Dies sind Wunder der allmächtigen Hand, deren Weisheit zuerst die kreisenden Umlaufbahnen geplant hat. -T. Rodd.

Atheismus. – Ich möchte einen Mann sehen, der nüchtern in seinen Gewohnheiten, gemäßigt, keusch, gerecht in seinem Handeln ist und behauptet, dass es keinen Gott gibt; er würde zumindest ohne interessierte Motive sprechen; aber einen solchen Mann gibt es nicht. – LA BRUYÈRE .

Ein Atheisten-Lachen ist ein schlechter Tausch für die beleidigte Gottheit! – Verbrennungen.

Der Narr hat in seinem Herzen gesagt: Es gibt keinen Gott. – PSALM 14:1 .

Der Astronom Kircher, der einen Bekannten hatte, der die Existenz eines höchsten Wesens leugnete, wandte die folgende Methode an, um ihn von seinem Irrtum zu überzeugen. Als er ihn auf Besuch erwartete, stellte er einen hübschen Himmelsglobus in einen Teil des Zimmers, wo er der Aufmerksamkeit seines Freundes nicht entgehen konnte, der ihn, als er ihn betrachtete, fragte, woher er käme und wer der Hersteller sei.

„Es wurde von keinem Menschen gemacht", sagte der Astronom.

„Das ist unmöglich", antwortete der Skeptiker; „Du scherzst sicherlich."

Kircher nutzte dann die Gelegenheit, mit seinem Freund über seine eigenen atheistischen Prinzipien zu diskutieren und erklärte ihm, dass er diesen Plan übernommen hatte, um ihm den Irrtum seines Skeptizismus aufzuzeigen .

„Sie werden nicht zugeben", sagte er, „dass dieser kleine Körper durch bloßen Zufall entstanden ist, und dennoch behaupten Sie, dass diese Himmelskörper, mit denen er nur eine schwache und winzige Ähnlichkeit hat, ohne Autor oder Absicht entstanden sind."

Er verfolgte diese Argumentationskette, bis sein Freund völlig verwirrt war und die Absurdität seiner Vorstellungen herzlich anerkannte.

Nachts glaubt ein halber Atheist an einen Gott. – YOUNG .

Niemand ist so allein auf der Welt wie ein Leugner Gottes . – RICHTER .

Wenn die Menschen so leben, als gäbe es keinen Gott, ist es für sie ratsam, dass es keinen gibt; und dann versuchen sie, sich selbst davon zu überzeugen. – TILLOTSON .

Atheismus ist das Ergebnis von Unwissenheit und Stolz, von starkem Verstand und schwachen Gründen, von gutem Essen und schlechtem Leben . – JEREMY COLLIER .

Der Atheismus kann keiner Klasse von Menschen nützen, weder den Unglücklichen, denen er die Hoffnung nimmt, noch den Wohlhabenden, deren Freuden er langweilig macht. – CHATEAUBRIAND .

Behörde. – Selbstbeherrschung ist das Rückgrat der Autorität. – HALIBURTON .

Mann, stolzer Mann! Gekleidet in eine kleine kurze Autorität: Am wenigsten wissend, was ihm am meisten zugesichert wird. Seine glasige Essenz – wie ein wütender Affe – spielt vor dem Himmel so fantastische Streiche , dass sie die Engel zum Weinen bringen. –Shakespeare.

Obwohl die Autorität ein hartnäckiger Bär ist, lässt er sich doch oft mit Gold an der Nase herumführen. – SHAKESPEARE .

Autoren. – Wählen Sie einen Autor, wie Sie einen Freund auswählen. – EARL OF ROSCOMMON .

Die Motive und Absichten von Autoren sind nicht immer so rein und hoch, wie wir es uns im Enthusiasmus der Jugend manchmal vorstellen. Für viele ist die Trompete des Ruhms nichts anderes als ein Blechhorn, das sie wie Arbeiter vom Feld zur Essenszeit nach Hause ruft, und sie schätzen sich glücklich, das Abendessen zu bekommen. – LONGFELLOW.

Es ist zweifelhaft, ob die Menschheit am meisten denjenigen zu verdanken hat, die wie Bacon und Butler das Gold aus der Mine der Literatur holen, oder denen, die es wie Paley reinigen, stempeln, seinen wahren Wert festlegen und ihm Währung verleihen und Nutzen. – COLTON.

Zwanzig zu eins beleidigt mehr, wenn man zu viel schreibt als zu wenig. – ROGER ASCHAM.

Wer Autor werden möchte, sollte zunächst Student sein. – DRYDEN.

Nichts ist für einen jungen Autor so nützlich wie der Rat eines Mannes, dessen Urteil verfassungsrechtlich am Gefrierpunkt steht. – Douglas JERROLD.

Kein Vater oder keine Mutter hält ihre eigenen Kinder für hässlich; und dieser Selbstbetrug ist noch stärker in Bezug auf die Nachkommen des Geistes. – CERVANTES.

Bei der Autorenschaft gibt es drei Schwierigkeiten: etwas zu schreiben, das es wert ist, veröffentlicht zu werden, ehrliche Männer zu finden, die es veröffentlichen, und vernünftige Männer dazu zu bringen, es zu lesen. – COLTON.

Ein Autor! Das ist ein ehrwürdiger Name! Wie wenige haben es verdient und welche Zahlen behaupten es! Ungesegnet mit mehr Verstand als ihre verfeinerten Kollegen. Wer soll sich als Diktatoren für die Menschheit einsetzen? Nein, wer wagt es zu glänzen, wenn nicht für die Sache der Tugend? Der Alleininhaber von Just Applaus. -Jung.

Schreiben Sie niemals über ein Thema, ohne sich vorher ausführlich darüber informiert zu haben. und lesen Sie niemals über ein Thema, bis Sie das Gefühl haben, dass Sie davon hungrig sind. – RICHTER.

Wie viele Großartige werden sich vielleicht daran erinnern Sein, der zu seiner Zeit am berühmtesten blühte, von dem wir kein Wort hören und kein Zeichen sehen, aber wie Dinge, die mit einem Schwamm ausgelöscht werden, zugrunde gehen, weil die Lebenden sich nicht darum kümmerten, keinen sanften Verstand zu schätzen, aus Stolz oder begehren, die ihre Namen für immer auswendig lernen könnten! –Spenser.

Die beiden faszinierendsten Fähigkeiten eines Autors bestehen darin, Neues vertraut und Vertrautes neu zu machen. – THACKERAY .

Gut schreiben bedeutet, gut zu denken, sich gut zu fühlen und gut wiederzugeben; es bedeutet, gleichzeitig Intellekt, Seele und Geschmack zu besitzen. – BUFFON .

Junge Autoren geben ihrem Gehirn viel Bewegung und wenig Nahrung. – JOUBERT .

Habsucht. – Es ist sicherlich eine sehr engstirnige Politik, die davon ausgeht, dass Geld das wichtigste Gut ist. – JOHNSON .

Armut bedeutet Mangel an vielem, Geiz aber an allem . – PUBLIUS SYRUS .

Es gibt zwei Überlegungen, die das Herz eines geizigen Mannes immer verbittern – die eine ist ein ständiger Durst nach mehr Reichtum, die andere die Aussicht, das zurückzugeben, was er bereits erworben hat. – FIELDING .

O verfluchte Gier nach Gold: Wenn der Narr um deinetwillen sein Interesse an beiden Welten aufbringt , verhungert er zuerst in dieser, dann wird er in der Zukunft verdammt . – Blair.

Viele wurden durch ihr Vermögen ruiniert; Viele sind aus Mangel an Glück dem Ruin entgangen. Um es zu erreichen, sind die Großen klein und die Kleinen groß geworden. – ZIMMERMANN .

Geiz ist das Laster des Verfalls der Jahre . – GEORGE BANCROFT .

Reichtümer, wie Insekten, wenn sie verborgen sind , lügen sie, warten nur auf Flügel und fliegen zu ihrer Zeit . Wer inmitten seines Ladens blasse Mammonkiefern sieht , sieht nur einen rückständigen Verwalter der Armen; Dieses Jahr ein Reservoir zum Behalten und Schonen; Der nächste ist eine Quelle, die in großzügigen Bächen durch seinen Erben sprudelt , um den Durst eines Landes zu stillen , und Männer und Hunde werden ihn trinken, bis sie platzen. -Papst.

Die Geldliebe ist die Wurzel allen Übels . – 1. TIMOTHEUS 6:10 .

Der geizige Mensch ist wie der karge, sandige Boden der Wüste, der vor Gier allen Regen und Tau aufsaugt, aber keine fruchtbaren Kräuter oder Pflanzen zum Wohle anderer hervorbringt . – ZENON .

Geiz im Alter ist töricht; Denn was könnte absurder sein, als unsere Vorräte für die Straße zu erhöhen, je näher wir dem Ende unserer Reise kommen ? – CICERO .

Armut will einiges, Luxus viele und Geiz alles. – COWLEY .

Schüchternheit. — Bescheidenheit ist die anmutige, ruhige Tugend der Reife; Schüchternheit, der Charme einer lebhaften Jugend. — MARY WOLLSTONECRAFT .

So wie diejenigen, die an die Tempel der Götter angrenzende Privathäuser abreißen, die angrenzenden Teile stützen; Bei der Untergrabung der Schüchternheit ist daher die damit verbundene Bescheidenheit, Gutmütigkeit und Menschlichkeit gebührend zu berücksichtigen. – PLUTARCH .

Schüchternheit ist ein Schmuckstück für die Jugend, aber ein Vorwurf für das Alter. – ARISTOTELES .

Frauen, die am wenigsten schüchtern sind, sind nicht selten die bescheidensten; und wir werden nie mehr getäuscht, als wenn wir aus der Freiheit des Verhaltens, die oft aus einer völligen Unkenntnis des Lasters resultiert, eine prinzipielle Laxheit ableiten würden. – COLTON .

Schönheit. – Es ist Schönheit, die zu gefallen beginnt, und Zärtlichkeit, die den Charme vervollständigt. – FONTENELLE .

Keats sprach für alle Zeiten, als er sagte: „Ein schönes Ding ist eine ewige Freude." – THACKERAY .

Schönheit ist ein äußeres Geschenk, das selten verachtet wird, außer von denen, denen es verweigert wurde. – GIBBON .

Was ist Schönheit? Nicht die Zurschaustellung wohlgeformter Gliedmaßen und Gesichtszüge. Nein. Das sind nur Blumen , die ihre datierten Stunden haben , um ihre momentane Süße einzuatmen, und dann geh. Es ist die makellose Seele in dir , die die schönste Haut in den Schatten stellt. –Sir A. Hunt.

innerlich schön sein möge. – SOKRATES .

Glücklicherweise gibt es mehr als eine Art von Schönheit. Es gibt die Schönheit der Kindheit, die Schönheit der Jugend, die Schönheit der Reife und, glauben Sie mir, meine Damen und Herren, die Schönheit des Alters . – GA SALA .

Es gibt keine Schönheit auf der Erde, die die natürliche Lieblichkeit der Frau übertrifft . – J. PETIT- SENN .

Es gibt ein selbstverständliches Axiom: Wer als Schönheit geboren wird, ist halb verheiratet . – OUIDA .

Schönheit zieht uns Menschen an, aber wenn sie wie ein bewaffneter Magnet mit Gold oder Silber versehen ist, zieht sie mit zehnfacher Kraft an. – RICHTER .

Wenn du Schönheit heiratest, bindest du dich dein ganzes Leben lang an etwas, das vielleicht kein einziges Jahr anhält und dir nicht gefällt. – RALEIGH .

Es kommt selten vor, dass schöne Menschen ansonsten von großer Tugend sind. – BACON .

Die natürlichste Schönheit der Welt ist Ehrlichkeit und moralische Wahrheit. – SHAFTESBURY .

Mit jedem Jahr meines Lebens bin ich immer mehr davon überzeugt, dass es das Klügste und Beste ist, unsere Aufmerksamkeit auf das Schöne und Gute zu richten und uns so wenig wie möglich mit dem Dunklen und Niedrigen zu beschäftigen. – CECIL .

Eine Frau, die nur äußerliche Vorteile besitzt, ist wie eine Blume ohne Duft, ein Baum ohne Früchte . – REGNIER .

Alle Redner sind stumm, wenn Schönheit plädiert . – SHAKESPEARE .

Wer hat nicht erlebt, wie bei näherer Bekanntschaft die Schlichtheit verschönert wird und die Schönheit ihren Reiz verliert, genau entsprechend der Beschaffenheit des Herzens und des Geistes? Und aus diesem Grund bin ich der Meinung, dass der Mangel an äußerer Schönheit niemals eine edle Natur beunruhigt oder als Unglück angesehen wird. Es kann niemals verhindern, dass Menschen im höchsten Maße liebenswürdig und geliebt sind. – FREDERIKA BREMER .

Die gute Natur wird immer die Abwesenheit von Schönheit ersetzen; Aber Schönheit kann das Fehlen einer guten Natur nicht ausgleichen. – ADDISON .

Meiner Meinung nach sollte es ebenso wenig Verdienst sein, eine Frau wegen ihrer Schönheit zu lieben, wie einen Mann wegen seines Wohlstands zu lieben; beide sind gleichermaßen dem Wandel unterworfen . – PAPST .

Sokrates nannte Schönheit eine kurzlebige Tyrannei; Platon, ein Privileg der Natur; Theophrastus, ein stiller Betrüger; Theokrit, ein entzückendes Vorurteil; Carneades , ein einsames Königreich; Domitian sagte, nichts sei dankbarer; Aristoteles behauptete, Schönheit sei besser als alle Empfehlungsschreiben der Welt; Homer meinte, das sei ein herrliches Geschenk der Natur gewesen, und Ovid nennt es in Anspielung auf ihn eine Gunst der Götter. – AUS DEM ITALIENISCHEN .

Schönheit ist nur ein eitles und zweifelhaftes Gut, ein strahlender Glanz, der verblasst plötzlich; Eine Blume, die stirbt, wenn sie zuerst zum Knospen kommt ; Ein sprödes Glas, das gerade zerbrochen ist ; Ein zweifelhaftes Gut, ein Glanz, ein Glas, eine Blume, verloren , verblasst, zerbrochen, tot innerhalb einer Stunde. Und wie verlorenes Gutes verkauft oder nie wiedergefunden wird, wie verblassender Glanz durch kein Reiben wieder aufgefrischt wird, wie tote Blumen verdorrt auf dem Boden liegen, wie zerbrochenes Glas, das kein Zement wiedergutmachen kann, so verunstaltete Schönheit einmal für immer verloren ist , Trotz körperlicher Anstrengung, Malerei, Schmerzen und Kosten. –Shakespeare.

Schau mich an, gib mir ein Gesicht, das macht Einfachheit zu einer Anmut; Locker fließende Roben , so freies Haar! Solch süße Nachlässigkeit ergreift mich mehr als alle Ehebrüche der Kunst; Das trifft meine Augen, aber nicht mein Herz. –Ben Jonson.

Wohlwollen. – Jede wohltätige Tat ist ein Sprungbrett in den Himmel. – BEECHER .

Die Neigung, einem Schüler eine Tasse kaltes Wasser zu geben, ist eine weitaus edlere Eigenschaft als der beste Intellekt. Satan hat einen guten Intellekt, aber nicht das Bild Gottes. – HOWELLS .

Von christlichen Motiven beseelt und auf christliche Ziele ausgerichtet, wird es keinesfalls unbelohnt bleiben; hier durch das Zeugnis eines zustimmenden Gewissens; im Jenseits durch den Segen unseres gesegneten Erlösers und ein strahlenderes Erbe im Haus seines Vaters. – BISCHOF MANT .

Gott wird unsere Gebete für uns selbst entschuldigen, wenn wir daran gehindert werden, weil wir mit so guten Werken beschäftigt sind, dass wir Anspruch auf die Gebete anderer haben. – COLTON .

Je tiefer ein Mann in seiner Liebe hinabsteigt, desto höher erhebt er sein Leben . – WR ALGER .

Es gibt nichts, was eine so strenge Sparsamkeit erfordert wie unser Wohlwollen. Wir sollten unsere Mittel wie der Landwirt mit seinem Dünger schonen, der, wenn er auf einer zu großen Fläche verteilt wird, keine Ernte bringt, der, wenn er auf einer zu kleinen Fläche verteilt wird, an Wucherungen und Unkräutern wimmelt. – COLTON .

Der Sieger wird mit Ehrfurcht betrachtet, der Weise gebietet unserer Wertschätzung; aber es ist der gütige Mann, der unsere Zuneigung gewinnt. – AUS DEM FRANZÖSISCHEN .

Lassen Sie sich nie die Chance entgehen, ein freundliches Wort zu sagen. Da Collingwood nie einen freien Platz in seinem Anwesen sah, ohne eine Eichel aus der Tasche zu ziehen und sie hineinzustecken, sollten Sie sich im Laufe des Lebens mit Ihren Komplimenten auseinandersetzen. Eine Eichel kostet

nichts; aber es kann zu einem gewaltigen Stück Holz werden. – THACKERAY
.

Sie werden Menschen finden, die bereit genug sind, den Samariter ohne Öl und Twopence zu tun . – SYDNEY SMITH .

Echtes Wohlwollen ist nicht stationär, sondern wandelbar. Es *geht* darum, Gutes zu tun. – NEVINS .

Wohlwollen liegt nicht im Wort und in der Zunge, sondern in der Tat und in der Wahrheit. Es ist ein Geschäft mit den Menschen, wie sie sind, und mit dem menschlichen Leben, das von der rauen Hand der Erfahrung bestimmt wird. Es ist eine Pflicht, die Sie prinzipiell erfüllen müssen; obwohl es keine Stimme der Beredsamkeit gibt, die Ihren Anstrengungen Glanz verleiht, und keine Musik der Poesie, die Ihre willigen Schritte durch die Lauben des Zaubers führt. Es ist nicht der Impuls hoher und ekstatischer Emotionen. Es handelt sich um eine prinzipielle Ausübung. Sie müssen zur Hütte des armen Mannes gehen, auch wenn um sie herum kein Grün blüht und kein Bach in der Nähe ist, der Sie mit dem sanften Rauschen seines Rauschens erfreuen könnte. Wenn Sie nach der romantischen Einfachheit der Fiktion suchen, werden Sie enttäuscht sein; Aber es ist Ihre Pflicht, trotz aller Entmutigungen durchzuhalten. Wohlwollen ist nicht nur ein Gefühl, sondern ein Prinzip; Kein Traum der Verzückung, dem man sich hingeben kann, sondern ein Geschäft, das die Hand ausführen muss. – CHALMERS .

Der einzige Weg, geliebt zu werden, besteht darin, schön zu sein und schön zu erscheinen; Freundlichkeit, Wohlwollen und Zärtlichkeit besitzen und zeigen; frei von Egoismus sein und sich für das Wohl anderer einsetzen. – JAY .

Wohltätigkeit ist eine Pflicht. Wer es häufig praktiziert und seine wohlwollenden Absichten verwirklicht sieht, wird am Ende wirklich denjenigen lieben, dem er Gutes getan hat. Wenn also gesagt wird: „Du sollst deinen Nächsten lieben wie dich selbst", ist damit nicht gemeint, dass du ihn zuerst lieben und ihm aufgrund dieser Liebe Gutes tun sollst, sondern dass du deinem Nächsten Gutes tun sollst; und diese deine Wohltätigkeit wird in dir jene Liebe zur Menschheit hervorrufen, die die Fülle und Vollendung der Neigung zum Guten ist. – KANT .

Die Lehren der Klugheit haben Reize, und wenn sie geringgeschätzt
werden, können sie in Bedrängnis führen ; Aber der Mann, den
Wohlwollen wärmt, ist ein Engel, der nur lebt, um zu segnen. –Bloomfield.

Jede Tugend bringt ihren eigenen Lohn mit sich, aber keine davon ist so erhaben und überragend wie die Güte.

Bibel. — Die Bibel beginnt herrlich mit dem Paradies, dem Symbol der Jugend, und endet mit dem ewigen Königreich, mit der heiligen Stadt. Die Geschichte eines jeden Menschen sollte eine Bibel sein. – NOVALIS .

Die Heilige Schrift lehrt uns die beste Art zu leben, die edelste Art zu leiden und die bequemste Art zu sterben . – FLAVEL .

In diesem schrecklichen Band liegt das Geheimnis der Geheimnisse! Am glücklichsten sind diejenigen der Menschheit , denen Gott die Gnade geschenkt hat , zu lesen, zu fürchten, zu hoffen, zu beten, den Riegel zu öffnen und den Weg zu erzwingen; Und besser wären sie nie geboren worden, die lesen, um zu zweifeln, oder lesen, um zu verachten. – Scott.

Wie die Nadel zum Nordpol zeigt die Bibel zum Himmel . – RB NICHOL .

Es liegen uns zwei Bücher vor, die wir studieren müssen, um zu verhindern, dass wir in die Irre gehen: erstens der Band der Heiligen Schrift, der den Willen Gottes offenbart; dann das Volumen der Geschöpfe, die seine Macht zum Ausdruck bringen. – BACON .

Ohne die Bibel können Menschen keine gute Bildung erlangen. Es sollte daher in jeder Situation des Lernens in der gesamten Christenheit den Hauptplatz einnehmen; und ich kenne keinen größeren Dienst, der dieser Republik erbracht werden könnte, als dieses wünschenswerte Ergebnis herbeizuführen. – DR. NUTT .

Was ist die Bibel in Ihrem Haus? Es ist nicht das Alte Testament, es ist nicht das Neue Testament, es ist nicht das Evangelium nach Matthäus, Markus, Lukas oder Johannes; Es ist das Evangelium nach Wilhelm, es ist das Evangelium nach Maria, es ist das Evangelium nach Heinrich und Jakobus, es ist das Evangelium nach deinem Namen. Sie schreiben Ihre eigene Bibel. – BEECHER .

Ein einziges Buch hat mich gerettet; aber dieses Buch ist nicht menschlichen Ursprungs. Lange hatte ich es verachtet; Lange hatte ich es für ein Lehrbuch für Leichtgläubige und Unwissende gehalten; bis ich das Evangelium Christi mit dem brennenden Wunsch untersucht hatte, seine Wahrheit oder Falschheit festzustellen, und seine Seiten meinen Nachforschungen das einfachste Wissen über Mensch und Natur und das einfachste und zugleich erhabenste System moralischer Ethik boten . Glaube, Hoffnung und Nächstenliebe entzündeten sich in meiner Brust; und jeder weitere Schritt bestärkte mich in der Überzeugung, dass die Moral dieses Buches der menschlichen Moral ebenso unendlich überlegen ist, wie seine Orakel den menschlichen Meinungen überlegen sind. – ML BAUTIN .

Woher, wenn nicht vom Himmel, könnten künstlerisch ungebildete
Menschen , die in verschiedenen Zeitaltern und in verschiedenen
Gegenden geboren wurden, solche übereinstimmenden Wahrheiten weben
? oder wie oder warum sollten sich alle verschwören, um uns mit einer
Lüge zu betrügen? – Dryden.

Gut, je mehr Kommunikation, desto üppiger wächst. – MILTON .

Ich stehe dafür ein: Je länger Sie die Bibel lesen, desto mehr wird sie Ihnen
gefallen. es wird immer süßer; und je mehr Sie in den Geist hineinkommen,
desto mehr werden Sie in den Geist Christi hineinkommen. – ROMAINE .

Es hat Gott als Autor, Erlösung als Ziel und Wahrheit, ohne jede Mischung
von Irrtümern, als Inhalt: Es ist alles rein, alles aufrichtig, nichts zu viel,
nichts mangelt es . – LOCKE .

Eine Bibel und eine Zeitung in jedem Haus, eine gute Schule in jedem Bezirk
– alle werden so studiert und geschätzt, wie sie es verdienen – sind die
wichtigste Stütze von Tugend, Moral und bürgerlicher Freiheit . – FRANKLIN
.

Hier gibt es Milch für Kleinkinder, während es Manna für Engel gibt;
Wahrheitsebene mit dem Geist eines Bauern; Wahrheit, die außerhalb der
Reichweite eines Seraphs liegt. – REV. HUGH STOWELL .

Es ist der Glaube an die Bibel, die Frucht tiefer Meditation, der mir als
Leitfaden für mein moralisches und literarisches Leben gedient hat. Ich habe
festgestellt, dass Kapital sicher angelegt und reich an Zinsen ist, obwohl ich
es manchmal nur schlecht genutzt habe. – GOETHE .

Fanatismus. – Für das gelbsüchtige Auge sieht alles gelb aus. – PAPST .

Wahrheit ausschließt. – CHAPIN .

Ein Mann muss übermäßig dumm und lieblos sein, wenn er glaubt, dass es
keine Tugend außer auf seiner eigenen Seite gibt. – ADDISON .

den Himmel aufgenommen wird. – FELTHAM .

Biografie. — Die große Lektion der Biografie besteht darin, zu zeigen, was
der Mensch sein und von seiner besten Seite leisten kann. Ein edles Leben,
das fair dokumentiert wird, wirkt wie eine Inspiration für andere . – SAMUEL
SMILES .

Die Biografie, insbesondere die Biografie der Großen und Guten, die durch
ihre eigenen Anstrengungen aus Armut und Dunkelheit zu Bedeutung und
Nützlichkeit aufgestiegen sind, ist eine inspirierende und veredelnde Studie.
Seine direkte Tendenz besteht darin, die von ihm aufgezeichnete Exzellenz
zu reproduzieren. – HORACE MANN .

Das Leben der berühmtesten Männer der Antike nicht zu kennen, bedeutet, unser ganzes Leben lang in einem Zustand der Kindheit zu verharren. – PLUTARCH.

Prahlerei. – Wo viel Anspruch besteht, ist viel geborgt; Die Natur gibt nie etwas vor. – LAVATER.

Wo Prahlerei aufhört, da beginnt Würde. – YOUNG.

Monat ertragen kann. – SHAKESPEARE.

Männer von wirklichem Verdienst, deren edle und glorreiche Taten wir gerne anerkennen, sind noch nicht zu ertragen, wenn sie ihre eigenen Taten rühmen. – ÆSCHINES.

Je weniger Menschen über ihre Größe sprechen, desto mehr denken wir darüber nach. – BACON.

Eingebildet, reicher an Materie als an Worten, prahlt mit seiner Substanz, nicht mit Schmuck: Sie sind nur Bettler, die ihren Wert schätzen können. – Shakespeare.

Bücher. – Wenn Freunde erkalten und die Unterhaltung von Vertrauten in fader Höflichkeit und Alltäglichkeit verkümmert, setzen Bücher nur das unveränderte Antlitz glücklicherer Tage fort und erfreuen uns mit jener wahren Freundschaft, die niemals die Hoffnung täuschte oder den Kummer aufgab. – WASHINGTON IRVING.

Kein Buch kann so gut sein, dass es profitabel ist, wenn es nachlässig gelesen wird. – SENECA.

Wer Bücher nicht liebt, bevor er dreißig Jahre alt ist, wird sie danach kaum genug lieben, um sie zu verstehen. – CLARENDON.

Ich mag Bücher. Ich bin unter ihnen geboren und aufgewachsen und habe, wenn ich in ihre Gegenwart komme, das unbeschwerte Gefühl, das ein Stallbursche unter Pferden hat. – OW HOLMES.

Viele Leser beurteilen die Kraft eines Buches anhand des Schocks, den es in ihnen auslöst – so wie einige wilde Stämme die Kraft von Musketen anhand ihres Rückstoßes bestimmen; das, was als das Beste angesehen wird, was den Käufer ziemlich niederwirft. – LONGFELLOW.

Nichts kann den Platz von Büchern ersetzen. Sie sind aufmunternde oder beruhigende Begleiter in Einsamkeit, Krankheit und Leid. Der Reichtum beider Kontinente würde das Gute, das sie vermitteln, nicht ausgleichen. – CHANNING.

Wir würden einen herrlichen Flächenbrand erleben, wenn alle, die ihre Werke nicht in *Brand setzen können, nur zustimmen würden, ihre Werke ins Feuer* zu legen . – COLTON .

Bücher, liebe Bücher, waren und sind mein Trost; Morgen und Nacht, Widrigkeiten , Wohlstand, zu Hause, im Ausland , Gesundheit, Krankheit – gute oder schlechte Berichte, die gleichen festen Freunde; die gleiche Erfrischung ist reich und eine Quelle des Trostes. -DR. Dodd.

Wenn ein Buch Ihren Geist erhebt und Sie mit edlen und mutigen Gefühlen inspiriert, suchen Sie nach keiner anderen Regel, nach der Sie das Werk beurteilen können. es ist gut und von einem guten Handwerker gemacht. – LA BRUYÈRE .

Bücher sind ein Leitfaden für die Jugend und eine Unterhaltung für das Alter. Sie unterstützen uns in der Einsamkeit und verhindern, dass wir uns selbst zur Last fallen. Sie helfen uns, die Widersprüchlichkeit der Menschen und Dinge zu vergessen, unsere Sorgen und Leidenschaften zu ordnen und unsere Enttäuschungen einzuschlafen. Wenn wir der Lebenden überdrüssig sind, wenden wir uns vielleicht den Toten zu, die in ihren Gesprächen nichts von Verärgerung, Stolz oder Absicht zum Ausdruck bringen. – JEREMY COLLIER .

Wer nur Bücher studiert, wird wissen, wie die Dinge sein sollten; und wer die Menschen studiert, wird wissen, wie die Dinge sind. – COLTON .

Mit den Büchern ist es wie mit den Menschen: Eine sehr kleine Anzahl spielt eine große Rolle; der Rest wird mit der Menge verwechselt. – VOLTAIRE .

Gute Bücher sind für den jungen Geist das, was die wärmende Sonne und der erfrischende Frühlingsregen für die Samen sind, die im Winterfrost schlummern. Sie sind mehr, denn sie können vor dem retten, was schlimmer ist als der Tod, und sie können auch mit dem segnen, was besser ist als das Leben . – HORACE MANN .

Die Bücher, die Ihnen am meisten helfen, sind diejenigen, die Sie am meisten zum Nachdenken anregen. Die schwierigste Art zu lernen ist das einfache Lesen: Aber ein großartiges Buch, das von einem großen Denker stammt – es ist ein Gedankenschiff, tief beladen mit Wahrheit und Schönheit . – THEODORE PARKER .

Bücher sollten wie Freunde wenige und gut ausgewählt sein.

Sie können genauso gut erwarten, stärker zu werden, indem Sie immer essen, und ebenso klüger, wenn Sie immer lesen. Zu viel überfordert die Natur und führt eher zur Krankheit als zur Nahrung. Es ist das Denken und die

Verdauung, die Bücher brauchbar machen und dem Geist Gesundheit und Kraft verleihen. – FULLER .

Kürze. – Kürze ist die Seele des Witzes und Langeweile die Glieder und äußeren Schnörkel. – SHAKESPEARE .

Kürze beim Schreiben ist das, was Nächstenliebe im Vergleich zu allen anderen Tugenden ist – Gerechtigkeit ist nichts ohne das eine, noch Autorschaft ohne das andere . – SYDNEY SMITH .

Wenn Sie scharfsinnig sein möchten, fassen Sie sich kurz; denn es ist mit Worten wie mit Sonnenstrahlen – je mehr sie verdichtet sind, desto tiefer brennen sie. – SOUTHEY .

Je weiter eine Idee entwickelt wird, desto prägnanter wird ihr Ausdruck; Je mehr ein Baum beschnitten wird, desto besser sind die Früchte. – ALFRED BOUGEANT .

Je mehr Sie sagen, desto weniger erinnern sich die Leute. Je weniger Wörter, desto größer der Gewinn. – FÉNELON .

Mit lebendigen Worten würdigen Ihre gerechten Vorstellungen viel Wahrheit auf engstem Raum; Dann werden viele lesen, aber nur wenige beschweren sich, und Neid runzelt die Stirn, und Kritiker knurren vergebens. –Pindar.

Die Kürze ist das Kind der Stille und eine Ehre für ihre Abstammung . – HW SHAW .

Ein Vers kann den finden, den eine Predigt fliegt. – GEORGE HERBERT .

Rahmen viel sagen. – STEELE .

Geschäft. – Was jeden etwas angeht, geht niemanden etwas an. – IZAAK WALTON .

Früher, als große Reichtümer nur im Krieg gemacht wurden, war Krieg ein Geschäft; Aber jetzt, wo große Vermögen nur durch Geschäfte gemacht werden, ist Geschäft Krieg. – BOVEE .

Rufen Sie einen Geschäftsmann nur zu Geschäftszeiten an, und geschäftlich, wickeln Sie Ihre Geschäfte ab und gehen Sie Ihren Geschäften nach, um ihm Zeit zu geben, seine Geschäfte zu erledigen. – HERZOG VON WELLINGTON .

Männer von großer Bedeutung haben oft Pech bei der Verwaltung öffentlicher Geschäfte, weil sie durch die Schnelligkeit ihrer Vorstellungskraft dazu neigen, den üblichen Weg zu verlassen. – SWIFT .

Selten, fast ebenso große Dichter, seltener vielleicht als wahre Heilige und Märtyrer, sind vollendete Geschäftsleute. Um in dieser Hinsicht hervorragend zu sein, bedarf es einer großen Charakterkenntnis und eines hervorragenden Fingerspitzengefühls, das den richtigen Zeitpunkt zum Handeln untrüglich erkennt. Eine diskrete Schnelligkeit muss alle Bewegungen seines Denkens und Handelns durchdringen. Er muss einzigartig frei von Eitelkeit sein und gilt im Allgemeinen als Enthusiast, der die Kunst hat, seine Begeisterung zu verbergen. – HILFT .

Es ist sehr traurig für einen Mann, sich selbst zum Diener einer Sache zu machen, wenn ihm durch den hydraulischen Druck exzessiver Geschäfte die ganze Männlichkeit genommen wird. Ich möchte nicht nur ein großartiger Arzt, ein großartiger Anwalt, ein großartiger Minister, ein großartiger Politiker sein – ich möchte auch so etwas wie ein Mann sein. – THEODORE PARKER .

Nicht aufgrund außergewöhnlicher Talente war er erfolgreich, sondern weil er über eine Geschäftsfähigkeit verfügte, die dem Niveau entsprach und nicht darüber hinausging. – TACITUS .

Das große Geheimnis sowohl der Gesundheit als auch des erfolgreichen Fleißes ist die völlige Hingabe des eigenen Bewusstseins an das Geschäft und die Ablenkung der Stunde – ohne zuzulassen, dass das eine das andere auch nur im geringsten beeinträchtigt. – SISMONDI .

Nur wenige Menschen machen gute Geschäfte, die nichts anderes tun. – CHESTERFIELD .

Für vergnügungssüchtige Männer ist das Geschäft eine Unterbrechung; Für diejenigen, die den Freuden gegenüber kalt sind, ist das Geschäft eine Unterhaltung. Aus diesem Grund wurde zu jemandem, der einen langweiligen Mann für seine Bewerbung lobte , gesagt : „Nein, danke an ihn; wenn er nichts zu tun hätte, hätte er nichts zu tun.“ – STEELE .

Pflege. – Pflege ins Bett zu tragen bedeutet, mit einem Rucksack auf dem Rücken zu schlafen. – HALIBURTON .

Werfen Sie Ihre ganze Sorge auf Gott: Dieser Anker hält. – TENNYSON .

Die Sorge um unseren Sarg fügt zweifellos einen Nagel hinzu , und jedes Grinsen, so fröhlich, zieht einen hervor. -DR. Wolcot .

Wer sich über die Sorgen dieser Welt erhebt und sein Gesicht seinem Gott zuwendet, hat die Sonnenseite des Lebens gefunden. – SPURGEON .

Vorsicht. – Es ist gut, angesichts des Unglücks anderer Vorsicht walten zu lassen. – PUBLIUS SYRUS .

Große Schiffe dürfen mehr wagen, aber kleine Boote sollten sich in Küstennähe aufhalten. -Benjamin Franklin.

Vorsicht ist das älteste Kind der Weisheit. – VICTOR HUGO .

Alles ist zu befürchten, wo alles verloren gehen muss. – BYRON .

Tadel. – Nur wenige Menschen verfügen über genügend Weisheit, um Tadel, die ihnen nützlich ist, dem Lob vorzuziehen, das sie täuscht. – LA ROCHEFOUCAULD .

Um zur Vollkommenheit zu gelangen, sollte ein Mann sehr aufrichtige Freunde oder eingefleischte Feinde haben; weil ihm sein gutes oder schlechtes Verhalten entweder durch die Tadel des einen oder durch die Ermahnungen der anderen bewusst gemacht würde. – DIOGENES .

Tadel ist die Steuer, die ein Mann der Öffentlichkeit zahlt, weil er eine herausragende Stellung einnimmt. – SWIFT .

Die Tadel des Bösewichts ist erpresstes Lob . – PAPST .

Charakter. — Wie wunderbar schön ist die Darstellung der Charaktere der drei Patriarchen in Genesis! Sicherlich, wenn ein Mensch jemals ohne Unangemessenheit „der Freund Gottes“ genannt oder als „Freund Gottes“ angesehen werden konnte, dann war Abraham dieser Mann. Wir sind nicht überrascht, dass Abimelech und Ephron ihn so tief zu verehren scheinen. Aufgrund seiner bewussten Beziehung zu Gott war er friedlich. – ST COLERIDGE .

Die große Hoffnung der Gesellschaft ist der individuelle Charakter . – CHANNING .

Einen Mann erkennt sein Hund am Geruch, sein Schneider am Mantel, sein Freund am Lächeln; Jeder von ihnen kennt ihn, aber wie wenig oder wie viel hängt von der Würde der Intelligenz ab. Das, was wirklich und tatsächlich charakteristisch für den Menschen ist, weiß nur Gott. – RUSKIN .

Niemals stellt ein Mann seinen eigenen Charakter lebendiger dar als in der Art und Weise, wie er einen anderen darstellt. – RICHTER .

Es gibt Charakterschönheiten, die, wie die nachtblühenden Cereus, vor dem grellen Licht und den Turbulenzen des Alltags verschlossen sind und nur im Schatten und in der Einsamkeit und unter den stillen Sternen blühen. – TUCKERMAN .

Es gibt viele Menschen, von denen man sagen kann, dass sie keinen anderen Besitz auf der Welt haben als ihren Charakter, und dennoch stehen sie so fest darauf wie jeder gekrönte König . – SAMUEL SMILES .

Der Mann, der einen Charakter erschafft, macht sich Feinde. – YOUNG .

Er ist wirklich tapfer und kann mit Bedacht das Schlimmste ertragen , was
ein Mensch atmen kann. Und mache sein Unrecht zu seinem Äußeren, um
es nachlässig wie seine Kleidung zu tragen ; Und niemals ziehen seine
Verletzungen seinem Herzen vor, um es in Gefahr zu bringen. –
Shakespeare.

Jeder Mann hat drei Charaktere – den, den er zeigt, den, den er hat, und den,
den er zu haben glaubt. – ALPHONSE KARR .

Die besten Regeln, um einen jungen Mann zu formen, sind, wenig zu reden,
viel zu hören, alleine darüber nachzudenken, was in Gesellschaft passiert ist,
der eigenen Meinung zu misstrauen und andere zu schätzen, die es verdienen.
– Sir WILLIAM TEMPLE .

Gehirne und Charakter beherrschen die Welt. Der bedeutendste Franzose
des letzten Jahrhunderts sagte: „Männer sind weniger durch ihre Talente als
vielmehr durch ihren Charakter erfolgreich." Vor hundert Jahren gab es
Dutzende Männer, die über mehr Intelligenz verfügten als Washington. Er
überlebt und übertrifft sie alle durch den Einfluss seines Charakters . –
WENDELL PHILLIPS .

Alle Menschen sind in ihrer niederen Natur gleich; Sie unterscheiden sich in
ihren höheren Charakteren. – BOVEE .

Sie können sich darauf verlassen, dass er ein guter Mann ist, dessen enge
Freunde alle gut sind. – LAVATER .

Geben Sie mir den Charakter und ich werde das Ereignis vorhersagen. Im
Wesentlichen wurde gesagt, dass Charakter „ein organisierter Sieg" ist –
BOVEE .

Ein guter Charakter ist in jedem Fall das Ergebnis persönlicher Anstrengung.
Es wird nicht von den Eltern geerbt, es wird nicht durch äußere Vorteile
geschaffen, es ist kein notwendiges Anhängsel von Geburt, Reichtum,
Talenten oder Stand; aber es ist das Ergebnis der eigenen Bemühungen. –
HAWES .

Handlungen, Blicke, Wörter, Schritte bilden das Alphabet, nach dem Sie
Zeichen buchstabieren können. – LAVATER .

Wohltätigkeit. – Ich habe viel mehr Vertrauen in die Nächstenliebe, die im
Heim beginnt und in eine große Menschheit übergeht, als in die weltweite
Philanthropie, die außerhalb unseres Horizonts beginnt und in Egoismus
übergeht. – MRS. JAMESON .

Sich darüber zu beschweren, dass das Leben keine Freuden hat, während es ein einziges Geschöpf gibt, das wir durch unsere Großzügigkeit entlasten, durch unsere Ratschläge unterstützen oder durch unsere Anwesenheit beleben können, bedeutet, den Verlust dessen zu beklagen, was wir besitzen, und ist ebenso irrational wie Wir verdursten mit dem Kelch in unseren Händen . – FITZOSBORNE .

Aber wenn du Almosen gibst , soll deine linke Hand nicht wissen, was deine rechte Hand tut. – MATTHÄUS 6:3 .

Der Geist der Welt umfasst vier Arten von Geistern, die der Nächstenliebe diametral entgegengesetzt sind: den Geist des Grolls, den Geist der Abneigung, den Geist der Eifersucht und den Geist der Gleichgültigkeit . – BOSSUET .

Posthume Wohltätigkeitsorganisationen sind die Essenz des Egoismus, wenn sie von denen hinterlassen werden, die sich zu Lebzeiten von nichts trennen würden. – COLTON .

Das Austrocknen einer einzelnen Träne hat mehr ehrlichen Ruhm als das Vergießen von Blutmeeren. –Byron.

Seien Sie barmherzig und nachsichtig gegenüber allen außer sich selbst . – JOUBERT .

Fast alle Tugenden, die man nennen kann, sind in einer einzigen Tugend der Nächstenliebe und Liebe zusammengefasst : – denn „sie währt lange“, und daher ist sie Langmut; es ist „freundlich“ und daher Höflichkeit; es „ rühmt sich nicht“ und ist daher Bescheidenheit; es „ist nicht aufgeblasen“, und daher ist es Demut; es „ist nicht leicht zu provozieren“ und daher ist es Nachsicht; es „denkt nichts Böses“, und daher ist es Einfachheit; es „ freut sich über die Wahrheit“, und so ist es Wahrheit; es „ erträgt alles“ und ist daher Standhaftigkeit; es „glaubt alles“, und daher ist es Glaube; es „ hofft alles“ und ist daher Zuversicht; es „ erträgt alles“ und ist daher Geduld; es „ versagt nie “, und deshalb ist es Beharrlichkeit. – CHILLINGWORTH .

So wie jeder Herr seinen Dienern eine bestimmte Livree verleiht, so ist die Nächstenliebe die eigentliche Livree Christi. Unser Erlöser , der der Herr über allen Herren ist, möchte, dass seine Diener an ihrem Abzeichen erkennbar sind, das Liebe ist. – LATIMER .

Sie müssen ein Genie sowohl für wohltätige Zwecke als auch für alles andere haben. – THOREAU .

Das Gebet trägt uns auf halbem Weg zu Gott, das Fasten führt uns zur Tür seines Palastes und das Geben von Almosen verschafft uns Zutritt . – KORAN .

Habt vor allem untereinander glühende Nächstenliebe; denn die Nächstenliebe wird die Menge der Sünden decken. – 1. PETRUS 4:8 .

Es ist ein altes Sprichwort, dass Nächstenliebe zu Hause beginnt; Aber das ist kein Grund, warum es nicht ins Ausland gehen sollte. Ein Mann sollte als Weltbürger mit der Welt leben; Er hat vielleicht eine Vorliebe für das bestimmte Viertel, den Platz oder sogar die Gasse, in der er lebt, aber er sollte ein großzügiges Gefühl für das Wohlergehen des Ganzen haben. – CUMBERLAND .

Wehe der Seltenheit christlicher Nächstenliebe unter der Sonne! – HOOD .

Man kann Wohltätigkeit und Religion nicht trennen. – COLTON .

Denken Sie nicht, dass Sie barmherzig sind, wenn die Liebe Jesu und seiner Brüder nicht allein der Beweggrund Ihrer Gaben ist. Ach! Du gibst vielleicht nicht deinen Überschuss ab, sondern gibst „alle deine Güter, um die Armen zu ernähren". Du könntest für sie sogar „deinen Körper verbrennen lassen" und dennoch gänzlich barmherzig sein, wenn dich Eigensucht, Selbstgefälligkeit oder Selbstzwecke leiten; und sie müssen dich leiten, bis die Liebe Gottes durch den Heiligen Geist in deinem Herzen ausgegossen wird. – HAWEIS .

Wer sich nach dem Tod durch die Verdienste seines Erlösers Anspruch auf die edelste aller Belohnungen erhofft, der solle Gott sein ganzes Leben lang in dieser erhabensten aller Pflichten dienen und unseren Brüdern Gutes tun. Wer sich seiner Verfehlungen bewusst ist, der soll insbesondere auf diese Weise seine Reue beweisen. – ERZBISCHOF SECKER .

praktizieren sollten ; denn Er sagt: „Daran werden alle erkennen, dass ihr meine Jünger seid, wenn ihr einander liebt." Daher kann ich mir niemals die Hoffnung gönnen, den Namen eines Dieners Christi zu erhalten, wenn ich nicht eine wahre und ungeheuchelte Nächstenliebe in mir besitze. – ST. BASILIUS .

Es liegt in der menschlichen Natur eine Schuld der Barmherzigkeit und des Mitleids, der Nächstenliebe und des Mitgefühls, der Erleichterung und des Beistands, die von Mensch zu Mensch zu zahlen ist; und diejenigen, die es den Notleidenden verweigern, es in der Zeit ihres Überflusses zu zahlen, können mit Recht erwarten, dass es ihnen selbst in einer Zeit der Not verweigert wird. „Mit dem Maß, das du misst, soll es dir noch einmal gemessen werden." – BURKITT .

Wir sollten geben, was wir empfangen würden, fröhlich, schnell und ohne zu zögern; denn in einem Vorteil, der an den Fingern klebt, liegt keine Gnade. – SENECA .

Wenn der Geldbeutel geleert wird, füllt sich das Herz. – VICTOR HUGO .

Dann scannen Sie sanft Ihren Bruder- Mann, noch sanfter, Schwester-Frau; Auch wenn es zwischen ihnen zu heftigen Auseinandersetzungen kommt , ist es menschlich, beiseite zu treten. – Verbrennungen.

Fröhlichkeit. – Fröhlichkeit ist voller Bedeutung: Sie deutet auf gute Gesundheit, ein reines Gewissen und eine Seele im Frieden mit der gesamten menschlichen Natur hin . – CHARLES KINGSLEY .

Wie in unserem Leben, so ist es auch in unseren Studien am angemessensten und am klügsten, die Schwerkraft durch Fröhlichkeit zu zügeln, damit erstere unseren Geist nicht mit Melancholie erfüllt und letztere nicht zur Zügellosigkeit verkommt. – PLINIUS .

Ein fröhliches Herz tut Gutes wie eine Medizin; aber ein gebrochener Geist trocknet die Knochen aus. – SPRÜCHE 17:22 .

Seien Sie guten Mutes. – JOHANNES 16:33 .

Der Geist, der in seinem gegenwärtigen Zustand fröhlich ist, wird jeder Sorge um die Zukunft abgeneigt sein und den bitteren Ereignissen des Lebens mit einem ruhigen Lächeln begegnen. – HORACE .

Ein Funke Fröhlichkeit ist mehr wert als ein Pfund Traurigkeit, mit dem man Gott dient. – FULLER .

Wenn gute Menschen ihre Güte nur angenehm zeigen und lächeln würden, anstatt über ihre Tugend die Stirn zu runzeln, wie viele würden sie für die gute Sache gewinnen! – ERZBISCHOF USHER .

Zwischen Leichtsinn und Fröhlichkeit gibt es einen großen Unterschied; und der Geist, der für Leichtsinn am offensten ist, ist Heiterkeit oft fremd. – BLAIR .

Die Anwesenheit fröhlicher Menschen erfrischt Sie. Warum nicht ernsthafte Anstrengungen unternehmen, um anderen diese Freude zu bereiten? Sie werden feststellen, dass die halbe Miete gewonnen ist, wenn Sie sich niemals erlauben, etwas Düsteres zu sagen. – FRAU LM CHILD .

Innerer Sonnenschein erwärmt nicht nur das Herz des Besitzers, sondern aller, die damit in Kontakt kommen. – JT FIELDS .

Der Weg zur Fröhlichkeit besteht darin, unseren Körper in Bewegung zu halten und unseren Geist entspannt zu halten . – STEELE .

Seien wir guten Mutes und denken wir daran, dass das Unglück, das am schwersten zu ertragen ist, das ist, was nie passiert . – LOWELL .

Ein fröhliches Gemüt, gepaart mit Unschuld, macht Schönheit attraktiv, Wissen entzückend und Witz gutmütig. Es wird Krankheit, Armut und

Bedrängnis lindern, Unwissenheit in eine liebenswerte Einfachheit verwandeln und die Deformität selbst angenehm machen. – ADDISON .

Kinder. – Wenn ich unter allen Gaben und Eigenschaften diejenige wählen würde, die das Leben im Großen und Ganzen am angenehmsten macht, würde ich die Liebe zu Kindern wählen. Kein Umstand kann diese Welt für jemanden, der diesen Besitz besitzt, völlig zur Einsamkeit machen . – TW HIGGINSON .

Ich liebe diese kleinen Leute; und es ist keine Kleinigkeit, wenn sie, die so frisch von Gott sind, uns lieben. – DICKENS .

Sie sind Götzen der Herzen und der Familien; Sie sind verkleidete Engel Gottes ; Sein Sonnenlicht schläft immer noch in ihren Locken; Seine Herrlichkeit strahlt immer noch in ihren Augen. Oh, diese Schulschwänzer von zu Hause und vom Himmel, Sie haben mich männlicher und milder gemacht, Und ich weiß jetzt, wie Jesus das Reich Gottes mit einem Kind vergleichen konnte. -Dickens.

Das Kind ist Vater des Mannes. –Wordsworth.

Die kleinsten Kinder sind Gott am nächsten, so wie die kleinsten Planeten der Sonne am nächsten sind. – RICHTER .

Bei dem Versuch, Kindern in kurzer Zeit viel beizubringen, werden sie nicht so behandelt, als ob es sich bei dem Rennen, das sie laufen sollten, um ein Leben lang handelte, sondern einfach um einen Drei-Meilen- Lauf . – HORACE MANN .

Die Kindheit zeigt den Mann , wie der Morgen den Tag zeigt. –Milton.

Seien Sie im April seines Verständnisses sehr wachsam gegenüber Ihrem Kind, damit der Maifrost nicht seine Blüten erstickt. Während er ein zarter Zweig ist, richte ihn gerade; Während er ein neues Gefäß ist, würzen Sie ihn; Wie du ihn machst , so wirst du ihn auch finden. Seine erste Lektion soll Gehorsam sein, und seine zweite soll sein, was du willst. – QUARLES .

Ein Kind ist ein vom Menschen abhängiger Engel. – GRAF DE MAISTRE .

Die Augen eines Kindes, diese klaren Quellen unbefleckter Gedanken – was um alles in der Welt kann schöner sein? Voller Hoffnung, Liebe und Neugier begegnen sie Ihrem eigenen. Wie ernst ist das Gebet; vor Freude, wie funkelnd; in Mitgefühl, wie zärtlich! Der Mann, der nie die Gesellschaft eines kleinen Kindes versucht hat, hat eine der großen Freuden des Lebens achtlos verpasst, so wie man an einer seltenen Blume vorbeigeht, ohne sie zu pflücken oder ihren Wert zu kennen. – MRS. NORTON .

Wenn ein Junge nicht dazu erzogen wird, Schwierigkeiten zu ertragen und zu ertragen, wird er als Mädchen heranwachsen; und ein Junge, der ein Mädchen ist, hat alle Schwächen eines Mädchens, ohne ihre königlichen Qualitäten. Eine aus einer Frau gemachte Frau ist Gottes edelstes Werk; Eine Frau, die aus einem Mann gemacht ist, ist seine gemeinste. – BEECHER .

Kinder sind die Schlüssel zum Paradies. * * * Sie allein sind gut und weise, denn ihre Gedanken, ihr Leben sind Gebete. –Stoddard.

Gesegnet sei die Hand, die einem Kind eine Freude bereitet, denn man kann nicht sagen, wann und wo sie erblühen kann. – Douglas JERROLD .

Viele Kinder, viele Sorgen; Keine Kinder, keine Glückseligkeit. – BOVEE .

Wenn es etwas gibt, das dem Auge Gottes standhält , weil es noch rein ist, dann ist es der Geist eines kleinen Kindes, frisch aus seiner Hand und daher unbefleckt. Näher am Tor des Paradieses als wir, Unsere Kinder atmen seine Luft, seine Engel sehen; Und wenn sie beten, hört Gott ihr einfaches Gebet, ja , er steckt sogar sein Schwert in die Scheide, im bloßen Gericht. –Stoddard.

Jedes Kind entsteht durch das goldene Tor der Liebe . – BEECHER .

Von allen Anblicken, die das Herz des Menschen erweichen und menschlich machen können, gibt es keinen, der es so sicher erreichen sollte wie der von unschuldigen Kindern, die das Glück genießen, das ihr angemessener und natürlicher Teil ist. – SOUTHEY .

Ah! Was wäre die Welt für uns, wenn die Kinder nicht mehr wären? Wir sollten die Wüste hinter uns fürchten , schlimmer als die Dunkelheit zuvor. – Longfellow.

Jesus war der erste große Lehrer der Menschen, der echtes Mitgefühl für die Kindheit zeigte. Als Er sagte: „Davon ist das Himmelreich", war das eine Offenbarung . – EDWARD EGGLESTON .

Wo Kinder sind, ist das goldene Zeitalter. – NOVALIS .

Christus. – Der beste Mensch, der jemals Erde um sich trug, war ein leidender, sanfter, sanftmütiger, geduldiger, demütiger, ruhiger Geist; der erste wahre Gentleman, der jemals atmete. – DECKER .

Die ganze Herrlichkeit und Schönheit Christi offenbart sich im Inneren, und dort wohnt Er gern; Seine Besuche dort sind häufig, seine Herablassung erstaunlich, seine Gespräche süß, sein Trost erfrischend; und der Friede, den Er bringt, übersteigt jedes Verständnis. – THOMAS À KEMPIS .

Vom ersten bis zum letzten Jesus ist er derselbe; immer das Gleiche, majestätisch und einfach, unendlich streng und unendlich sanft . – NAPOLEON I.

Er, der Heiligste unter den Mächtigen und der Mächtigste unter den Heiligen, hat mit seinen durchbohrten Händen Reiche aus ihren Angeln gehoben, hat den Strom der Jahrhunderte aus seinem Lauf gelenkt und regiert immer noch die Zeitalter . – RICHTER .

In seinem Tod ist er ein Opfer, das unsere Sünden sühnt; in der Auferstehung ein Sieger; bei der Himmelfahrt ein König; in der Fürsprache ein Hohepriester. – LUTHER .

Jesus Christus war mehr als ein Mensch . – NAPOLEON I.

Die Weisen und Helden der Geschichte entfernen sich von uns, und die Geschichte zieht die Aufzeichnungen ihrer Taten auf eine immer schmalere Seite zusammen. Aber die Zeit hat keine Macht über den Namen, die Taten und Worte Jesu Christi . – CHANNING .

Alexander, Cäsar , Karl der Große und ich selbst haben Reiche gegründet; Aber wovon hängen diese Schöpfungen unseres Genies ab? Auf Gewalt. Jesus allein gründete sein Reich auf der Liebe; und bis zum heutigen Tag würden Millionen für ihn sterben . – NAPOLEON I.

Wenn das Leben und der Tod von Sokrates die eines Weisen waren, waren das Leben und der Tod von Jesus die eines Gottes . – ROUSSEAU .

Diejenigen, die den Charakter des Erlösers eingehend studiert haben , werden es schwer finden zu entscheiden, ob er mehr zu bewundern oder nachzuahmen ist – es gibt so viel von beidem.

Christentum. – Ein Christ ist der Herr Gottes, des Allmächtigen. – HASE .

Die wahre Sicherheit des Christentums liegt in seiner wohlwollenden Moral, in seiner hervorragenden Anpassung an das menschliche Herz, in der Leichtigkeit, mit der sich sein Plan an die Fähigkeiten jedes menschlichen Intellekts anpasst, in dem Trost, den es jedem Haus bringt Trauer, in dem Licht, mit dem sie das große Geheimnis des Grabes erhellt. – MACAULAY .

Es ist die göttliche Wahrheit, die zu unserem ganzen Wesen spricht: Sie beschäftigt, ruft alle Fähigkeiten des Menschen in Aktion und befriedigt sie, erfüllt die kleinsten Bedürfnisse seines Wesens und spricht in ein und demselben Moment zu seinem Verstand, seinem Gewissen und seinem Herzen. Es ist das Licht der Vernunft, das Leben des Herzens und die Stärke des Willens . – PIERRE .

Seit seiner Einführung hat die menschliche Natur große Fortschritte gemacht und die Gesellschaft hat große Veränderungen erlebt; und in diesem fortgeschrittenen Zustand der Welt erweist sich das Christentum, anstatt seine Anwendbarkeit und Bedeutung zu verlieren, als immer sympathischer und an die Natur und Bedürfnisse des Menschen angepasst. Die Menschen sind den anderen Institutionen jener Zeit, in der das Christentum entstand, seiner Philosophie, seinen Kriegsführungsmethoden, seiner Politik, seiner öffentlichen und privaten Wirtschaft entwachsen; Aber das Christentum ist nie geschrumpft, je mehr sich der Intellekt öffnete, sondern ist stets den Fähigkeiten der Menschen vorausgegangen und hat in dem Maße, in dem sie aufgestiegen sind, edlere Ansichten entfaltet. Die höchsten Kräfte und Neigungen, die unsere Natur entwickelt hat, finden in dieser Religion mehr als ausreichenden Gegenstand. Das Christentum ist in der Tat besonders auf die fortgeschritteneren Stufen der Gesellschaft abgestimmt, auf die feineren Empfindungen verfeinerter Geister und insbesondere auf die Unzufriedenheit mit dem gegenwärtigen Zustand, die immer mit dem Wachstum unserer moralischen Kräfte und Zuneigungen zunimmt. – CHANNING .

Es verfeinert und reinigt das Herz. Es vermittelt die Korrektheit der Wahrnehmung, die Feinheit der Gefühle und all die schöneren Nuancen des Denkens und Fühlens, die die Eleganz des Geistes ausmachen. – FRAU JOHN SANFORD .

Ich wünsche mir keinen anderen Beweis für die Wahrheit des Christentums als das Vaterunser. – Madame DE STAEL .

Wäre es durch eine Stimme vom Himmel bekannt gegeben worden, dass zwölf arme Männer, die aus Booten und Bächen geholt wurden, ohne jegliche Hilfe der Gelehrsamkeit die Welt bis zum Kreuz erobern sollten, hätte man es für eine Illusion gegen jede menschliche Vernunft halten können; Dennoch wissen wir, dass es von ihnen unternommen und erreicht wurde . – STEPHEN CHARNOCK .

Ein paar Personen aus einem verhassten und verachteten Land hätten die Welt nicht mit Gläubigen füllen können, wenn sie nicht die zweifelsfreie Glaubwürdigkeit der göttlichen Person gezeigt hätten, die ihnen eine solche Botschaft gesandt hat. – ADDISON .

Unternehmen. – Die Natur hat jedem Menschen die Fähigkeit gegeben, angenehm zu sein, nicht jedoch, in Gesellschaft zu glänzen; und es gibt hundert Männer, die für beides ausreichend qualifiziert sind, die jedoch aufgrund sehr weniger Fehler, die sie in einer halben Stunde korrigieren könnten, nicht einmal erträglich sind. – SWIFT .

Es ist sicher, dass kluges Verhalten oder unwissendes Verhalten davon betroffen sind, dass Menschen einander Krankheiten übertragen; Deshalb sollen die Menschen auf ihre Gesellschaft achten. – SHAKESPEARE .

Der angenehmste aller Gefährten ist ein einfacher, offenherziger Mann, ohne den Anspruch auf eine bedrückende Größe; jemand, der das Leben liebt und seinen Nutzen versteht; zu jeder Zeit gleichermaßen zuvorkommend; vor allem von goldenem Temperament und standhaft wie ein Anker. Gegen einen solchen tauschen wir gerne das größte Genie, den brillantesten Witz, den tiefgründigsten Denker ein . – LESSING .

Zurückhaltung zu unterliegen. – CHESTERFIELD .

Ein Gefährte ist nichts anderes als ein anderes Selbst; Daher ist es ein Argument, dass ein Mann böse ist, wenn er mit den Bösen Umgang hat. – ST. CLEMENS .

Lassen Sie sie noch so viel über Erziehung gelernt haben, der größte Einfluss auf ihre Haltung wird die Gesellschaft sein, mit der sie sich unterhalten, und die Mode ihrer Mitmenschen. – LOCKE .

Einbildung. – Seien Sie nicht weise in Ihren eigenen Einbildungen. – RÖMER 12:16 .

Einbildung ist die verächtlichste und eine der abscheulichsten Eigenschaften der Welt. Es ist Eitelkeit, die von allen anderen Schichten vertrieben wird und gezwungen ist, an sich selbst zu appellieren, um Bewunderung zu erlangen. – HAZLITT .

Der sichere Weg, betrogen zu werden, besteht darin, sich für schlauer als andere zu halten. – CHARRON .

Einbildung ist für die Natur das, was Farbe für die Schönheit ist; es ist nicht nur unnötig, sondern beeinträchtigt auch das, was es verbessern würde. – PAPST .

Glauben Sie nur langsam, dass Sie klüger sind als alle anderen. Es ist ein schwerwiegender, aber häufiger Fehler. Wo jemand gerettet wurde, weil er die Schwächen eines anderen richtig einschätzte, wurden Tausende durch eine falsche Einschätzung der eigenen Stärke zerstört. – COLTON .

Wir gehen hin und stellen uns vor, dass alle an uns denken. Aber das ist er nicht; Er ist wie wir – er denkt an sich selbst. – CHARLES READE .

Siehst du einen Mann, der in seiner eigenen Einbildung weise ist? Auf einen Narren besteht mehr Hoffnung als auf ihn . – SPRÜCHE 26:12 .

Ein Mann, der stolz auf kleine Dinge ist, zeigt, dass kleine Dinge für ihn groß sind. – MADAME DE GIRARDIN .

Selfmade-Männer neigen meist dazu, ein wenig zu stolz auf ihren Job zu sein . – HW SHAW .

Die Natur hat manchmal einen Narren gemacht, aber einen Steuermann hat immer der Mensch selbst erschaffen. – ADDISON .

Wer sich wichtig macht, zeugt von Ohnmacht . – LAVATER .

Je mehr jemand von sich selbst spricht, desto weniger gefällt es ihm, wenn über einen anderen gesprochen wird. – LAVATER .

Benehmen. – Ich werde mein Leben und meine Gedanken regieren, als ob die ganze Welt das eine sehen und das andere lesen würde; Denn was bedeutet es, etwas vor meinem Nächsten geheim zu halten, wenn Gott (der unsere Herzen erforscht) alle unsere Privatsphären offen hält? – SENECA .

Die Integrität eines Menschen muss an seinem Verhalten gemessen werden, nicht an seinem Beruf. – JUNIUS .

Habe mehr, als du zeigst, sprich weniger, als du weißt, leihe weniger, als du schuldest, lerne mehr, als du opferst, setze weniger, als du wirfst . – Shakespeare.

Ein Mann muss wie eine Uhr für seine Art geschätzt werden. – William PENN .

Hütte eines armen Holzfällers meine friedlichen Tage verbringen und mein Brot mit ihr teilen , die mich eher weiter aufgeheitert hätte als auf diesem Thron; aber so wie ich bin, werde ich es edel sein. – Joanna Baillie.

Füge nur Taten zu deinem Wissen hinzu, füge Glauben hinzu, füge Tugend, Geduld, Mäßigung hinzu, füge Liebe hinzu. Beim Namen kommt die genannte Nächstenliebe, die Seele aller übrigen: Dann wirst du nicht abgeneigt sein, dieses Paradies zu verlassen, sondern sollst Besitze ein Paradies in dir, weitaus glücklicher. –Milton.

 Hüte dich davor, dass Leidenschaft dein Urteilsvermögen beeinflusst , etwas zu tun, was der freie Wille sonst nicht zulassen würde . –Milton.

Vertrauen. – Welches Misstrauen wir auch gegenüber der Aufrichtigkeit derjenigen haben mögen, die mit uns sprechen, wir glauben immer, dass sie uns mehr Wahrheit sagen werden als anderen. – LA ROCHEFOUCAULD .

Schenken Sie niemals so viel Vertrauen in jemanden, wie Sie anderen kein Vertrauen entgegenbringen. – HASE .

Wenn wir jung sind, vertrauen wir uns selbst zu sehr, und wenn wir alt sind, vertrauen wir anderen zu wenig. Unbesonnenheit ist der Irrtum der Jugend, schüchterne Vorsicht des Alters. Männlichkeit ist die Landenge zwischen den beiden Extremen; die reife und fruchtbare Zeit des Handelns, wenn wir allein hoffen können, den Kopf zum Erfinden zu finden, vereint mit der Hand zum Ausführen . – COLTON .

trauen kann. – AUERBACH .

den Glauben gebrochen hat. – SHAKESPEARE .

Menschen haben im Allgemeinen drei Epochen in ihrem Vertrauen in den Menschen. Im ersten Fall glauben sie, dass er alles Gute ist, und sie sind großzügig mit ihrer Freundschaft und ihrem Vertrauen. Im nächsten Schritt haben sie Erfahrungen gemacht, die ihr Selbstvertrauen erschüttert haben, und dann müssen sie aufpassen, nicht jedem zu misstrauen und alles auf die schlechteste Art und Weise zu interpretieren. Später im Leben lernen sie, dass die meisten Menschen viel mehr Gutes als Schlechtes in sich tragen und dass es, selbst wenn es einen Grund zur Schuldzuweisung gibt, mehr Grund zum Mitleid als zum Verurteilen gibt; und dann erwacht in ihnen wieder ein Geist der Zuversicht . – FREDRIKA BREMER .

alles gleichgültig ist. – LAVATER .

Gewissen. – Das Gewissen ist eine Uhr, die in einem Menschen laut schlägt und warnt; in einem anderen zeigt die Hand stumm auf die Figur, schlägt aber nicht zu. In der Zwischenzeit vergehen Stunden, und der Tod eilt, und nach dem Tod kommt das Gericht . – JEREMY TAYLOR .

Oh! Gewissen! Gewissen! Der treueste Freund des Menschen, Ihn kannst du trösten, beruhigen, entlasten, verteidigen: Aber wenn er will, verzichtest du auf deine freundlichen Schecks , Du bist, oh! Wehe mir, seinem tödlichsten Feind! –Crabbe.

Wenn du Böses begehst, fürchte niemanden so sehr wie dich selbst; ein anderer ist nur ein einziger Zeuge gegen dich, du bist tausend; einem anderen kannst du ausweichen, dir selbst kannst du nicht. Bosheit ist ihre eigene Strafe. – QUARLES .

Ein gutes Gewissen ist ein beständiges Weihnachtsfest. – FRANKLIN .

Sei mir die stille, ruhige Mahlzeit, ein bis zuletzt fröhliches Gewissen : Dieser Baum, der unsterbliche Früchte trägt, ohne Krebs an der Wurzel; Dieser Freund, der den Gerechten niemals im Stich lässt, wenn andere Freunde ihr Vertrauen verlassen. -DR. Baumwolle.

Kein Mensch hat jemals sein eigenes Gewissen beleidigt, aber zuerst oder zuletzt wurde es dafür an ihm gerächt. – SÜDEN .

Wer sein Gewissen verliert, hat nichts mehr übrig, was es wert wäre, behalten zu werden. Achten Sie daher unbedingt darauf und achten Sie als Nächstes auf Ihre Gesundheit. und wenn Sie es haben, loben Sie Gott und schätzen Sie es neben einem guten Gewissen . – IZAAK WALTON .

Unsere geheimen Gedanken werden selten gehört, außer im Verborgenen. Niemand weiß, was das Gewissen ist, bis er versteht, was ihn die Einsamkeit darüber lehren kann . – JOSEPH COOK .

Ein Mensch überlebt nie sein Gewissen, und nur aus diesem Grund kann er sich selbst nicht überleben. – SÜDEN .

Die Regeln der Gesellschaft sind nichts, das Gewissen ist der Schiedsrichter. – MADAME DUDEVANT .

Ein Mann, der sozusagen nicht in der Lage ist, sich jeden Morgen seinem eigenen Gewissen zu beugen, ist kaum in der Lage, zu jeder anderen Tageszeit respektvoll vor der Welt zu grüßen. – Douglas JERROLD .

In Gewissensfragen sind erste Gedanken am besten; In Fragen der Klugheit sind die letzten Gedanken am besten – REV. ROBERT HALL .

Die erste Sorge eines Mannes sollte darin bestehen, die Vorwürfe seines eigenen Herzens zu vermeiden; sein nächstes Ziel war es, den Tadel der Welt zu entkommen. Wenn letzteres das erstere stört, sollte es völlig vernachlässigt werden; aber sonst kann es für einen ehrlichen Geist keine größere Befriedigung geben, als zu sehen, wie die Anerkennungen, die er sich selbst gibt, durch den Beifall des Publikums unterstützt werden. – ADDISON .

Das Gewissen erhebt seine Stimme in der Brust eines jeden Menschen, ein Zeuge für seinen Schöpfer.

Wir sollten alle unsere Kommunikation mit Menschen wie in der Gegenwart Gottes führen; und mit Gott, wie in der Gegenwart von Menschen . – COLTON .

Ich habe mehr Angst vor meinem eigenen Herzen als vor dem Papst und all seinen Kardinälen. Ich habe den großen Papst in mir selbst . – LUTHER .

Der rücksichtsloseste Sünder gegen sein eigenes Gewissen hat immer den Trost im Hintergrund, dass er diesen Weg nur dieses Mal oder nur für eine begrenzte Zeit fortsetzen wird, dass er sich aber zu einem solchen Zeitpunkt bessern wird. Wir können sicher sein, dass wir mit unserem eigenen Gewissen nicht im Reinen sind, solange wir beschließen, planen oder es auch nur für möglich halten, zu einem späteren Zeitpunkt unsere Vorgehensweise zu ändern. – FICHTE .

Es gibt ein Gericht, dessen „Beschlüsse" unbestreitbar sind und dessen Sitzungen in den Kammern unserer eigenen Brust stattfinden: HOSEA BALLOU .

Vertraue in nichts dem Menschen, der nicht in allem ein Gewissen hat. – STERNE .

Wer ein blindes Gewissen hat, das nichts sieht, ein totes Gewissen, das nichts fühlt, und ein stummes Gewissen, das nichts sagt, ist in einem so elenden Zustand, wie ein Mensch auf dieser Seite der Hölle nur sein kann. – PATRICK HENRY .

Das Gewissen ist selbst der bereitwilligste Ankläger . – CHAPIN .

Wenn du wüsstest, was Gott über dich im Himmel geschrieben hat, schaue in deinen eigenen Busen und sieh, welche Gnaden Er dort in dir gewirkt hat. – FULLER .

Doch immer noch flüstert die kleine Stimme im Inneren, Gehört durch die Stille des Gewinns und den Lärm der Herrlichkeit; Welches Glaubensbekenntnis auch immer gelehrt oder welches Land betreten wird, das Gewissen des Menschen ist das Orakel Gottes! –Byron.

Die Welt wird niemals in irgendeiner Weise in Ordnung oder Ruhe sein , bis die Menschen fest davon überzeugt sind, dass Gewissen, Ehre und Kredit alle im gleichen Interesse liegen; und dass ohne die Zustimmung der ersteren die letzteren nur eine Zumutung für uns selbst und andere sind. – STEELE .

Zufriedenheit. – Um einen zufriedenen Geist zu sichern, messen Sie Ihre Wünsche an Ihrem Vermögen und nicht Ihr Vermögen an Ihren Wünschen. – JEREMY TAYLOR .

Ich dränge darauf, keinen hochmütigen Einfluss zu ertragen; Ich wünsche nicht mehr, als genügen kann: Ich tue nicht mehr, als ich kann. Schau , was mir fehlt, das liefert mein Geist ; Siehe , so triumphiere ich wie ein König, mein Geist ist mit allem zufrieden. –Byrd.

Genieße dein eigenes Leben, ohne es mit dem eines anderen zu vergleichen. – CONDORCET .

Mit wenig zufrieden zu sein ist schwierig; Mit viel, Unmöglichem zufrieden sein . – MARIE EBNER-ESCHENBACH .

Mein Gott, gib mir weder Armut noch Reichtum; aber was auch immer Dein Wille zu geben sein mag, gib mir damit ein Herz, das sich demütig dem zu fügen weiß, was Dein Wille ist. – GOTTHOLD .

Wer mit dem, was er getan hat, zufrieden ist, wird nie für das, was er tun wird, berühmt werden. Er hat sich zum Sterben hingelegt. Das Gras wächst bereits über ihm . – BOVEE .

Zufriedenheit ist eine kostbare Perle, und wer sie auf Kosten von zehntausend Wünschen erwirbt, macht einen klugen und glücklichen Kauf . – BALGUY .

Wenn die Menschen wüssten, welche Glückseligkeit in der Hütte eines frommen Mannes wohnt, wie gesund er schläft, wie ruhig seine Ruhe ist, wie gelassen sein Geist ist, wie frei von Sorgen, wie entspannt seine Position, wie feucht sein Mund, wie fröhlich sein Herz, sie würde niemals die Geräusche, die Krankheiten, die Hektik der Leidenschaften und die Heftigkeit unnatürlicher Gelüste bewundern, die das Haus der Luxuriösen und die Herzen der Ehrgeizigen erfüllen. – JEREMY TAYLOR .

Der Reichste ist, wer mit dem Geringsten zufrieden ist; denn Inhalt ist der Reichtum der Natur. – SOKRATES .

Arm und zufrieden, ist reich und reich genug; Aber Reichtum, ohne Geld , ist arm wie der Winter. Für den, der immer fürchtet, arm zu sein. – Shakespeare.

Lerne, mit allem zufrieden zu sein, mit Reichtum, soweit er uns für andere nützlich macht; mit Armut, weil man sich nicht um viel kümmern muss; und im Dunkeln, weil er nicht beneidet wurde. – PLUTARCH .

Es ist richtig, mit dem zufrieden zu sein, was wir haben, aber niemals mit dem, was wir sind . – SIR JAMES MACKINTOSH .

Ohne Inhalte wird es uns fast genauso schwer fallen, anderen zu gefallen wie uns selbst. – GREVILLE .

Wahre Zufriedenheit hängt nicht davon ab, was wir haben; Eine Wanne war für Diogenes groß genug, aber eine Welt war für Alexander zu klein. – COLTON .

Zufrieden mit der Armut bewaffne ich meine Seele; Und die Tugend wird mich, wenn auch in Lumpen, warm halten. – Dryden.

Solange wir in uns selbst keine Ruhe finden, ist es vergeblich, sie woanders zu suchen. – HOSEA BALLOU .

Der edelste Geist hat die größte Zufriedenheit. – SPENSER .

zufrieden zu sein, egal in welchem Zustand ich mich befinde (PHILIPPER 4:11).

Gespräch. – Der Kern einer Konversation besteht nicht darin, das eigene überlegene Wissen über Angelegenheiten von geringer Tragweite zur Schau zu stellen, sondern darin, die Informationen, die man besitzt, durch die Autorität anderer zu erweitern, zu verbessern und zu korrigieren . – SIR WALTER SCOTT .

Es gibt drei Dinge beim Sprechen, die man bedenken sollte, bevor man etwas sagt: die Art und Weise, den Ort und die Zeit. – SOUTHEY .

Thema sagen kann. – VOLTAIRE .

Sprechen Sie wenig und gut, wenn Sie als jemand angesehen werden möchten, der Verdienste besitzt. – AUS DEM FRANZÖSISCHEN .

Je weniger Menschen denken, desto mehr reden sie. – MONTESQUIEU .

Wer eifrig zuhört, gezielt fragt, ruhig spricht, kühl antwortet und aufhört, wenn er nichts mehr zu sagen hat, ist im Besitz einiger der besten Voraussetzungen des Menschen. – LAVATER .

Unter denen, die aus List alles hören und wenig reden, sollt ihr darauf achten, weniger zu reden; oder wenn Sie reden müssen, sagen Sie wenig. – LA BRUYÈRE .

Nicht nur das Richtige am richtigen Ort zu sagen, sondern, was noch viel schwieriger ist, im verlockenden Moment das Falsche ungesagt zu lassen. – GA SALA .

Wenn wir mit vernünftigen Männern zusammen sind, sollten wir uns doppelt davor hüten, zu viel zu reden, damit wir nicht zwei gute Dinge verlieren: ihre gute Meinung und unsere eigene Verbesserung; denn was wir zu sagen haben, wissen wir, aber was sie zu sagen haben, wissen wir nicht . – COLTON .

Halten Sie niemals jemanden am Knopf oder an der Hand fest, um gehört zu werden. Denn wenn die Leute nicht bereit sind, Ihnen zuzuhören, sollten Sie besser den Mund halten als sie . – CHESTERFIELD .

Es geht darum, gut zu reden, leicht zu reden, gerecht zu reden und zeitgemäß zu reden: Es ist eine Beleidigung des Letzten, vor den Bedürftigen von Vergnügungen zu reden; von gesunden Gliedern und Gesundheit vor den Gebrechlichen; von Häusern und Ländereien vor dem, der nicht einmal eine Wohnung hat; mit einem Wort, vor den Elenden von deinem Wohlstand zu sprechen ; Dieses Gespräch ist grausam, und der Vergleich, der in ihnen natürlich zwischen ihrem und Ihrem Zustand entsteht, ist quälend. – LA BRUYÈRE .

Egoisten können sich nicht unterhalten, sie reden nur mit sich selbst . – A. BRONSON ALCOTT .

Die extreme Freude, die wir daran haben, über uns selbst zu sprechen, sollte uns befürchten lassen, dass wir denen, die uns zuhören, sehr wenig geben. – La ROCHEFOUCAULD .

Viele können argumentieren, nicht viele widersprechen. – A. BRONSON ALCOTT .

Eine Sache, die uns dazu bringt, so wenige Menschen zu finden, die im Gespräch vernünftig und angenehm erscheinen, ist, dass es kaum jemanden gibt, der nicht mehr an das denkt, was er sagen will, als daran, genau zu antworten, was ihm gesagt wird. – La ROCHEFOUCAULD .

Die erste Zutat im Gespräch ist die Wahrheit, die nächste gesunde Menschenverstand, die dritte gute Laune und die vierte Witz.

Es ist ein Geheimnis, das nur wenigen bekannt ist und dennoch für die Lebensführung von nicht geringem Nutzen ist: Wenn Sie sich in ein Gespräch mit einem Mann einmischen, sollten Sie als Erstes darüber nachdenken, ob er eine größere Neigung hat, Ihnen zuzuhören, oder dass Sie sollte ihn hören. – STEELE .

In meinem ganzen Leben habe ich nur zehn oder zwölf Personen gekannt, mit denen es angenehm war, zu sprechen – *das heißt* , die beim Thema bleiben, sich nicht wiederholen und nicht über sich selbst reden; Männer, die nicht auf ihre eigene Stimme hören, die kultiviert genug sind, um sich nicht in Gemeinplätzen zu verlieren, und schließlich, die Taktgefühl und guten Geschmack besitzen genug, um ihre eigene Person nicht über ihre Untertanen zu stellen. – METTERNICH .

Rat. – Ich kann zwanzig leichter lehren, was gut zu tun ist, als einer der zwanzig zu sein, die meiner eigenen Lehre folgen. – SHAKESPEARE .

Die beste Quittung – die beste zum Arbeiten und die beste zum Annehmen – ist die Ermahnung eines Freundes. – BACON .

Fragen Sie Ihren Freund in allen Dingen, insbesondere in denen, die Sie selbst respektieren. Sein Rat kann dann nützlich sein, wenn Ihre eigene Selbstliebe Ihr Urteilsvermögen beeinträchtigen könnte. – SENECA .

Rat einer tugendhaften Frau zu gering schätzen . – GEORGE CHAPMAN .

Mut. – Das Gewissen eines jeden Menschen erkennt Mut als Grundlage der Männlichkeit und Männlichkeit als die Vollkommenheit des menschlichen Charakters. – THOMAS HUGHES .

Zu kämpfen, wenn die Hoffnung verbannt ist! Zu leben, wenn das Salz des Lebens aufgebraucht ist! In einem Traum verweilen, der verschwunden ist ! Aushalten und ruhig weitermachen!

Der tapfere Mann ist nicht der, der keine Angst empfindet, denn das wäre dumm und irrational; Aber er, dessen edle Seele ihre Angst bezwingt und tapfer die Gefahr wagt, vor der die Natur zurückschreckt. – Joanna Baillie.

Ein tapferer Mann sollte sich keiner Gefahr stellen oder sie herausfordern , sondern würdig und auf ausgewählte Weise; Er unternimmt es aus Vernunft, nicht aus Zufall. –Ben Jonson.

Wahrer Mut ist kühl und ruhig. Die mutigsten Männer haben die geringste brutale, schikanierende Unverschämtheit, und in Zeiten der Gefahr sind sie die gelassensten und freisten. Wir wissen, dass Wut einen Feigling dazu bringen kann, sich selbst zu vergessen und zu kämpfen. Aber was in Wut oder Zorn getan wird, kann niemals dem Mut zugeschrieben werden . – SHAFTESBURY .

Große Gefahren machen große Herzen äußerst entschlossen. – MARSTON .

Mut besteht nicht darin, die Gefahr blind zu übersehen, sondern darin, sie zu sehen und zu überwinden. – RICHTER .

Der wahrste Mut ist immer mit Umsicht verbunden; Dies ist die Eigenschaft, die den Mut der Weisen von der Zähigkeit der Unbesonnenen und Dummen unterscheidet. – JONES OF NAYLAND .

Körperlicher Mut, der jede Gefahr verachtet, wird einen Mann in gewisser Weise mutig machen; und moralischer Mut, der jede Meinung verachtet, wird einen Mann gegenüber einem anderen mutig machen. Ersteres scheint für das Lager am notwendigsten zu sein, letzteres für den Rat; Aber um ein großer Mann zu sein, sind beide notwendig . – COLTON .

Wer Reichtum verliert, verliert viel; wer einen Freund verliert, verliert mehr; aber wer seinen Mut verliert, verliert alles . – CERVANTES .

Werbung. — Jeder Mann sollte ein paar Mal in seinem Leben verliebt sein und einen heftigen Fieberanfall erleiden. Es geht Dir besser, wenn es vorüber ist; desto besser ist Dein Unglück, wenn Du es mit männlichem Herzen erträgst; Wie viel besser ist es für den Erfolg, wenn man ihn gewinnt und obendrein eine gute Frau hat ! – THACKERAY .

Männer träumen in der Brautwerbung, aber in der Ehe erwachen sie! – PAPST .

Mit Frauen, die es wert sind, gewonnen zu werden, hat der sanfteste Liebhaber aller Zeiten Erfolg. -Hügel.

Der angenehmste Teil im Leben eines Mannes ist im Allgemeinen derjenige, der mit dem Werben vergeht, vorausgesetzt, dass seine Leidenschaft aufrichtig ist und die geliebte Person mit Diskretion freundlich ist. Liebe, Verlangen, Hoffnung, alle angenehmen Gefühle der Seele, steigen in der Verfolgung auf. – ADDISON.

Wie würde dieses wunderbare Geheimnis, das Eheleben, die Welt mit seinen gesegneten Einflüssen erstrahlen lassen, wenn die großzügigen Impulse und Gefühle der Brautwerbung in der Folge der Ehe in all ihrer überschwänglichen Fülle fortbestehen würden! – FREDERIC SAUNDERS.

Abgelehnte Liebhaber müssen niemals verzweifeln! Es gibt vierundzwanzig Stunden am Tag und keinen Moment in den vierundzwanzig, in dem eine Frau ihre Meinung nicht ändern könnte. – DE FINOD.

Das Werben besteht aus einer Reihe stiller Aufmerksamkeiten, die weder so gezielt sind, dass sie beunruhigen, noch so vage, dass sie nicht verstanden werden. – STERNE.

Begierde. – Habgier erstickt wie eine schlecht gemachte Kerze den Glanz eines glücklichen Vermögens in ihrem eigenen Fett. – F. OSBORN.

Das einzige Beispiel eines verzweifelten Sünders, das im Neuen Testament überliefert ist, ist das eines verräterischen und gierigen Judas.

Wer das eines anderen begehrt, verliert zu Recht seinen eigenen Besitz. – PHAIDROS.

Habsucht, die Götzendienst ist. – KOLOSSER 3:5.

Es gibt kein Laster, das die Gefühle wirksamer zusammenzieht und abtötet, das die Gefühle eines Menschen stärker auf sich selbst konzentriert und alle anderen von der Teilnahme daran ausschließt, als der Wunsch, Besitz anzuhäufen. Wenn der Wunsch einmal das Herz erfasst hat, schließt er alle anderen Überlegungen außer solchen aus, die seine Ansichten fördern könnten. In ihrem Eifer für die Erreichung ihres Ziels ist sie bei der Wahl der Mittel nicht vorsichtig. So wie es das Herz verschließt, trübt es auch das Verständnis. Es kann nicht zwischen richtig und falsch unterscheiden; es setzt Böses mit Gutem und Gutes mit Bösem gleich; es nennt Dunkelheit Licht und Licht Dunkelheit. Hüten Sie sich also vor dem Beginn der Habgier, denn Sie wissen nicht, wo sie enden wird. – BISCHOF MANT.

Der habgierige Mensch lebt so, als ob die Welt ganz für ihn geschaffen wäre und nicht er für die Welt; alles aufnehmen und sich von nichts trennen. – SÜDEN.

Habgierige Menschen sind Narren, elende Kerle, Bussarde, Verrückte, die allein leben, in ständiger Sklaverei, Angst, Misstrauen, Kummer, Unzufriedenheit, mit mehr Galle als Honig in ihren Genüssen; die eher von ihrem Geld besessen sind, als dass sie es besitzen. – BURTON.

Warum sind wir so blind? Das, was wir verbessern, haben wir, das, was wir horten, ist nicht für uns selbst . – MADAME DELUZY .

Wenn das Geld nicht dein Diener ist, wird es dein Herr sein. Man kann nicht mit Recht sagen, dass der habgierige Mann Reichtum besitzt, als dass man sagen könnte, dass er ihn besitzt. – BACON .

Diejenigen, die nicht geben, bis sie sterben, zeigen, dass sie es auch dann nicht tun würden, wenn sie es länger behalten könnten. – Bishop HALL .

Kritik. – Derjenige, dessen erstes Gefühl angesichts einer hervorragenden Inszenierung darin besteht, sie zu unterschätzen, wird nie eines seiner eigenen vorweisen können. – AIKEN .

Weder Lob noch Tadel sind Gegenstand echter Kritik. Gerecht zu unterscheiden, fest zu etablieren, weise vorzuschreiben und ehrlich zu vergeben – das sind die wahren Ziele und Pflichten der Kritik . – SIMMS .

Tadel und Kritik haben noch niemandem geschadet. Wenn sie falsch sind, können sie dir nicht schaden, es sei denn, es fehlt dir an männlichem Charakter; und wenn das wahr ist, zeigen sie einem Mann seine Schwachstellen und warnen ihn vor Misserfolg und Ärger. – GLADSTONE .

Es ist leicht, einen Autor zu kritisieren , aber es ist schwierig, ihn zu würdigen. – VAUVENARGUES .

Es ist viel einfacher, kritisch zu sein als richtig zu liegen. – BEACONSFIELD .

Es gibt einen gewissen aufdringlichen Geist, der im Gewand gelehrter Forschung nach den Spuren der Geschichte sucht, ihre Denkmäler niederreißt und ihre schönsten Trophäen entstellt und verstümmelt. Es sollte darauf geachtet werden, große Namen vor solch verderblicher Gelehrsamkeit zu schützen. – WASHINGTON IRVING .

Wer einem Autor Unklarheit vorwerfen würde, sollte in seinen eigenen Kopf schauen, um zu sehen, ob es dort ganz klar ist. In der Dämmerung ist die einfachste Schrift unleserlich. – GOETHE .

jedem seine Zeit widmen Handel, Save Tadel; Kritiker sind alle fertig.

Listig. – In einem großartigen Unternehmen gibt es nichts so Verhängnisvolles wie kluges Management. – JUNIUS .

List führt zur Gaunerei; es ist nur ein Schritt von einem zum anderen, und das ist sehr rutschig; Nur Lügen macht den Unterschied; Fügen Sie dazu noch List hinzu, und es ist Betrug. – LA BRUYÈRE .

List ist die Kunst, unsere eigenen Fehler zu verbergen und die Schwächen anderer Menschen zu entdecken. – HAZLITT .

Ein schlauer Mann übertrifft niemanden auch nur halb so sehr wie sich selbst. – BEECHER .

Die Tiere, denen die Natur die Fähigkeit gegeben hat, die wir List nennen, wissen immer, wann sie sie einsetzen müssen, und setzen sie weise ein. aber wenn der Mensch zur List verfällt, begeht er Fehler und verrät. – THOMAS PAINE .

Die sicherste Methode, sich einer Täuschung auszusetzen, besteht darin, sich für schlauer als andere zu halten. – LA ROCHEFOUCAULD .

Tod. – Gottes Finger berührte ihn und er schlief. – TENNYSON .

Aber nein! dieser Blick ist nicht der letzte; Wir können uns noch dort treffen, wo Seraphs wohnen, wo die Liebe die Vergangenheit nicht mehr bedauert und nicht mehr dieses vernichtende Wort atmet – Lebe wohl! – Peabody.

Wie schön ist es für einen Mann, auf den Mauern Zions zu sterben! wie ein von der Wache getragener und müder Wächter gerufen zu werden, seine Rüstung abzulegen und im Himmel zu ruhen. – NP WILLIS .

Ich schaute und siehe, ein blasses Pferd; und sein Name, der auf ihm saß, war Tod. – OFFENBARUNG 6:8 .

Wenn wir sehen, wie unsere Feinde und Freunde vor uns davongleiten, vergessen wir nicht, dass wir dem allgemeinen Gesetz der Sterblichkeit unterliegen und bald dort sein werden, wo unser Schicksal für immer festgelegt sein wird . – DR. JOHNSON .

Ich habe Menschen gesehen, die aus dem Glauben an die Lehre, die unsere Religion lehrt, zu einer furchtlosen Betrachtung der Zukunft gelangt sind. Solche Männer waren in der Stunde des Todes nicht nur ruhig und unterstützt, sondern auch fröhlich; und ich habe ein so krankes Zimmer nie verlassen, ohne die Hoffnung zu haben, dass mein letztes Ende wie ihres sein könnte. – SIR HENRY HALFORD .

Man kann als Eroberer, als König oder als Magistrat leben; aber er muss als Mann sterben. Das Sterbebett bringt jeden Menschen zu seiner reinen Individualität; zur intensiven Betrachtung der tiefsten und feierlichsten aller Beziehungen, der Beziehung zwischen dem Geschöpf und seinem Schöpfer. Hier können uns Ruhm und Ansehen nicht weiterhelfen; dass alle äußeren Dinge uns nicht weiterhelfen müssen; dass selbst Freunde, Zuneigung und menschliche Liebe und Hingabe uns nicht helfen können. – WEBSTER .

Es gibt keinen Tod. Das, was wir Tod nennen, ist nur ein anderer, traurigerer Name für das Leben. –Stoddard.

Zu sterben – zu schlafen – nicht mehr – und durch einen Schlaf zu sagen,
wir beenden den Herzschmerz und die tausend natürlichen
Erschütterungen, die das Fleisch erbt. –Shakespeare.

Alles, was die Natur vorschreibt, muss gut sein; Und da der Tod für uns
selbstverständlich ist, ist es absurd, ihn zu fürchten. Angst verliert ihren
Zweck, wenn wir sicher sind, dass sie uns nicht bewahren kann, und wir
sollten aus der Unmöglichkeit, ihr zu entkommen, den Entschluss fassen, ihr
zu begegnen. – STEELE .

Es gibt nichts Sicheres im Leben des Menschen, außer dass er es verlieren
muss. – OWEN MEREDITH .

Der Tod beraubt die Reichen und erleichtert die Armen . – JL BASFORD .

Der Tod ist der Befreier dessen, den die Freiheit nicht befreien kann, der
Arzt dessen, den die Medizin nicht heilen kann, und der Tröster dessen, den
die Zeit nicht trösten kann. – COLTON .

 Der sogenannte Tod ist etwas, das die Menschen zum Weinen bringt, und
doch vergeht ein Drittel des Lebens im Schlaf. –Byron.

Der schönste Tag im Leben ist der, an dem man es verlässt. – FRIEDRICH
DER GROßE .

Der Tod ist herrlich. Der Tod ist die Morgendämmerung – das Erwachen
aus einer müden Nacht voller Fieber zu Wahrheit und Licht. –Joaquin
Miller.

Die Stunde ist verborgen und die Angst so weit entfernt , dass der Tod
immer näher rückt und niemals nah zu sein scheint. -Papst.

Alles, was lebt, muss sterben und durch die Natur in die Ewigkeit gelangen
. –Shakespeare.

Der Tod schenkt uns Schlaf, ewige Jugend und Unsterblichkeit . – RICHTER
.

Du solltest weder Angst haben, noch solltest du dir deinen letzten Tag
wünschen. – MARTIALISCH .

Kein Mensch weiß, dass er sterben muss; Er weiß, dass in welchem Teil der
Welt er sich auch aufhält – wie auch immer seine Lebensumstände sein
mögen – wie stark sein derzeitiger Einfluss auf das Leben auch sein mag –
wie unähnlich er der Beute des Todes auch aussieht –, dass es sein
unumkehrbares Schicksal ist, zu sterben. – STEBBING .

Es ist keineswegs eine Tatsache, dass der Tod das schlimmste aller Übel ist; wenn es kommt, ist es eine Erleichterung für Sterbliche, die von Leiden erschöpft sind. – METASTASIO .

Gott schenkt endlich Ruhe. – WHITTIER .

Der Tod hat zehntausend verschiedene Türen, durch die die Menschen hinausgehen können. –John Webster.

Der Tod wird seinen Tag haben. – SHAKESPEARE .

Der Tod kommt nur einmal. – BEAUMONT UND FLETCHER .

Nicht ich sterbe, wenn ich sterbe, sondern meine Sünde und mein Elend. – GOTTHOLD .

Der Tod ist die Krone des Lebens. – YOUNG .

So lebe, dass du, wenn dein Ruf kommt, dich der unzähligen Karawane anzuschließen , die in dieses geheimnisvolle Reich zieht , wo jeder seine Kammer in den stillen Hallen des Todes beziehen wird, nicht wie der Steinbruchsklave in der Nacht gegeißelt zu seinem gehst Verlies; aber gestützt und getröstet durch ein unerschütterliches Vertrauen, nähere dich deinem Grab, wie einer, der die Vorhänge seines Lagers um sich zieht und sich zu angenehmen Träumen hinlegt. –Bryant.

Schulden. – Wer etwas borgt, wird auch trauern. – TUSSER .

Gläubiger haben ein besseres Gedächtnis als Schuldner; und Gläubiger sind eine abergläubische Sekte, große Beobachter fester Tage und Zeiten. – FRANKLIN .

Der Mensch riskiert den Zustand und verliert die Tugenden eines freien Mannes in dem Maße, in dem er seine Gedanken daran gewöhnt, seinen Absturz in die Knechtschaft eines Schuldners ohne Angst oder Scham zu betrachten. – LYTTON .

Das Bezahlen von Schulden ist neben der Gnade Gottes das beste Mittel der Welt, um Sie von tausend Versuchungen zur Sünde und Eitelkeit zu befreien. – DELANY .

Machen Sie keine Schulden, weder für verkaufte Waren noch für geliehenes Geld; Geben Sie sich damit zufrieden, Dinge zu wollen, die nicht absolut notwendig sind, anstatt die Rechnung in die Höhe zu treiben. – SIR M. HALE .

Schulden sind die schlimmste Armut. – MG LICHTWER .

Delikatesse. – Zartheit ist der wahre Farbton der Tugend. – MARGUERITE DE VALOIS .

Viele Dinge sind zu heikel, um gedacht zu werden; noch viele weitere, die noch besprochen werden. – NOVALIS .

Ein zarter Auftritt ist untrennbar mit der Süße und Sanftheit des Charakters verbunden. – MRS. SIGOURNEY .

Wahre Zartheit, das schönste Herzblatt der Menschheit, zeigt sich am deutlichsten in kleinen Dingen . – MARY HOWITT .

Zartheit ist für die Zuneigung das, was Anmut für die Schönheit ist. – DEGERANDO .

Schwache Männer leiten oft aus dem Prinzip ihrer Schwäche eine gewisse Empfänglichkeit, Feinheit und einen gewissen Geschmack ab, die sie in diesen Einzelheiten den Männern mit stärkerem und konsequenterem Geist, die über sie lachen, weit überlegen machen. – GREVILLE .

Delikatesse ist für den Geist das, was Duft für die Frucht ist. – ACHILLES POINCELOT .

Täuschung. – Wahnvorstellungen werden wie Träume zerstreut, wenn wir uns der harten Realität des Lebens bewusst werden. – ARC DALLAS .

Kein Mensch ist glücklich, ohne irgendeine Art von Wahnvorstellung. Wahnvorstellungen sind für unser Glück genauso notwendig wie Realitäten . – BOVEE .

Wir leben ständig in einer Illusion, und anstatt die Dinge so zu nehmen, wie sie sind, und das Beste daraus zu machen, folgen wir einem ignis fatuus und verlieren dabei die Freude, die wir erreichen könnten. – JAMES ELLIS .

Verzweifeln. – Es ist für den Mann unmöglich zu verzweifeln, der sich daran erinnert, dass sein Helfer allmächtig ist. – JEREMY TAYLOR .

Verzweiflung ist die Schlussfolgerung der Narren. – BEACONSFIELD .

Wer verzweifelt, misst die Vorsehung nach seinem eigenen kleinen, vertraglichen Modell. – SÜDEN .

Verzweiflung ist Untreue und Tod. – WHITTIER .

Verzweiflung macht eine verabscheuungswürdige Figur und stammt von einem gemeinen Original ab. Es ist das Ergebnis von Angst, Faulheit und Ungeduld; es zeugt von einem Mangel an Geist und Entschlossenheit und oft auch an Ehrlichkeit. Ich würde nicht verzweifeln, wenn ich nicht sähe, dass das Unglück im Buch des Schicksals verzeichnet und notgedrungen unterschrieben und versiegelt wäre. – COLLIER .

Wo Christus sein Kreuz bringt, bringt er seine Gegenwart; und wo Er ist, ist niemand trostlos, und es gibt keinen Raum für Verzweiflung . – FRAU BROWNING .

Er ist der wirklich mutige Mann, der niemals verzweifelt. – KONFUZIUS .

Religion verwandelt Verzweiflung, die zerstört, in Resignation, die sich unterwirft. – LADY BLESSINGTON .

Schrecklich ist ihr Untergang, den der Zweifel dazu getrieben hat, das Schicksal zu tadeln und die fromme Hoffnung aufzugeben. –Beattie.

Diät. – Eine einfache Diät ist am besten. – PLINIUS .

Was süß schmeckt, erweist sich bei der Verdauung als sauer. – SHAKESPEARE .

Im Allgemeinen isst die Menschheit seit der Verbesserung der Kochkunst etwa doppelt so viel, wie die Natur benötigt. – FRANKLIN .

Schwierigkeiten. – Schwierigkeiten stärken den Geist, ebenso wie Arbeit den Körper stärkt. – SENECA .

Es gibt keinen Verdienst, wo es keine Prüfung gibt; und bis die Erfahrung das Zeichen der Stärke prägt, können Feiglinge als Helden und Glaube als Lüge gelten. – AARON HILL .

Schwierigkeiten sind Gottes Auftrag; und wenn wir auf sie gesandt werden, sollten wir es als einen Beweis des Vertrauens Gottes betrachten – als ein Kompliment Gottes . – BEECHER .

Wunder hervorbringen. – REV. DR. SHARPE .

Was ist Schwierigkeit? Nur ein Wort, das den Grad der Kraft angibt, der zum Erreichen bestimmter Ziele erforderlich ist; eine bloße Kenntnis der Notwendigkeit einer Anstrengung; ein Schreckgespenst für Kinder und Narren; nur ein bloßer Anreiz für Männer. – SAMUEL WARREN .

Die Schwierigkeit ist ein strenger Lehrer, der uns durch die höchste Anordnung eines väterlichen Vormunds und Gesetzgebers auferlegt wird, der uns besser kennt, als wir uns selbst kennen, da er uns auch mehr liebt. Wer mit uns ringt, stärkt unsere Nerven und schärft unsere Fähigkeiten. Unser Antagonist ist unser Helfer. – BURKE .

Es gibt nur wenige Schwierigkeiten, die echten Angriffen standhalten; Sie fliegen wie der sichtbare Horizont vor denen, die vorankommen.

Disziplin. – Kein Schmerz, keine Handfläche; keine Dornen, kein Thron; keine Frechheit, kein Ruhm; Kein Kreuz, keine Krone. – WILLIAM PENN .

Keine böse Neigung des menschlichen Herzens ist so mächtig, dass sie nicht durch Disziplin unterdrückt werden könnte. – SENECA .

Zwietracht. – Unser Leben ist voller Zwietracht; aber durch Nachsicht und Tugend kann diese Zwietracht in Harmonie umgewandelt werden. – JAMES ELLIS .

Die Friedensstifter sollen Söhne Gottes genannt werden, die gekommen sind, um Frieden zwischen Gott und den Menschen zu stiften. Wie sollen denn die Säer der Zwietracht genannt werden, wenn nicht die Kinder des Teufels? Und was müssen sie außer dem Anteil ihres Vaters suchen ? – ST. BERNARD .

Diskretion. – Erinnern Sie sich an das göttliche Sprichwort: Wer seinen Mund behält , behält sein Leben . – SIR WALTER RALEIGH .

Es gibt noch viel mehr leuchtende Eigenschaften im menschlichen Geist, aber keine ist so nützlich wie Diskretion . – ADDISON .

Diskretion in der Sprache ist mehr als Beredsamkeit . – BACON .

Diskretion und harte Tapferkeit sind die Zwillinge der Ehre. – BEAUMONT UND FLETCHER .

Der größte Teil der Tapferkeit ist Diskretion. – SHAKESPEARE .

Diskretion ist für Frauen wichtiger als Beredsamkeit, denn es fällt ihnen weniger schwer, gut zu sprechen als wenig . – PATER DU BOSC .

Bringen wir uns bei, dass wir ehrenvoll aufhören sollten, unsere Diskretion nicht zu übertreffen . –Shakespeare.

Diskretion ist die Vollkommenheit der Vernunft und ein Leitfaden, um alle Pflichten des Lebens zu meistern. – ADDISON .

Großes Können ohne Diskretion hat fast immer ein tragisches Ende . – GAMBETTA .

Verstellung. – Verstellung, selbst die harmloseste ihrer Natur, führt immer zu Peinlichkeiten; Ganz gleich, ob das Design böse ist oder nicht, Künstlichkeit ist immer gefährlich und fast zwangsläufig eine Schande . – LA BRUYÈRE .

Kleid. – Was die Kleidung betrifft, sollten die Menschen immer unter ihren Fähigkeiten bleiben. – MONTESQUIEU .

Wer nur durch seine Kleidung glänzen kann, sollte bedenken, dass sich der Kontrast zwischen ihm und seiner Kleidung zu sehr nachteilig für ihn auswirkt. – SHENSTONE .

Und warum denkst du an Kleidung? Betrachten Sie die Lilien auf dem Feld, wie sie wachsen: Sie arbeiten nicht und spinnen auch nicht. – MATTHÄUS 6:28 .

Die Mehrheit der Frauen scheint sich für den alleinigen Zweck in die Welt geschickt zu haben, Trockenwaren zur Schau zu stellen; und nur wenn sie die Rolle einer animierten Hutmacher-Blockade spielen, haben sie das Gefühl, ihre richtige Mission zu erfüllen. – ABBA GOOLD WOOLSON .

Kein Mann wird für seine fröhliche Kleidung geschätzt, außer von Narren und Frauen . – SIR WALTER RALEIGH .

Wer glaubt, man müsse sich extravagant oder prachtvoll kleiden, um sich gut zu kleiden, der irrt sich gewaltig. Nichts wird so gut zu wahrer weiblicher Schönheit wie Einfachheit . – GEORGE D. PRENTICE .

Kostspielig ist deine Angewohnheit, so wie du sie mit deinem Geldbeutel kaufen kannst, aber nicht in Fantasie ausgedrückt; reichhaltig, nicht protzig; denn die Kleidung verkündet oft den Mann. – SHAKESPEARE .

Kein wahres Glück findet man darin, Purpur über den Boden zu ziehen. – Parnell.

Wenn eine Frau vor ihrer Hinrichtung stand, würde sie ein wenig Zeit benötigen, um ihre Toilette zu perfektionieren. – CHAMFORT .

Männer von Rang wirken nie liebenswürdiger, als wenn ihre Kleidung schlicht ist. Ihre Geburt, ihr Rang, ihr Titel und seine Anhängsel sind bestenfalls abstoßend; und da sie nicht auf die Hilfe der Kleidung angewiesen sind, machen sie ihre Überlegenheit einfacher , indem sie auf den Vorteil derselben verzichten. – SHENSTONE .

Es ist bekannt, dass eine lockere und lockere Kleidung viel dazu beiträgt, beiden Geschlechtern jene schönen Körperproportionen zu verleihen, die in den griechischen Statuen zu beobachten sind und die unseren heutigen Künstlern als Vorbilder dienen. – ROUSSEAU .

Sobald eine Frau anfängt, sich „auffällig“ zu kleiden, sind ihre Manieren und ihre Konversation vom gleichen Element geprägt. – HALIBURTON .

Kleidung hat einen moralischen Einfluss auf das Verhalten der Menschheit. Sollte sich ein Gentleman mit schmutzigen Stiefeln, einem alten Überrock, einem schmutzigen Halstuch und allgemeiner Nachlässigkeit in der Kleidung wiederfinden, wird er aller Wahrscheinlichkeit nach durch Nachlässigkeit in der *Anrede eine entsprechende Disposition finden* . – SIR JONAH BARRINGTON .

Wir opfern uns, um uns zu kleiden, bis die Freuden und Annehmlichkeiten im Haushalt aufhören. Dress entwässert unseren Keller und hält unsere Speisekammer sauber; löscht unsere Feuer und bringt Hunger, Frost und Leid, wo Frieden und Gastfreundschaft herrschen könnten.

Kleidung verändert die Manieren. – VOLTAIRE .

Trinken. – Wehe denen, die früh am Morgen aufstehen, um starken Getränken zu folgen . – JESAJA 5:11 .

Alles Übermaß ist krank, aber Trunkenheit ist die schlimmste Sorte. Es verdirbt die Gesundheit, entmutigt den Geist und macht die Menschen entmannt. Es gibt Geheimnisse preis, ist streitsüchtig, lasziv, frech, gefährlich und verrückt. Wer betrunken ist, ist kein Mensch, weil ihm so lange die Vernunft fehlt, die einen Menschen von einem Tier unterscheidet. – WILLIAM PENN .

Zu den häuslichen Übeln der Trunkenheit gehören Häuser ohne Fenster, Gärten ohne Zäune, Felder ohne Ackerbau, Scheunen ohne Dächer, Kinder ohne Kleidung, Prinzipien, Moral oder Manieren . – FRANKLIN .

Trunkenheit ist das Laster einer guten Konstitution oder eines schlechten Gedächtnisses – einer Konstitution, die so heimtückisch gut ist, dass sie sich nie verbiegt, bis sie zerbricht; oder an eine Erinnerung, die sich an die Freuden des Rauschens erinnert, aber die Schmerzen des Nüchternwerdens vergisst. – COLTON .

Gewohnheitsmäßiger Rausch ist der Inbegriff jedes Verbrechens . – DOUGLAS JERROLD .

O du unsichtbarer Geist des Weines, wenn du keinen Namen hast, unter dem du dich kennst, lass uns dich „Teufel" nennen! * * * O, dass die Menschen einen Feind an ihren Mund halten sollten, um ihnen das Gehirn zu stehlen; dass wir uns mit Freude, Schwelgen, Vergnügen und Applaus in Tiere verwandeln sollten! – SHAKESPEARE .

Jede übermäßige Tasse ist ungesegnet , und die Zutat ist ein Teufel. – SHAKESPEARE .

der Bestialität niemals loswerden. – SIR WALTER RALEIGH .

Der Mensch hat sowohl böse als auch gute Eigenschaften, die ihm eigen sind. Trunkenheit bringt ihn ebenso weit unter das Niveau der Bestien, wie ihn die Vernunft über sie erhebt. – SIR G. SINCLAIR .

Von allen Lastern hüte dich vor der Trunkenheit; andere Laster sind nur Früchte ungeordneter Zuneigungen – diese Unordnung, ja, verbannt die Vernunft; Andere Laster beeinträchtigen jedoch die Seele – dies zerstört ihre beiden Hauptfähigkeiten, den Verstand und den Willen; andere Laster gehen ihren eigenen Weg – das macht allen Lastern Platz; Wer ein Trunkenbold ist, ist für alle Laster geeignet. – QUARLES .

Es gibt kaum ein Verbrechen vor mir, das nicht direkt oder indirekt durch starkes Trinken verursacht wird. – RICHTER COLERIDGE .

Hüte dich vor der Trunkenheit, damit sich nicht alle guten Männer vor dir hüten; Wo die Trunkenheit herrscht, da ist die Vernunft ein Verbannter, die Tugend ein Fremder, Gott ein Feind; Blasphemie ist Witz, Eide sind Rhetorik und Geheimnisse sind Verkündigungen. – QUARLES .

Pflicht. – Die Pflicht wächst überall, wie Kinder, wie Gras. – EMERSON .

Diskretion geht zugrunde, wenn sie mit der Pflicht kollidiert. – HANNAH MORE .

Die Menschen in diesem Land haben durch die höchsten Beweise, die die menschliche Natur geben kann, gezeigt, dass sie bereit sind, den Weg der Pflicht und Ehre zu beschreiten, egal, wie steil und rau er auch sein mag. – James A. GARFIELD .

Der wahre Weg, uns selbst glücklich zu machen, besteht darin, unsere Pflicht zu lieben und darin unser Vergnügen zu finden . – FRAU. DE MOTTEVILLE .

Wer mühsam in der Dunkelheit oder im unsicheren Licht tappt und inbrünstig betet, dass die Morgendämmerung zum Tag heranreifen möge, möge sich dieses Gebot gut zu Herzen nehmen: „Tue die Pflicht, die dir am nächsten liegt", von der du weißt, dass sie eine Pflicht ist! Deine zweite Pflicht wird bereits klarer geworden sein . – CARLYLE .

Fürchte Gott und halte seine Gebote: denn das ist die ganze Pflicht des Menschen. – PREDIGER 12:13 .

So banal es auch erscheinen mag, diese Pflichterfüllung verkörpert das höchste Lebens- und Charakterideal. Es mag nichts Heroisches daran sein; aber das gemeinsame Los der Männer ist nicht heroisch. – SAMUEL SMILES .

Wer einer Pflicht entgeht, vermeidet einen Gewinn. – THEODORE PARKER .

Lasst uns unsere Pflicht in unserem Geschäft oder unserer Küche, auf dem Markt, auf der Straße, im Büro, in der Schule, zu Hause genauso treu erfüllen, als ob wir in der ersten Reihe einer großen Schlacht stünden und wüssten, dass die Menschheit den Sieg erringen würde hing von unserem Mut, unserer Stärke und unserem Können ab. Wenn wir das tun, werden die bescheidensten von uns in dieser großen Armee dienen, die das Wohl der Welt erreicht. – THEODORE PARKER .

In jedem Beruf sind die alltäglichen und alltäglichen Pflichten am nützlichsten.

Lassen Sie die Männer lachen, wenn Sie das Verlangen der Pflicht opfern, wenn sie wollen. Sie haben Zeit und Ewigkeit, sich zu freuen. – THEODORE PARKER .

Lassen Sie sich nicht von Ihrer Pflicht ablenken, wenn die dumme Welt über Sie nachdenkt, denn ihre Kritik liegt nicht in Ihrer Macht und sollte Sie daher nichts angehen. – EPIKTET .

Es ist oft deine Pflicht, das zu tun, was du nicht tun möchtest; Auch deine Pflicht, das, was du tun wolltest, ungeschehen zu lassen. – Thomas À KEMPIS .

Es gibt kein Übel, dem wir uns nicht stellen oder vor dem wir fliehen können, wenn das Pflichtbewusstsein nicht missachtet wird. Ein Pflichtgefühl verfolgt uns immer. Es ist allgegenwärtig, wie die Gottheit. Wenn wir uns die Flügel des Morgens nehmen und in den entlegensten Teilen der Meere verweilen, ist die erfüllte oder verletzte Pflicht immer noch bei uns, sei es für unser Glück oder unser Elend. Wenn wir sagen, dass die Dunkelheit uns bedecken wird, sind unsere Verpflichtungen sowohl in der Dunkelheit als auch im Licht bei uns. Wir können ihrer Macht nicht entkommen und auch nicht vor ihrer Gegenwart fliehen. Sie sind in diesem Leben bei uns, werden auch an seinem Ende bei uns sein, und in der Szene unvorstellbarer Feierlichkeit, die noch weiter vor uns liegt, werden wir immer noch von dem Bewusstsein der Pflicht umgeben sein, uns zu schmerzen, wo auch immer sie verletzt wurde, und um uns zu trösten, soweit Gott uns die Gnade gegeben hat, es zu tun. – WEBSTER .

Frühes Aufstehen. — Wer den Atem des Morgens gekostet hat, weiß, dass die belebendsten und schönsten Stunden des Tages gewöhnlich im Bett verbracht werden; obwohl es die offensichtliche Absicht der Natur ist, dass wir sie genießen und von ihnen profitieren sollten. – SOUTHEY .

Wer würde in solch einem düsteren Zustand länger bleiben , als die Natur verlangt? wann immer Muse Und jedes blühende Vergnügen wartet draußen, Um den wilden, verschlagenen Morgenspaziergang zu segnen? – Thomson.

Der Unterschied zwischen dem Aufstehen um fünf und sieben Uhr morgens über einen Zeitraum von vierzig Jahren, vorausgesetzt, ein Mann geht nachts zur gleichen Stunde ins Bett, entspricht fast zehn zusätzlichen Lebensjahren eines Mannes. – DODDRIDGE .

Ich hätte auf die Vorhänge Ihres Bettes und die Wände Ihres Zimmers geschrieben: „Wenn Sie nicht früh aufstehen, können Sie in nichts vorankommen." – CHATHAM .

Wenn man beginnt, sich im Bett umzudrehen, ist es Zeit aufzustehen. – WELLINGTON .

Nur wenige erreichten jemals ein hohes Alter, und noch weniger wurden jemals angesehen, die nicht die Gewohnheit hatten, früh aufzustehen . – DR. JOHN TODD .

Neben Mäßigkeit, einem ruhigen Gewissen, einem fröhlichen Geist und aktiven Gewohnheiten stelle ich frühes Aufstehen als Mittel zu Gesundheit und Glück dar. – FLINT .

So steigern wir die Freuden des Tages, während geschmacklose Sterbliche ihre Zeit verschlafen. -Frau. Centlivre .

Kein Mensch kann sich auch nur fünfzig Lebensjahre versprechen, aber jeder Mensch kann, wenn er möchte, im Verhältnis von fünfzig zu vierzig leben ; – er stehe früh auf, damit er den Tag vor sich habe, und er mache das den größten Teil des Tages, indem er beschließt, es nur für zwei Arten von Bekanntschaften aufzuwenden: diejenigen, von denen man etwas bekommen kann, und diejenigen, von denen man etwas lernen kann. – COLTON .

Der berühmte Apollonius stand sehr früh am Tor Vespasians und fand ihn aufgeregt. Daher vermutete er, dass er würdig sei, ein Reich zu regieren, und sagte zu seinem Gefährten: „Dieser Mann wird sicherlich Kaiser sein, er ist so früh dran." – CAUSSIN .

Ernst. – Ohne Ernsthaftigkeit ist kein Mensch jemals großartig oder vollbringt wirklich große Dinge. Er mag der klügste Mensch sein, er mag brillant, unterhaltsam und beliebt sein; aber er wird Gewicht wollen. Es wurde nie ein seelenbewegendes Bild gemalt, das nicht die Tiefe des Schattens in sich trug. – PETER BAYNE .

Ein Mann ist erleichtert und fröhlich, wenn er sich mit ganzem Herzen an die Arbeit gemacht und sein Bestes gegeben hat; aber was er sonst gesagt oder getan hat, wird keinen Frieden geben. – EMERSON .

Geduld ist nur eine Fähigkeit; Ernsthaftigkeit, die Hingabe aller Fähigkeiten. Ernsthaftigkeit ist die Ursache für Geduld; Es gibt Ausdauer, überwindet Schmerzen, stärkt Schwäche, trotzt Gefahren, erhält Hoffnung, nimmt Schwierigkeiten auf die leichte Schulter und lindert das Gefühl der Müdigkeit bei der Überwindung dieser Schwierigkeiten . – BOVEE .

Es gibt keinen Ersatz für gründlichen, leidenschaftlichen und aufrichtigen Ernst. – DICKENS .

Wer in diesem kurzen Leben etwas Großes vollbringen möchte, muss sich der Arbeit mit einer solchen Konzentration seiner Kräfte widmen, dass es den müßigen Zuschauern, die nur leben, um sich zu amüsieren, wie Wahnsinn vorkommt. – JOHN FOSTER .

Wirtschaft. – Die Wirtschaft ist eine Sparkasse, in die Menschen Pennys werfen und dafür Dollars bekommen. – HW SHAW .

Wirtschaft ist die halbe Miete; Es ist nicht so schwer, Geld zu verdienen, als es gut auszugeben. – SPURGEON .

Lass Ehrlichkeit und Fleiß deine ständigen Begleiter sein und gib einen Penny weniger aus, als du klar erzielst; dann wird deine versteckte Tasche bald anfangen zu gedeihen und du wirst nie wieder vor leeren Bauchschmerzen weinen; weder werden dich die Gläubiger beleidigen, noch wollen sie dich unterdrücken, noch wird dich der Hunger beißen, noch wird dich die Blöße einfrieren. – FRANKLIN .

Wer, wenn er nicht sollte, zu viel ausgibt, wird, wenn er nicht möchte, zu wenig zum Ausgeben haben. – FELTHAM .

Ökonomie ist die Mutter der Integrität, der Freiheit und der Bequemlichkeit und die schöne Schwester der Mäßigung, der Fröhlichkeit und der Gesundheit . – DR. JOHNSON .

Hüten Sie sich vor kleinen Ausgaben; Ein kleines Leck wird ein großes Schiff versenken. – FRANKLIN .

Wenn Sie wissen, wie Sie weniger ausgeben, als Sie bekommen, haben Sie den Stein der Weisen. – FRANKLIN .

Sparen Sie, aber nicht auf Kosten aller Liberalität. Besitzen Sie die Seele eines Königs und die Hand eines weisen Ökonomen . – JOUBERT .

Ein gesparter Penny ist zwei Pence klar, eine Stecknadel am Tag ist eine Grotte im Jahr. -Franklin.

Wer Geld spart, ist ein besserer Arbeiter; wenn sie die Arbeit nicht besser machen, benehmen sie sich besser und sind respektabler; und ich hätte lieber hundert Männer in meinem Beruf, die Geld sparen, als zweihundert, die jeden Schilling ausgeben würden, den sie bekommen. Je mehr der Einzelne ein wenig Geld spart, desto besser ist seine Moral; Sie gehen mit so wenig um, und ihre Moral hat einen überlegenen Ton, und sie benehmen sich besser, weil sie wissen, dass sie ein kleines Interesse an der Gesellschaft haben.

Kein Mensch ist reich, dessen Ausgaben seine Mittel übersteigen; und niemand ist arm, dessen Einnahmen seine Ausgaben übersteigen. – HALIBURTON .

Ausbildung. – Die wahre Reihenfolge des Lernens sollte zuerst sein, was notwendig ist; zweitens, was nützlich ist, und drittens, was dekorativ ist. Diese Anordnung umzukehren ist so, als würde man mit dem Bau an der Spitze des Gebäudes beginnen. – FRAU SIGOURNEY .

Ein Vater fragt, ob sein Junge Homer interpretieren kann, ob er Horaz versteht und Vergil schmecken kann; Aber wie selten fragt oder prüft oder denkt er, ob er seine Leidenschaften zügeln kann – ob er dankbar, großzügig, menschlich, mitfühlend, gerecht und gütig ist. – LADY HERVEY .

Die Welt wird nur durch den Atem der Schulkinder gerettet. – Der TALMUD .

Es war das deutsche Schulhaus, das Napoleon III. zerstörte. Seitdem stellt Frankreich immer noch Monsterkanonen her und exerziert Soldaten, aber es baut auch Schulhäuser . – BEECHER .

, alle Ämter des Friedens und des Krieges gerecht, geschickt und großmütig auszuüben . – MILTON .

Wissen umfasst nicht alles, was im großen Begriff der Bildung enthalten ist. Die Gefühle müssen diszipliniert, die Leidenschaften gezügelt werden; wahre und würdige Motive müssen inspiriert werden; Es muss ein tiefes religiöses Gefühl vermittelt und unter allen Umständen reine Moral vermittelt werden. All dies ist in der Bildung enthalten. – WEBSTER .

Es ist nicht die Wissenschaft allein, sondern die von Religion durchdrungene Wissenschaft, die über die große Masse der Gesellschaft berichtet. Wir haben kein Vertrauen in die Wirksamkeit von Mechanik-Instituten oder sogar von Grund- und Elementarschulen für den Aufbau einer tugendhaften und wohlerzogenen Bauernschaft, solange sie von den Lehren der christlichen Frömmigkeit distanziert sind.

Wenn Ihr Fass nicht vollkommen sauber ist, wird alles, was Sie hineingießen, sauer . – HORACE .

Preußen ist großartig, weil sein Volk intelligent ist. Sie kennen das Alphabet. Das Alphabet erobert die Welt. – GW CURTIS .

An zweiter Stelle nach Freiheit und Gerechtigkeit steht die Volksbildung, ohne die weder Gerechtigkeit noch Freiheit dauerhaft aufrechterhalten werden können. – JAMES A. GARFIELD .

Ein Junge ist besser ungeboren als ungebildet. – GASCOIGNE .

Auf der Verbreitung der Bildung unter den Menschen beruht die Erhaltung und Aufrechterhaltung unserer freien Institutionen . – WEBSTER .

Bildung beginnt auf den Knien der Mutter, und jedes Wort, das im Hörbereich kleiner Kinder gesprochen wird, trägt zur Charakterbildung bei. Denken Sie daran als Eltern. – Hosea BALLOU .

Fragen Sie nicht, ob ein Mann das College besucht hat; fragen Sie, ob er ein College besucht hat; wenn er eine wandelnde Universität ist. – CHAPIN .

Das Ziel der Bildung sollte eher sein, uns zu lehren, wie man denkt, als was man denkt, – vielmehr darin, unseren Geist zu verbessern, so dass wir in die Lage versetzt werden, selbst zu denken, anstatt das Gedächtnis mit den Gedanken anderer Menschen zu belasten. – BEATTIE .

In welches grenzenlose Leben lässt uns die Bildung ein? Jede dadurch gewonnene Wahrheit erweitert einen Moment der Zeit zu einem unbegrenzten Sein – erweitert positiv unsere Existenz und stattet uns mit Eigenschaften aus, die die Zeit nicht schwächen oder zerstören kann. – CHAPIN .

Alles, was eine Universität oder eine weiterführende Schule für uns tun kann, ist immer noch das, was die erste Schule zu tun begann: uns das Lesen beibringen. Wir lernen das Lesen in verschiedenen Sprachen, in verschiedenen Wissenschaften; Wir lernen das Alphabet und die Buchstaben aller möglichen Bücher. Aber der Ort, an dem wir Wissen, sogar theoretisches Wissen, erlangen sollen, sind die Bücher selbst. Es hängt davon ab, was wir lesen, schließlich haben alle möglichen Professoren ihr Bestes für uns getan. Die wahre Universität dieser Tage ist eine Sammlung von Büchern . – CARLYLE .

Wenn Sie zulassen, dass Ihr Volk von Kindesbeinen an schlecht ausgebildet ist und seine Manieren verdorben sind, und es dann für die Verbrechen bestrafen, zu denen es aufgrund seiner ersten Bildung geneigt war, dann machen Sie es zuerst zu Dieben und bestrafen es dann. – SIR THOMAS MORE .

Diese Bildung formt den allgemeinen Geist. So wie der Zweig gebogen ist, ist der Baum geneigt. -Papst.

Egoismus. – Alles in allem spricht ein Mensch nie ohne Verlust von sich selbst; seinen Anschuldigungen gegen sich selbst wird immer geglaubt, seinen Lobpreisungen nie. – MONTAIGNE .

Sei dein Charakter, was er will, es wird bekannt sein; und niemand wird es auf Ihr Wort nehmen. – CHESTERFIELD .

überhaupt nicht über uns selbst zu reden. – LA ROCHEFOUCAULD .

Es ist niemals zulässig, das zu sagen, sage ich. – MADAME NECKER .

Je mehr Sie über sich selbst sprechen, desto wahrscheinlicher ist es, dass Sie lügen. – ZIMMERMANN .

Was für Heuchler scheinen wir zu sein, wenn wir von uns selbst reden! Unsere Worte klingen so bescheiden, während unsere Herzen so stolz sind. – HASE .

Je mehr jemand über sich selbst spricht, desto weniger gefällt es ihm, wenn über einen anderen gesprochen wird. – LAVATER .

Möchten Sie, dass Männer gut über Sie sprechen? Dann sprich nie gut über dich selbst. – PASCAL .

Wer glaubt, er könne in sich selbst die Mittel finden, ohne andere auszukommen, irrt sich gewaltig; aber wer denkt, dass andere nicht ohne ihn auskommen könnten, der irrt sich noch mehr. – LA ROCHEFOUCAULD .

Beredsamkeit. — Unzeitgemäße und mündliche Reden werden immer diesen Vorteil gegenüber denen haben, die aus einem Manuskript vorgelesen werden; Jeder Anflug von Beredsamkeit oder jeder Funken Genie, den sie enthalten mögen, wird dem Publikum, wie sorgfältig sie auch zuvor studiert wurden, als die Wirkung der plötzlichen Inspiration von Talent erscheinen . – COLTON .

Wahre Beredsamkeit besteht darin, alles Notwendige und nichts als das Notwendige zu sagen. – LA ROCHEFOUCAULD .

Wahre Beredsamkeit besteht tatsächlich nicht in der Sprache. Es kann nicht von weit her gebracht werden. Arbeit und Lernen mögen dafür mühsam sein, aber sie werden vergeblich sein. Wörter und Phrasen können auf jede erdenkliche Weise zusammengestellt werden, aber sie können es nicht umfassen. Es muss im Mann, im Thema und im Anlass vorhanden sein. – WEBSTER .

Im Tonfall, in den Augen und in der Miene eines Redners liegt ebenso viel Beredsamkeit wie in seiner Wortwahl. – La ROCHEFOUCAULD .

Anstellung. – Das Leben wird selbst in den Händen der vielbeschäftigten Menschen häufig dahinsiechen, wenn sie nicht eine Nebenbeschäftigung zu ihrer Hauptbeschäftigung haben. – BLAIR .

Der Rost verrottet den Stahl, der konserviert wird. – LYTTON .

Trägheit ist Stagnation; Beschäftigung ist Leben . – SENECA .

Der Teufel versucht nicht, Menschen in Versuchung zu führen, von denen er findet, dass sie angemessen beschäftigt sind . – JEREMY TAYLOR .

Elends angesehen wird. – BURTON .

Begeisterung. — Begeisterung ist die Höhe des Menschen; es ist der Übergang vom Menschlichen zum Göttlichen. – EMERSON .

Jede geniale Produktion muss die Produktion von Begeisterung sein. – BEACONSFIELD .

Lassen Sie uns die Schönheit und Kraft wahrer Begeisterung erkennen; und was auch immer wir tun, um uns selbst und andere aufzuklären, hüten wir uns davor, ein einziges ernstes Gefühl zu unterdrücken oder abzuschwächen. – TUCKERMAN .

Nichts ist so ansteckend wie Begeisterung; Es bewegt Steine, es bezaubert Tiere. Begeisterung ist das Genie der Aufrichtigkeit, und ohne sie erringt die Wahrheit keine Siege. – LYTTON .

Jede große und beeindruckende Bewegung in den Annalen der Welt ist der Triumph der Begeisterung . – EMERSON .

Der enthusiastischste Mann einer Sache wird selten zum Anführer gewählt. – ARTHUR HELPS .

Hüten wir uns davor, unseren Enthusiasmus zu verlieren. Lasst uns stets stolz auf etwas sein und danach streben, unsere Bewunderung für alles zu bewahren, was unser Leben veredeln würde, und unser Interesse an allem, was unser Leben bereichern und verschönern würde. – PHILLIPS BROOKS .

Neid. – Es gibt keine Leidenschaft, die so stark im menschlichen Herzen verwurzelt ist wie der Neid. – SHERIDAN .

Ein neidischer Mann wird durch die Fettleibigkeit seiner Nachbarn mager. Neid ist die Tochter des Stolzes, die Urheberin von Mord und Rache, die Urheberin heimlicher Aufruhr und die ewige Peinigerin der Tugend. Neid ist der schmutzige Schleim der Seele; ein Gift, ein Gift oder Quecksilber, das das Fleisch verzehrt und das Mark der Knochen austrocknet . – SOKRATES .

Wie eine Motte an einem Kleidungsstück nagt, so verzehrt der Neid einen Menschen . – HL. CHRYSOSTOMUS .

Wir sollten uns vor jedem Anschein von Neid hüten, als einer Leidenschaft, die immer Minderwertigkeit impliziert, wo auch immer sie ihren Ursprung hat . – PLINIUS .

der Freude eines anderen und hasst die Exzellenz, die er nicht erreichen kann. –Thomson.

Der Neider leidet bei allen Gelegenheiten, die ihm Freude bereiten sollten. Die Freude an seinem Leben ist umgekehrt; und die Gegenstände, die denen, die von dieser Leidenschaft ausgenommen sind, die höchste Befriedigung verschaffen, bereiten den Personen, die ihr unterworfen sind, die größten Schmerzen. Alle Vollkommenheiten ihrer Mitgeschöpfe sind abscheulich. Jugend, Schönheit, Tapferkeit und Weisheit provozieren ihr Missfallen. Was ist das für ein erbärmlicher und abtrünniger Staat! durch Vorzüglichkeit beleidigt sein und einen Mann hassen, weil wir ihn gutheißen! – STEELE .

Neid geboren zu werden. – LA ROCHEFOUCAULD .

Das Lob der Neider ist weit weniger glaubwürdig als ihr Tadel; Sie loben nur das, was sie übertreffen können, aber das, was sie übertrifft, tadeln sie. – COLTON .

Neid – die Fäulnis der Knochen . – SPRÜCHE 14:30 .

Vor Neid muss man sich nicht hüten, denn niemand weiß, wo er wohnt, und großzügige und unschuldige Menschen sind selten eifersüchtig und misstrauisch, bis sie die Wunde spüren.

Steine und Stöcke werden nur auf Obstbäume geworfen. – SAADI .

Die Emulation sucht nach Verdiensten, um sich durch einen Sieg zu erhöhen; Neid erspäht Fehler, um einen anderen durch eine Niederlage herabzusetzen. – COLTON .

Neid ist eine Leidenschaft, die so voller Feigheit und Scham ist, dass niemand jemals das Selbstvertrauen hatte, sie zuzugeben. – ROCHESTER .

Ewigkeit. – Wer oft die Ewigkeit und die Welt vor sich sieht und es wagt, beides standhaft zu betrachten, wird feststellen, dass Ersteres größer und Letzteres kleiner wird, je öfter er sie betrachtet. – COLTON .

Lasst uns Abenteurer für eine andere Welt sein. Es ist zumindest eine faire und edle Chance; und darin ist nichts, was unsere Gedanken oder Leidenschaften wert wäre. Sollten wir enttäuscht sein, sind wir immer noch nicht schlechter als der Rest unserer Mitmenschen; und wenn wir unsere Erwartungen erfüllen, sind wir ewig glücklich. – BURNET .

Die Ewigkeit hat keine grauen Haare! Die Blumen verwelken, das Herz verdorrt, der Mensch wird alt und stirbt, die Welt liegt im Grab der Zeitalter, aber die Zeit schreibt keine Falten auf die Stirn der Ewigkeit . – BISCHOF HEBER .

Die gewölbte Leere des violetten Himmels , die sich überall erstreckt, die sich vom geblendeten Auge aus erstreckt, im Raum, der niemals endet; Ein

Morgen, dessen aufgehende Sonne keinen Untergang sehen wird ; Ein Tag
, der ohne Mittag kommt , So ist die Ewigkeit. – Clare.

„Was ist Ewigkeit?" war eine Frage, die einst an der Gehörlosen- und
Stummenanstalt in Paris gestellt wurde, und die schöne und eindrucksvolle
Antwort wurde von einem der Schüler gegeben: „Die Lebenszeit des
Allmächtigen." – JOHN BATE .

Wenn die Menschen für die Ewigkeit mit der gleichen Fürsorge und echten
Fürsorge sorgen würden, wie sie es für dieses Leben tun, könnten sie den
Himmel nicht verfehlen. – TILLOTSON .

Teuflisch. – Etwas Böses zu tun, um etwas Böses zu vermeiden, kann nicht
gut sein. – COLERIDGE .

Das Böse, das die Menschen tun, lebt nach ihnen; Die Guten werden oft
mit ihren Gebeinen beigesetzt. –Shakespeare.

Das Böse entsteht sowohl durch Mangel an Gedanken als auch durch
Mangel an Herz. -Haube.

Das Böse mit dem Guten zu überwinden ist gut, dem Bösen mit dem Bösen
zu widerstehen ist böse . – MOHAMMED .

Wir können anderen nichts Böses antun, ohne es uns selbst anzutun. –
DESMAHIS .

Jedes Übel, dem wir nicht erliegen, ist ein Wohltäter. So wie der Bewohner
der Sandwichinseln glaubt, dass die Stärke und Tapferkeit des Feindes, den
er tötet, auf ihn selbst übergeht, so gewinnen wir die Stärke der Versuchung,
der wir widerstehen . – EMERSON .

Wenn Sie tun, was Sie nicht tun sollten, müssen Sie ertragen, was Sie nicht
tun würden. – FRANKLIN .

So sicher Gott gut ist, so sicher gibt es auch kein notwendiges Übel . –
SOUTHEY .

Heilung erreichten. – CHAPIN .

Sogar im Bösen, dieser dunklen Wolke, die über der Schöpfung hängt,
erkennen wir Strahlen des Lichts und der Hoffnung und entdecken nach und
nach in Leid und Versuchung Beweise und Werkzeuge für die erhabensten
Ziele der Weisheit und Liebe . – CHANNING .

Beispiel. — Beispiel ist eindringlicher als Gebot. Die Leute schauen sich
meine sechs Tage in der Woche an, um zu sehen, was ich mit dem siebten
meine . – REV. R. CECIL .

Menschen verbessern sich selten, wenn sie kein anderes Vorbild als sich selbst haben, nach dem sie kopieren können. – GOLDSMITH .

Ein weiser und guter Mann wird Beispiele aller Art zu seinem eigenen Vorteil nutzen. Zum Guten wird er seine Muster machen und danach streben, ihnen gleichzukommen oder sie zu übertreffen. Das Böse wird er auf jeden Fall vermeiden. – THOMAS À KEMPIS .

Niemand predigt besser als die Ameise, und sie sagt nichts. – FRANKLIN .

Keine Zurechtweisung oder Anklage ist so wirkungsvoll wie der stille Einfluss eines guten Beispiels . – HOSEA BALLOU .

Ich bin davon überzeugt, dass uns das, was wir hören, weniger überzeugt als das, was wir sehen . – HERODOT .

Ratschläge mögen falsch sein, aber Beispiele bewähren sich. – HW SHAW .

Wenn du dein Kind tugendhaft sehen willst, lass es die Laster seines Vaters nicht sehen; Du kannst das nicht tadeln, was sie bei den Kindern bei dir praktizieren sehen; Bis die Vernunft reif ist, leiten Beispiele mehr als Vorschriften; So wie du dich vor den Gesichtern deiner Kinder verhältst, so verhält es sich auch häufig hinter dem Rücken ihrer Eltern. – QUARLES .

Ein Beispiel ist ansteckendes Verhalten. – CHARLES READE .

Die Kanzel „lehrt" nur, ehrlich zu sein; der Markt „trainiert" zu Übergriffen und Betrug; und der Unterricht hat nicht den Zehnten der Effizienz der Ausbildung. Christus hat nie ein Traktat geschrieben, aber er ging umher und tat Gutes. – HORACE MANN .

Die besten Lehrer der Menschheit sind das Leben großer Männer . – DR. JOHNSON .

Überschuss. – Übermaß bringt immer seine eigene Vergeltung mit sich. – OUIDA .

Das Unglück besteht darin, dass der Mensch, wenn er Honig gefunden hat, mit einem so unersättlichen Appetit in das Festmahl eintritt, dass er normalerweise seine eigene Freude durch Übermaß und Sättigung zunichte macht. – KNOX .

Raffiniertes Gold zu vergolden, die Lilie zu bemalen, einen Duft auf das Veilchen zu werfen , das Eis zu glätten oder dem Regenbogen einen anderen Farbton hinzuzufügen oder mit Kerzenlicht das schöne Auge des Himmels zu suchen, um es zu schmücken, ist verschwenderisch und lächerlich Überschuss. –Shakespeare.

Die Exzesse unserer Jugend sind Belastungen für unser Alter, zahlbar mit Zinsen, etwa dreißig Jahre nach dem Datum. – COLTON .

Der durch Übermaße unterdrückte Körper drückt den Geist nieder und drückt jeden Teil des göttlichen Geistes, mit dem wir ausgestattet waren, auf die Erde. – HORAZ .

Jeder Bissen für einen gestillten Hunger ist nur eine neue Arbeit für eine müde Verdauung . – SÜDEN .

Möge das Vergnügen noch so unschuldig sein, das Übermaß ist immer kriminell. – ST. EVREMOND .

Übung. – Ein Mann muss oft Sport treiben oder fasten oder Medikamente nehmen oder krank sein. – SIR W. TEMPLE .

Es ist allein Bewegung, die den Geist stärkt und den Geist in Schwung hält. – CICERO .

Es gibt viele Probleme, die man nicht durch die Bibel und das Gesangbuch heilen kann, die man aber durch gutes Schwitzen und einen Hauch frischer Luft heilen kann. – BEECHER .

Übung ist die Hauptquelle für die Verbesserung all unserer Fähigkeiten . – BLAIR .

Sie werden nie mein Alter erreichen, ohne dass Sie sich durch Bewegung in Atem halten. – SIR P. SIDNEY .

Erfahrung. – Zum Haus der Wahrheit gibt es eine einzige Tür, die Erfahrung ist. – BAYARD TAYLOR .

Erfahrung gepaart mit gesundem Menschenverstand ist für die Sterblichen eine Vorsehung. -Grün.

Erfahrung erfordert zwar schrecklich hohe Schullöhne, aber er unterrichtet wie kein anderer . – CARLYLE .

Noch nie war ein Mensch mit einem so korrekten und vernünftigen Urteilsvermögen bei der Regelung seines Lebens ausgestattet, aber er wusste, dass die Umstände, die Zeit und die Erfahrung ihn etwas Neues lehren und ihn über die Dinge informieren würden, mit denen er sich selbst am besten vertraut zu sein glaubte Nichts; und dass diese Ideen, die in der Theorie am vorteilhaftesten erschienen, sich bei der Umsetzung in die Praxis als völlig unanwendbar erwiesen. – TERENCE .

Erfahrung ist ein Schleifstein; und es ist ein Glück für uns, wenn wir dadurch aufgehellt und nicht gemahlen werden können. – HW SHAW .

Es kann uns in all unseren Katastrophen und Nöten als Trost dienen, dass derjenige, der etwas verliert und dadurch Weisheit erlangt, durch den Verlust ein Gewinner ist. – L'ESTRANGE .

Zu vorsätzlich Männer, die Verletzungen, die sie sich selbst zufügen, müssen ihre Lehrmeister sein. –Shakespeare.

Erfahrung ist eine teure Schule, aber Narren werden in keiner anderen lernen, und in dieser ist sie rar; denn es ist wahr, wir können Ratschläge geben, aber wir können kein Verhalten geben. – FRANKLIN .

Alles ist nur Lippenweisheit, die Erfahrung will. – SIR P. SIDNEY .

Extravaganz. – Wer verschwenderisch ist, wird schnell arm; und Armut wird Abhängigkeit erzwingen und Korruption fördern. – DR. JOHNSON .

Der Mann, der baut und damit bezahlen will, bietet ein Zuhause, vor dem man fliehen kann. -Jung.

Glaube. – Was wir glauben, müssen wir ganz und vorbehaltlos glauben; Daher ist Gott der einzig vollkommene und befriedigende Gegenstand des Glaubens. Ein Glaube, der sich selbst Grenzen setzt, der so viel glaubt und nicht mehr, der bis hierhin und nicht weiter vertraut, ist keiner.

Der Glaube ist der Schlüssel, der das Kabinett der Schätze Gottes öffnet; der Bote des Königs aus der himmlischen Welt, um alle Vorräte, die wir brauchen, aus der Fülle zu bringen, die in Christus vorhanden ist. – J. STEPHENS .

Der Glaube baut eine Brücke von dieser Welt in die nächste . – YOUNG .

Es ist unmöglich, in irgendetwas ein Held zu sein, wenn man nicht zuerst ein Held im Glauben ist. – JACOBI .

Der Glaube ist nicht die träge Vorstellung, dass ein Mensch mit leichtsinnigem Vertrauen seine Bürde auf den Erlöser werfen und sich nicht weiter darum kümmern könnte, ein Kissen, auf dem er sein Gewissen in den Schlaf wiegt, bis er ins Verderben fällt; sondern ein lebendiges und kraftvolles Prinzip, das aus Liebe wirkt und untrennbar mit wahrer Reue als seinem Motiv und mit heiligem Gehorsam als seinen Früchten verbunden ist.

Der Glaube ist die Wurzel aller guten Werke. Eine Wurzel, die nichts hervorbringt, ist tot . – BISCHOF WILSON .

Der Mensch, der fest auf das Höchste Wesen vertraut, ist mächtig in seiner Macht, weise durch seine Weisheit, glücklich durch sein Glück . – ADDISON .

Die höchste historische Wahrscheinlichkeit kann zur Stützung der These angeführt werden, dass, wenn es möglich wäre, die Bibel und mit ihr alle ihre Einflüsse zu vernichten, wir damit auch das gesamte spirituelle System der moralischen Welt zerstören würden. – EDWARD EVERETT .

Er hatte großes Vertrauen in Brote für hungrige Menschen, jung und alt, und weckte Hoffnung; Freundliche Worte sagte er zu denen, die er vor der Kälte schützte . Er vertraute nicht auf Worte ; Seinen Glauben an Worte schrieb er nie; Er liebte es, seine Tasse und Kruste mit der ganzen Menschheit zu teilen , die es brauchte. Er vertraute auf den Himmel und arbeitete gut mit Hand und Kopf; Und was er als Almosen gab, versüßte ihm den Schlaf und das tägliche Brot.

Keine Wolke kann einen wahren Christen überschatten, aber sein Glaube wird darin einen Regenbogen erkennen. – Bischof HORNE .

Glaube an Gott, Glaube an den Menschen, Glaube an die Arbeit: Dies ist die kurze Formel, in der wir die Lehren der Gründer Neuenglands zusammenfassen können – ein Glaubensbekenntnis, das weitreichend für dieses und das nächste Leben ist. – LOWELL .

Ruhm. – Niemand verachtet den Ruhm leidenschaftlicher als diejenigen, die keinen Anspruch darauf haben. – J. PETIT- SENN .

Wer Ruhm erlangen will, darf sich nicht vor Tadel fürchten. Die Angst vor Tadel ist der Tod des Genies . – SIMMS .

Obwohl Ruhm Rauch ist, sind seine Dämpfe für menschliche Gedanken Weihrauch. – BYRON .

die Sache der Tugend gestorben ist. – SHAKESPEARE .

Was auch immer der vorübergehende Beifall der Menschen oder die Äußerungen der öffentlichen Meinung sein mögen, es kann ohne Angst vor Widersprüchen behauptet werden, dass kein wahrer und dauerhafter Ruhm begründet werden kann, außer in Arbeiten, die das Glück der Menschheit fördern. – CHARLES SUMNER .

Ruhm erlangt normalerweise diejenigen, die an etwas anderes denken – sehr selten diejenigen, die sich sagen: „Geh zu, lass uns jetzt ein gefeierter Mensch sein!" – HOLMES .

Es ist ein sehr indiskreter und lästiger Ehrgeiz, dem es so sehr um Ruhm geht; darüber, was die Welt über uns sagt; immer in die Gesichter anderer schauen und nach Anerkennung suchen; immer besorgt sein über die Wirkung dessen, was wir tun oder sagen; ständig schreien, das Echo unserer eigenen Stimmen hören. – LONGFELLOW .

Der Weg zum Ruhm ist wie der Weg zum Himmel – durch viel Drangsal. –
STERNE .

Ich schmähe weder den Ruhm, noch rufe ich sie wegen ihrer Gunst: Sie
kommt unverhofft , wenn sie überhaupt kommt. -Papst.

Schreiben Sie Ihren Namen in Freundlichkeit, Liebe und Barmherzigkeit in
die Herzen der Tausenden, mit denen Sie Jahr für Jahr in Kontakt kommen,
und Sie werden nie vergessen. – CHALMERS .

Das Austrocknen einer einzelnen Träne hat mehr ehrlichen Ruhm als das
Vergießen von Blutmeeren. –Byron.

Mode. – Das Lächeln der Mode hat der Stumpfheit Witz und der Deformität
Anmut verliehen und abwechselnd alles in Mode gebracht, außer der
Tugend. – COLTON .

Eine Frau wäre verzweifelt, wenn die Natur sie so geformt hätte, wie die
Mode sie erscheinen lässt . – MLLE. DE L'ESPINASSE .

Mode ist keine öffentliche Meinung oder das Ergebnis der Verkörperung der
öffentlichen Meinung. Es mag sein, dass die öffentliche Meinung die Form
einer Haube verurteilen wird, wie sie es immer zu tun wagt, und mit der
Gewissheit, in neun von zehn Fällen Recht zu haben: aber die Mode wird sie
auf den Kopf jeder Frau in Amerika setzen; und wenn es sich buchstäblich
um eine Dornenkrone handeln würde, würde sie angesichts der Zumutung
zufrieden lächeln . –JG HOLLAND .

Mode gehört zu den letzten Einflüssen, denen ein Mensch, der sich selbst
respektiert oder das große Ende des Lebens versteht, ausgesetzt werden
möchte. – CHANNING .

Die Kaiserin von Frankreich brauchte nur die Position eines Bandes zu
ändern, um alle Bänder der Christenheit zum Rascheln zu bringen. Ein
einziges Wort von ihr erschütterte den Fischbeinmarkt der Welt . – JG
HOLLAND .

Eine modebewusste Frau ist immer verliebt – in sich selbst. – LA
ROCHEFOUCAULD .

Der Wandel der Mode ist die Steuer, die die Industrie der Eitelkeit der
Reichen auferlegt. – CHAMFORT .

Mode, ein Wort, mit dem Schurken und Narren ihre List und Torheit
entschuldigen können . -Churchill.

Furcht. – Die Furcht des Herrn ist der Anfang der Weisheit. – PSALM 111:10
.

O, fürchte dich nicht in einer Welt wie dieser, und du wirst bald wissen, wie erhaben es ist , zu leiden und stark zu sein. – Longfellow.

Fürchtet euch nicht vor den Stolzen und Hochmütigen; Fürchte dich lieber vor dem, der Gott fürchtet . – SAADI .

Angst leitet sie mehr zu ihrer Pflicht als Dankbarkeit; Für einen Mann, der aus Liebe zur Tugend tugendhaft ist, aus der Verpflichtung, der er gegenüber dem Geber von allem verpflichtet zu sein glaubt, gibt es zehntausend, die nur aus Angst vor Strafe gut sind. – GOLDSMITH .

Die Furcht vor Gott ist Freiheit, Freude und Frieden; Und lässt alle Übel, die uns hier quälen, aufhören. –Waller.

Der Herr ist mein Licht und mein Heil; Vor wem soll ich mich fürchten? – PSALM 27:1 .

Angst wird uns als Schutz vor dem Bösen eingepflanzt. – DR. JOHNSON .

Gott pflanzte Furcht genauso wahr in die Seele, wie Er Hoffnung oder Mut pflanzte. Angst ist eine Art Glocke oder Gong, der den Geist dazu bringt, schnell zu leben und zu vermeiden, wenn sich eine Gefahr nähert. Es ist das Signal der Seele, sich zu sammeln. – BEECHER .

In der Liebe gibt es keine Angst; aber vollkommene Liebe vertreibt die Furcht; denn Furcht hat Qual. – 1. JOHANNES 4:18 .

Schuld zahlt. – GEORGE SEWELL .

Keine Angst; denn ich bin mit dir. – JESAJA 43:5 .

Treue. – Sei Gott, deinem Land und deinem Freund treu. – VAUGHAN .

Wer in einigen Dingen treu ist, ist ein Herr der Städte. Es spielt keine Rolle, ob Sie in der Westminster Abbey predigen oder eine zerlumpte Klasse unterrichten, seien Sie also treu. Die Treue ist alles . – GEORGE MACDONALD .

Seine Worte sind Bande, seine Eide sind Orakel; Seine Liebe ist aufrichtig, seine Gedanken makellos; Seine Tränen, reine Boten, die aus seinem Herzen gesandt wurden; Sein Herz ist vom Betrug so weit entfernt wie der Himmel von der Erde. –Shakespeare.

Nichts ist edler, nichts ehrwürdiger als Treue. Treue und Wahrheit sind die heiligsten Vorzüge und Gaben des menschlichen Geistes . – CICERO .

Geben Sie uns einen Mann, ob jung oder alt, hoch oder niedrig, von dem wir wissen, dass wir uns voll und ganz darauf verlassen können, der standhaft bleibt, wenn andere scheitern; Der treue und treue Freund, der ehrliche und furchtlose Berater, der gerechte und ritterliche Gegner – in einem solchen steckt ein Fragment des Felsens der Zeitalter . – DEKAN STANLEY .

Schmeichelei. – Im Allgemeinen sind diejenigen gut darin, denen zu schmeicheln, die zu nichts anderem taugen. – SÜDEN .

Wenn mir ein Mann schmeichelt, werde ich ihm noch einmal schmeicheln, obwohl er mein bester Freund war. – FRANKLIN .

Keine Schmeichelei , Junge! ein ehrlicher Mann kann nicht davon leben; Es ist eine kleine heimliche Kunst, die Schurken nutzen , um Dummköpfe zu überreden und zu besänftigen . Wenn du Schmeichelei in deiner Natur hast, dann raus damit; Oder schicken Sie es an ein Gericht, denn dort wird es gedeihen. –Otway.

Ein Mann, der einer Frau schmeichelt, hofft, sie entweder zum Narren zu halten oder sie zu einem Narren zu machen. – RICHARDSON .

Schmeichler sind die schlimmsten Feinde . – TACITUS .

Es ist besser, unter Krähen zu fallen als unter Schmeichler; denn diese verschlingen nur die Toten, diese die Lebenden. – ANTISTHENES .

Nichts ist ein so großes Beispiel für schlechte Manieren wie Schmeichelei. – SWIFT .

Männern fällt es leichter, zu schmeicheln als zu loben . – JEAN PAUL .

Es ist eine alte Maxime in den Schulen, dass Schmeichelei die Nahrung der Narren ist; Doch hin und wieder werden sich Ihre geistreichen Männer dazu herablassen, sich etwas zu gönnen. -Schnell.

 Ah! Wenn die Mittel, mit denen man dieses Lob erkaufen kann, aufgebraucht sind , ist der Atem, aus dem dieses Lob gemacht ist, verschwunden. –Shakespeare.

Eitelkeit nicht aktuell wäre. – LA ROCHEFOUCAULD .

Wer schmeichelt, ist von allen Menschen der Niedrigste, außer dem, der um Schmeichelei buhlt. –Hannah More.

Mische dich nicht in den ein, der mit seinen Lippen schmeichelt. – SPRÜCHE 20:19 .

Männer sind wie Steinkrüge – Sie können sie an den Ohren überallhin schleppen, wo Sie wollen. – DR. JOHNSON .

Loben Sie einen Narren für seinen Witz und einen Schurken für seine Ehrlichkeit, und sie werden Sie in ihre Arme schließen. – FIELDING .

Blumen. – Blumen sind die süßesten Dinge, die Gott je geschaffen hat und in die er vergessen hat, eine Seele hineinzustecken. – BEECHER .

In östlichen Ländern reden sie in Blumen und erzählen in einer Girlande ihre Liebe und Sorgen: Jede Blüte, die in ihren Gartenlauben blüht, trägt auf ihren Blättern eine mystische Sprache. –Percival.

Wie segnet das universelle Herz des Menschen Blumen! Sie sind um die Wiege, den Traualtar und das Grab gewickelt. – FRAU LM CHILD .

Nicht die geringste Blume scheint ihren Kopf hochzuhalten und angenehm auszusehen, im geheimen Gefühl der Güte ihres himmlischen Schöpfers . – SÜDEN .

Blumen wussten, wie man Göttlichkeit predigt, bevor die Menschen wussten, wie man sie seziert und botanisiert. – HN HUDSON .

Und mit kindlicher, leichtgläubiger Zuneigung sehen wir , wie sich ihre zarten Knospen ausdehnen; Sinnbilder unserer eigenen großen Auferstehung, Sinnbilder des hellen und besseren Landes. – Longfellow.

Narren. – Wer für dieses Leben sorgt, sich aber nicht um die Ewigkeit kümmert, ist für einen Moment weise, aber für immer ein Narr. – TILLOTSON .

Der Weise hat nicht weniger Torheiten als der Narr; aber es wurde gesagt, dass darin der Unterschied liegt: Die Torheiten des Narren sind der Welt bekannt, aber vor ihm selbst verborgen; Die Torheiten des Weisen sind ihm selbst bekannt, aber der Welt verborgen. – COLTON .

Niemals sind Menschen so nah dran, sich zum Narren zu halten, als wenn sie sich für weise halten. – LADY MONTAGU .

Diese Absurditäten in uns selbst zu verzeihen, die wir bei anderen nicht ertragen können, ist weder besser noch schlechter, als eher bereit zu sein, selbst zum Narren zu sein, als andere zum Narren zu machen. – PAPST .

Sicherlich ist er kein Narr, der unkluge Gedanken hat, sondern der, der sie ausspricht. – BISHOP HALL .

Es wäre einfacher, einen Narren mit Intelligenz auszustatten, als ihn davon zu überzeugen, dass er keinen habe. – BABINET .

Mit dreißig hält sich der Mann für einen Narren; Mit vierzig weiß er es und ändert seinen Plan; Mit fünfzig tadelt er seine berüchtigte Verzögerung, treibt seine umsichtige Absicht voran , eine Lösung zu finden, beschließt – und beschließt erneut; dann stirbt das Gleiche. -Jung.

Es ist die besondere Eigenschaft eines Narren, die Fehler anderer zu erkennen und seine eigenen zu vergessen. – CICERO .

Narren stürmen dorthin, wo Engel Angst haben zu betreten . – PAPST .

Der Umgang mit einem Narren ist oft genauso gefährlich wie mit einem Schurken und immer unverbesserlicher. – COLTON .

Gewinnen Sie immer zuerst die Narren. Sie reden viel und bleiben bei dem, was sie einmal geäußert haben; wohingegen es bis zum letzten Moment immer Zeit gibt, einem weisen Mann Argumente vorzubringen, die seine Meinung völlig ändern können. – HILFT .

Junge Männer halten alte Männer für Dummköpfe; Aber alte Männer wissen, dass junge Männer Dummköpfe sind. – CHAPMAN .

Niemand außer einem Narren hat immer Recht. – HASE .

Menschen haben kein Recht, sich lächerlich zu machen, es sei denn, sie haben keine Verwandten, die für sie blamieren könnten. – HALIBURTON .

Nachsicht. – Lernen Sie von Jesus zu lieben und zu vergeben. Lass das Blut Jesu, das für dich im Himmel um Vergebung bittet, es von dir für deine Brüder hier auf Erden erhalten. – VALPY .

Das freundlichste und glücklichste Paar wird Gelegenheit finden, nachzulassen; Und jeden Tag leben sie etwas , um Mitleid zu haben und vielleicht zu vergeben. – Kupfer.

Es ist eine edle und großartige Sache, die Schönheitsfehler eines Freundes zu vertuschen und die Fehler zu entschuldigen; um einen Vorhang vor seinen Flecken zu ziehen und seine Vollkommenheiten zur Schau zu stellen; seine Schwächen im Schweigen zu begraben, aber seine Tugenden auf dem Dach zu verkünden. – SÜDEN .

Vergebung. – Wenn ihr den Menschen ihre Sünden verzeiht, wird euer himmlischer Vater auch euch vergeben. – MATTHÄUS 6:14 .

Wer anderen nicht vergeben kann, bricht die Brücke, über die er selbst gehen muss; denn jeder Mensch braucht Vergebung . – LORD HERBERT .

Denen, die am meisten vergeben, wird am meisten vergeben werden. – BAILEY .

Nur die Mutigen wissen, wie man vergibt. – STERNE .

Das Evangelium erreicht den Sünder sofort, mit nichts Geringerem als völliger Vergebung als Ausgangspunkt all seiner Bemühungen, heilig zu sein. Es heißt nicht: „Geh und sündige nicht mehr, und ich werde dich nicht verurteilen.“ Es heißt sofort: „Ich verurteile dich auch nicht: Geh und sündige nicht mehr.“ – HORATIUS BONAR .

Das Leben, das jemals Vergebung braucht, hat zu seiner ersten Pflicht, zu vergeben . – LYTTON .

Ach! Wenn mein bester Freund, der sein Leben für mich gegeben hat, sich an alle Fälle erinnern würde, in denen ich ihn vernachlässigt habe, und sie im Gericht gegen mich geltend machen würde, wo sollte ich am Tag der Vergeltung mein schuldiges Haupt verstecken? Ich werde daher um Segen für meine Freunde beten, auch wenn sie es nicht mehr sind, und für meine Feinde, auch wenn sie es weiterhin sind. – COWPER .

uns verstoßen. – DAS VATERUNSER .

Gottes Art zu vergeben ist gründlich und herzlich – sowohl zu vergeben als auch zu vergessen; und wenn deins nicht so ist, hast du keinen Anteil von Seinem. – LEIGHTON .

Kraft. - Der größte Mann ist der, der mit unbesiegbarer Entschlossenheit das Rechte wählt; der den schlimmsten Versuchungen von innen und außen widersteht; der die schwersten Lasten fröhlich trägt; Wer ist in Stürmen am ruhigsten und wessen Vertrauen auf die Wahrheit, auf die Tugend, auf Gott ist der unerschütterlichste . – CHANNING .

Standhaftigkeit impliziert eine Festigkeit und Stärke des Geistes, die es uns ermöglicht, das zu tun und zu leiden, was wir sollten. Es entspringt einem Widerstand und schwillt wie ein Fluss umso höher an, je mehr sein Lauf gestoppt wird. – JEREMY COLLIER .

Wahre Standhaftigkeit verstehe ich als die stille Selbstbeherrschung eines Menschen und die ungestörte Ausübung seiner Pflicht, ganz gleich, was ihm an Bösem oder Gefahr im Weg steht. – LOCKE .

Vermögen. – Es ist ein Wahnsinn, das Glück zur Herrin der Ereignisse zu machen, weil es in sich selbst nichts ist, sondern von Klugheit regiert wird. – DRYDEN .

Der umsichtige Mann plant sein Schicksal wirklich selbst. – PLAUTUS .

Lassen Sie das Glück sein Schlimmstes tun, was auch immer es uns verlieren lässt, solange es uns niemals unsere Ehrlichkeit und unsere Unabhängigkeit verlieren lässt. – PAPST .

Manche werden großartig geboren, manche erreichen Großes, und manche werden mit der Größe konfrontiert. – SHAKESPEARE .

Jeder Mann ist der Architekt seines eigenen Glücks. – SALLUST .

Das Unglück der Guten wendet ihr Angesicht zum Himmel; und das Glück der Bösen neigt ihre Häupter zur Erde . – SAADI .

Das Glück begünstigt die Mutigen. – CICERO .

Je weniger wir Glück verdienen, desto mehr hoffen wir darauf. – MOLIÈRE .

Freiheit. – Ich wäre lieber ein freier Mann unter Sklaven als ein Sklave unter freien Männern. – SWIFT .

Es gibt zwei Freiheiten: die falsche, bei der ein Mensch tun und lassen kann, was er will; das Wahre, wo ein Mann die Freiheit hat, zu tun, was er sollte. – CHARLES KINGSLEY .

Die Sache der Freiheit ist die Sache Gottes. – BOWLES .

Steinmauern machen kein Gefängnis , noch Eisenstangen einen Käfig; Unschuldige und stille Geister halten das für eine Lüge Einsiedelei; Wenn ich Freiheit in meiner Liebe habe und in meiner Seele frei bin, dann genießen die Engel , die allein über mir schweben, diese Freiheit. –Richard Lovelace.

 Und niemals sollen die Söhne Kolumbiens Sklaven sein, solange die Erde eine Pflanze trägt oder das Meer seine Wellen rollt. ––Robert Treat Paine.

Viele Politiker haben die Angewohnheit, es als Selbstverständlichkeit darzustellen, dass kein Mensch frei sein sollte, bis er in der Lage ist, seine Freiheit zu nutzen. Die Maxime ist dem Narren in der alten Geschichte würdig, der beschloss, nicht ins Wasser zu gehen, bis er schwimmen gelernt hatte. – MACAULAY .

Freiheit zu haben bedeutet nur, das zu haben, was absolut notwendig ist, um uns zu ermöglichen, das zu sein, was wir sein sollten, und zu besitzen, was wir besitzen sollten. – RAHEL .

Als die Freiheit von ihrer Berghöhe her ihre Standarte in die Luft entfaltete , zerriss sie das azurblaue Gewand der Nacht und setzte dort die Sterne der Herrlichkeit auf . Sie vermischte sich mit seinen prächtigen Farben mit dem milchigen Baldrian des Himmels und streifte sein reines, himmlisches Weiß damit Streifen des Morgenlichts. –Joseph Rodman Drake.

Freiheit ist keine Laune, sondern Raum zur Vergrößerung. – CA BARTOL .

Schmeicheleien werden uns nicht faszinieren, und Drohungen mit einem „Halfter" werden uns auch nicht einschüchtern. Denn unter Gott sind wir entschlossen, dass wir als freie Menschen sterben werden, wo auch immer, wann auch immer oder wie auch immer wir aufgefordert werden, unseren Abschied zu nehmen. – JOSIAH QUINCY .

Wer ist dann frei? – der Weise, der ein Reich über sich selbst aufrechterhält ; den weder Ketten noch Mangel noch der Tod mit sklavischer Angst einflößen; Der mutig auf seinen warmen Wunsch antwortet; Wen können die eitelsten Gaben des Ehrgeizes verachten? Fest in sich selbst, der sich auf sich selbst verlässt; Poliert und rund, der seinen richtigen Weg geht und das Unglück mit überlegener Kraft bricht. – Horaz.

die Tugenden eines Volkes vergrößert. – CHANNING .

Er war der freie Mann, den die Wahrheit frei machte; Wer war der Erste, der die Bande Satans zerriss; Der die Bande der Sünde zerriss und für seine Seele trotz aller Narren ernstlich konsultierte. – Pollock.

Freundschaft. – Freundschaft ist das Einzige auf der Welt, über dessen Nützlichkeit sich alle Menschen einig sind. – CICERO .

Der Mann, der dich „Tom" oder „ Jack" nennt und dir auf die Schulter klopft, um sein Gespür für deine großen Verdienste zu beweisen, ist so ein Freund, dass man wirklich sein Freund sein musste , um zu verzeihen oder es zu ertragen. – Kupfer.

Er ist in der Tat ein Freund, der sich als Freund in der Not erweist. – PLAUTUS .

Verlass deinen eigenen Freund und den Freund deines Vaters nicht . – SPRÜCHE 27:10 .

Sei Gott, deinem Land und deinem Freund treu. – VAUGHAN .

Es gibt keinen Menschen, der so freundlos ist, dass er nicht einen Freund finden kann, der aufrichtig genug ist, ihm unangenehme Wahrheiten zu sagen. – LYTTON .

Eine Freundschaft, die am wenigsten Lärm macht, ist oft die nützlichste; Aus diesem Grund sollte ich einen umsichtigen Freund einem eifrigen vorziehen. – ADDISON .

Eine geringe Kenntnis der Welt muss jeden Menschen davon überzeugen, dass Taten und nicht Worte das wahre Kriterium für die Zuneigung von Freunden sind; und dass die liberalsten Bekenntnisse des guten Willens bei weitem nicht das sicherste Zeichen dafür sind . – GEORGE WASHINGTON .

Freund erweist. – BEAUMONT UND FLETCHER .

Die Eigenschaften deiner Freunde werden die deiner Feinde sein – kalte Freunde, kalte Feinde; halb Freunde, halb Feinde; leidenschaftliche Feinde, herzliche Freunde. – LAVATER .

Kaufen Sie keine Freunde durch Geschenke; Wenn du aufhörst zu geben, wirst du aufhören zu lieben. – FULLER .

Die Schwierigkeit ist nicht so groß, für einen Freund zu sterben, sondern vielmehr, einen Freund zu finden, für den es sich zu sterben lohnt. – HENRY HOME .

Echte Freundschaft wächst langsam und gedeiht nie, wenn sie nicht auf einen Bestand bekannter und gegenseitiger Verdienste aufgepfropft ist. – CHESTERFIELD .

Für einen weisen Mann gibt es nichts Schöneres, als Freunde auszuwählen, denn an ihnen soll man beurteilen, was man ist. Lass sie also weise und tugendhaft sein, und keiner von denen, die dir folgen, um Gewinn zu machen; aber wähle lieber deine Besseren als deine Unterlegenen . – SIR WALTER RALEIGH .

Freunde hängt also unser guter oder böser Ruf ab. -Fröhlich.

Wir haben vielleicht viele Bekannte, aber wir können nur wenige Freunde haben; Dies veranlasste Aristoteles zu der Aussage, dass derjenige, der viele Freunde hat, keine hat. – DR. JOHNSON .

Eine Handlung, durch die wir uns einen Freund und einen Feind machen, ist ein verlorenes Spiel; denn Rache ist ein viel stärkeres Prinzip als Dankbarkeit . – COLTON .

Diese Freundschaft wird nicht bis zum Ende fortbestehen, die für ein Ende begonnen wurde. – QUARLES .

Seien Sie langsam, um Freundschaft zu schließen. aber wenn du darin bist, bleib fest und beständig. – SOKRATES .

Wir können nicht die tiefste Freundschaft erwarten, wenn wir nicht bereit sind, den Preis zu zahlen, eine aufopfernde Liebe. – PELOUBET .

Falsche Freunde sind wie unser Schatten, der in unserer Nähe bleibt, während wir im Sonnenschein spazieren gehen, uns aber sofort wieder verlässt, wenn wir in den Schatten treten. – BOVEE .

Seien Sie langsam bei der Auswahl eines Freundes, langsamer bei der Veränderung. – FRANKLIN .

Die größte Medizin ist ein wahrer Freund. – SIR W. TEMPLE .

Wahre Freunde besuchen uns im Wohlstand nur, wenn sie eingeladen werden, aber in der Not kommen sie ohne Einladung . – THEOPHRASTUS .

Plötzliche Freundschaften werden selten reif. – Mlle . DE SCUDÉRI .

Wer hat Freundschaft mit einem Schurken geschlossen ? beurteilte einen Partner im Handel. -Fröhlich.

Sie können sicher sein, dass derjenige, der Ihnen privat von Ihren Fehlern erzählt, Ihr Freund ist, denn er erträgt Ihre Abneigung und riskiert Ihren Hass . – SIR WALTER RALEIGH .

Er ist froh, dass er einen wahren Freund hat, der ihm zur Seite steht; aber umso glücklicher ist er, wenn er seinen Freund nicht braucht. – WARWICK .

Mann , der unnötigerweise einen Fuß auf einen Wurm setzt, nicht in meine Freundesliste aufnehmen (auch wenn er mit gepflegten Manieren und feinem Verstand ausgestattet ist, es mir aber an Sensibilität mangelt) . – Kupfer.

Wahres Glück liegt nicht in der Menge der Freunde, sondern im Wert und in der Auswahl. – DR. JOHNSON .

Sparsamkeit. – Sparsamkeit basiert auf dem Prinzip, dass jeder Reichtum Grenzen hat. – BURKE .

Sparsamkeit kann als Tochter der Klugheit, Schwester der Mäßigkeit und Mutter der Freiheit bezeichnet werden. – DR. JOHNSON .

Die Welt hat den Reichtum der Genügsamkeit noch nicht kennengelernt. – CICERO .

Zukunft. – Es ist vergeblich, immer in die Zukunft zu blicken und niemals danach zu handeln. – JF BOYES .

Die beste Vorbereitung für die Zukunft ist die gut erledigte Gegenwart, die letzte getane Pflicht. – George MACDONALD .

Vertraue jedoch keiner Zukunft angenehm; Lass die tote Vergangenheit
ihre Toten begraben; Handeln Sie – handeln Sie in der lebendigen
Gegenwart, Herz im Inneren und Gott über Kopf ! – Longfellow.

Der Geisteszustand eines Mannes, der sich zu sehr für zukünftige Ereignisse
interessiert, muss höchst bedauerlich sein. – SENECA .

Gott wird nicht zulassen, dass der Mensch die Zukunft kennt; denn wenn er
seinen Wohlstand vorhersehen würde, wäre er nachlässig; und wenn er sein
Leid begreifen würde, wäre er sinnlos. – ST. AUGUSTINUS .

Rühme dich nicht des Morgens; denn du weißt nicht, was ein Tag
hervorbringen kann. – Sprüche 27:1 .

Das goldene Zeitalter liegt nicht in der Vergangenheit, sondern in der
Zukunft; nicht im Ursprung der menschlichen Erfahrung, sondern in ihrer
vollendeten Blüte; öffnet sich nicht in Eden, sondern aus Gethsemane . –
CHAPIN .

Warum sollte jemand so unverschämt aufdringlich sein und mir sagen, dass
alle Aussichten auf einen zukünftigen Staat nur Einbildung und Täuschung
seien? Hat es irgendeinen Wert, der Überbringer schlechter Nachrichten zu
sein? Wenn es ein Traum ist, lass mich ihn genießen, denn er macht mich zu
einem glücklicheren und besseren Menschen . – ADDISON .

Wie eng werden unsere Seelen, wenn sie in das gegenwärtige Gute oder Böse
versunken sind! Es ist nur der Gedanke an die Zukunft, der sie großartig
macht. – RICHTER .

Wenn es kein zukünftiges Leben gäbe, würden unsere Seelen nicht danach
dürsten. – RICHTER .

Glücksspiel. – Es gibt nichts, was ein schönes Gesicht so zermürbt wie die
Mahnwachen am Kartentisch und die schneidenden Leidenschaften, die sie
natürlicherweise begleiten. Hohle Augen, eingefallene Blicke und ein blasser
Teint sind die natürlichen Anzeichen . – STEELE .

Glücksspiele sind Fallen, um Schulanfänger und gaffende Landjunker zu
fangen, die mit einer Guinea beginnen und mit einer Hypothek enden. –
CUMBERLAND .

Gebot , da es den Wunsch impliziert, auf Kosten eines anderen zu
profitieren. – WHATELY .

Es gibt nur einen guten Würfelwurf, nämlich ihn wegzuwerfen. –
CHATFIELD .

Ich betrachte jeden Mann von dem Moment an, in dem er verzweifelt die
Würfelschachtel in die Hand nimmt, als Selbstmord; und alles, was in seiner

verhängnisvollen Karriere von dieser Zeit an folgt, ist nur, den Dolch zu schärfen, bevor er ihn ins Herz trifft. – CUMBERLAND .

Es ist das Kind des Geizes, der Bruder der Ungerechtigkeit und der Vater des Unheils . – WASHINGTON .

Großzügigkeit. – Meine ganze Welterfahrung lehrt mich, dass in neunundneunzig von hundert Fällen die sichere und gerechte Seite einer Frage die großzügige und die barmherzige Seite ist. – MRS. JAMESON .

Wer gibt, was er genauso gerne wegwerfen würde, gibt ohne Großzügigkeit; denn das Wesen der Großzügigkeit liegt in der Selbstaufopferung . – HENRY TAYLOR .

Praxis nur Wohlwollen. – BISCHOF KEN .

Das geheime Vergnügen einer großzügigen Tat ist die große Bestechung des großen Geistes. – DRYDEN .

Wenn es ein wahreres Maß für einen Menschen gibt als das, was er tut, dann muss es das sein, was er gibt . – SÜDEN .

Manche sind unklug liberal; und es macht mehr Freude, Geschenke zu machen, als Schulden zu bezahlen . – SIR P. SIDNEY .

Wenn Sie geben, nehmen Sie sich keine Ehre für Großzügigkeit, es sei denn, Sie verweigern sich selbst etwas, um geben zu können. – HENRY TAYLOR .

Der Großzügige, der immer gerecht ist, und der Gerechte, der immer großzügig ist, können sich unangekündigt dem Thron des Himmels nähern. – LAVATER .

Männer mit den edelsten Gesinnungen halten sich für am glücklichsten, wenn andere ihr Glück mit ihnen teilen. – DUNCAN .

Beim Geben erhält der Mensch mehr, als er gibt; und desto mehr steht im Verhältnis zum Wert der gegebenen Sache. – GEORGE MACDONALD .

Almosen anzupassen. – BEVERIDGE .

Ein Freund für alle ist oft ein Freund für niemanden, oder in seiner Einfachheit beraubt er seine Familie, um Fremden zu helfen, und wird zum Bruder eines Bettlers. In Großzügigkeit liegt Weisheit, wie in allem anderen auch . – SPURGEON .

Genius. – Genie ist eine immense Fähigkeit, Probleme auf sich zu nehmen. – CARLYLE .

Das Genie gibt immer zuerst sein Bestes, die Besonnenheit zuletzt. – LAVATER .

Es gibt kaum einen häufigeren Fehler, als den Mann, der nur ein einziges Talent hat, für ein Genie zu halten. – HILFT .

Talent nutzt sich ab, Genie nutzt sich ab; Talent treibt tatsächlich einen Brougham an; Genie, ein Sonnenwagen in Fantasie. – OUIDA .

Unausgeübtes Genie ist nicht genialer, als ein Scheffel Eicheln ein Eichenwald ist. – BEECHER .

Das erste und letzte, was vom Genie verlangt wird, ist die Liebe zur Wahrheit . – GOETHE .

Genie kann Arbeit niemals verachten. – ABEL STEVENS .

Und das Genie hat elektrische Kraft, die die Erde niemals zähmen kann ; Helle Sonnen können brennen und dunkle Wolken ziehen herab – ihr Blitz ist immer noch derselbe. —Lydia M. Kind.

Genie muss geboren werden und kann niemals gelehrt werden. – DRYDEN .

Genie ist das Gold in der Mine, Talent ist der Bergmann, der arbeitet und es hervorbringt. – Lady BLESSINGTON .

Nur eine Wissenschaft passt zu einem Genie; So groß ist die Kunst, so eng ist der menschliche Witz. -Papst.

Ich kenne kein Genie, denn Genie ist nichts anderes als Arbeit und Fleiß. – HOGARTH .

Genies sind in der Gesellschaft oft langweilig und träge; so wie der glühende Meteor, wenn er auf die Erde herabsteigt, nur ein Stein ist. – LONGFELLOW .

Genie ohne Religion ist nur eine Lampe am äußeren Tor eines Palastes. Es kann dazu dienen, einen Lichtstrahl auf diejenigen zu werfen, die draußen sind, während der Bewohner in der Dunkelheit sitzt. – HANNAH MORE .

Genie soll eine Fähigkeit sein, Exzellenz hervorzubringen, die außerhalb der Reichweite der Regeln der Kunst liegt: eine Fähigkeit, die keine Vorschriften lehren und die keine Industrie erlangen kann . – SIR J. REYNOLDS .

Gentleman. – Anstand und Rücksichtnahme auf andere sind die beiden Hauptmerkmale eines Gentleman. – BEACONSFIELD .

Um ein Gentleman zu sein, kommt es nicht auf den Schneider oder die Toilette an. Gute Kleidung ist keine gute Angewohnheit. Ein Gentleman ist einfach ein Gentleman – nicht mehr und nicht weniger; ein geschliffener Diamant, der zunächst ein Rohdiamant war. – BISCHOF DOANE .

Was bedeutet es, ein Gentleman zu sein? Geht es darum, ehrlich zu sein, sanft zu sein, großzügig zu sein, mutig zu sein, weise zu sein und all diese Eigenschaften zu besitzen und sie auf die anmutigste äußere Weise auszuüben? Sollte ein Gentleman ein treuer Sohn, ein wahrer Ehemann, ein ehrlicher Vater sein? Sollte sein Leben anständig sein, seine Rechnungen bezahlt werden, sein Geschmack gehoben und elegant sein, seine Lebensziele hoch und edel sein? – THACKERAY .

Der Geschmack des Schönen und die Freude am Anständigen, Gerechten und Liebenswürdigen vervollkommnen den Charakter des Gentlemans und des Philosophen. Und das Studium eines solchen Geschmacks oder Genusses wird, wie wir annehmen, immer die große Beschäftigung und Sorge desjenigen sein, der sowohl weise und gut als auch angenehm und höflich sein möchte. – SHAFTESBURY .

Bildung beginnt den Gentleman, aber Lesen, gute Gesellschaft und Nachdenken müssen ihn beenden. – LOCKE .

Sie können sich darauf verlassen, Religion ist ihrem Wesen nach die vornehmste Sache der Welt. Es wird allein gentilisieren , wenn es nicht mit Geschwätz vermischt wird ; und ich kenne nichts anderes, das allein das tun wird. Sicherlich nicht die Armee, von der man annimmt, dass sie die Manieren großartig verschönert. – COLERIDGE .

Er ist der beste Gentleman, der der Sohn seines eigenen Verdienstes ist, und nicht der degenerierte Erbe der Tugend eines anderen . – VICTOR HUGO .

Vielleicht ist Anstand das beste Wort, um die Manieren des Herrn zu bezeichnen; Eleganz ist für den feinen Herrn notwendig; Würde ist den Adligen eigen; und Majestät den Königen. – HAZLITT .

Er ist sanft, der sanfte Taten tut.

Gentleman ist ein Begriff, der sich nicht auf irgendeinen Stand bezieht, sondern auf den Geist und die Gefühle in jedem Stand . – TALFOURD .

Von der Nachkommenschaft des Edelmanns Jafeth , es kamen Habraham , Moyses , Aron und die Profetten ; und auch der König der rechten Linie Mariens, von dem dieser Edelmann war Jhesus wurde geboren. – JULIANA BERNERS .

Sanftmut. — Wahre Sanftmut gründet auf dem Gefühl dafür, was wir Ihm schulden, der uns erschaffen hat, und auf der gemeinsamen Natur, die wir alle teilen. Es entsteht aus der Reflexion unserer eigenen Fehler und Wünsche und aus gerechten Ansichten über die Lage und die Pflicht des Menschen. Es ist ein natürliches Gefühl, das durch Prinzipien gesteigert und verbessert wird. – BLAIR .

Wir glauben nicht oder vergessen, dass „der Heilige Geist nicht in Form eines Geiers, sondern in Form einer Taube herabkam" – EMERSON .

Sanftheit im Gang ist das, was Einfachheit im Kleid ausmacht. Heftige Gesten oder schnelle Bewegungen führen zu unfreiwilliger Respektlosigkeit. – BALZAC .

Das beste und einfachste Kosmetikum für Frauen ist ständige Sanftmut und Sympathie für die edelsten Interessen ihrer Mitgeschöpfe. Dies bewahrt und verleiht ihren Gesichtszügen einen unauslöschlich fröhlichen, frischen und angenehmen Ausdruck. Wenn Frauen erkennen würden, dass Härte sie hässlich macht, wäre das das beste Mittel zur Bekehrung. – AUERBACH .

Sanftmut, die zur Tugend gehört, ist sorgfältig vom gemeinen Geist der Feiglinge und der kriecherischen Zustimmung von Speichelleckern zu unterscheiden. – BLAIR .

Geschenke. – Posthume Wohltätigkeitsorganisationen sind der Inbegriff des Egoismus, wenn sie von denen hinterlassen werden, die sich zu Lebzeiten von nichts trennen würden. – COLTON .

Geben Sie großzügig dem, der etwas Gutes verdient und nichts verlangt : und das ist eine Art, sich selbst zu geben. – FULLER .

Um wahr zu sein, muss die Gabe das Fließen des Gebers zu mir sein, entsprechend meinem Fließen zu ihm . – EMERSON .

Das einzige Geschenk ist ein Teil von dir selbst. * * * Deshalb bringt der Dichter sein Gedicht; der Hirte, sein Lamm; der Bauer, Mais; der Bergmann, ein Juwel; der Seemann, Korallen und Muscheln; der Maler, sein Bild; das Mädchen, ein selbstgenähtes Taschentuch. – EMERSON .

Ein Geschenk – seine Art, sein Wert und sein Aussehen; die Stille oder der Pomp, der damit einhergeht; Der Stil, in dem es Sie erreicht, kann über die Würde oder Vulgarität des Gebers entscheiden. – LAVATER .

Gottes Liebe gibt so, dass sie aus dem Herzen eines Vaters fließt, der Quelle allen Guten. Das Herz des Gebers macht das Geschenk lieb und wertvoll; denn unter uns sagen wir selbst von einer unbedeutenden Gabe: „Es kommt aus einer Hand, die wir lieben", und schauen dabei nicht so sehr auf die Gabe als vielmehr auf das Herz . – LUTHER .

Es liegt keine Anmut in einer Wohltat, die an den Fingern klebt. – SENECA .

Ruhm. – Wahrer Ruhm entspringt der stillen Eroberung unserer selbst; und ohne das ist der Eroberer nichts anderes als der erste Sklave. – THOMSON .

Holz brennt, weil es das richtige Material für diesen Zweck enthält; und ein Mann wird berühmt, weil er das nötige Zeug in sich hat. Nach Ruhm ist nicht zu streben, und jedes Streben danach ist vergeblich. Tatsächlich kann sich eine Person durch geschicktes Verhalten und verschiedene künstliche Mittel einen Namen machen; aber wenn das innere Juwel fehlt, ist alles Eitelkeit und wird keinen Tag dauern. – GOETHE .

Der Weg zum Ruhm würde aufhören, beschwerlich zu sein, wenn er banal und ausgetreten wäre; und große Köpfe müssen bereit sein, Chancen nicht nur zu ergreifen, sondern sie auch zu nutzen. – COLTON .

Wahrer Ruhm besteht darin, das zu tun, was es verdient, geschrieben zu werden, das zu schreiben, was es verdient, gelesen zu werden, und so zu leben, dass die Welt für unser Leben in ihr glücklicher und besser wird. – PLINIUS .

Ruhm entspannt oft und schwächt den Geist; Tadel stimuliert und zieht zusammen – beides bis zum Äußersten. Einfacher Ruhm ist vielleicht das richtige Medium. – SHENSTONE .

Völlerei. – Völlerei ist die Quelle all unserer Gebrechen und die Quelle all unserer Krankheiten. So wie eine Lampe durch zu viel Öl erstickt oder ein Feuer durch zu viel Brennstoff gelöscht wird, so wird die natürliche Gesundheit des Körpers durch übermäßige Ernährung zerstört. – BURTON

.

Ich bin zu dem Schluss gekommen, dass die Menschheit doppelt so viel Nahrung zu sich nimmt. – SYDNEY SMITH .

Dicke Bäuche haben magere Backen; und köstliche Häppchen machen die Rippen reich, machen aber den Verstand völlig ruiniert. –Shakespeare.

Die Freuden des Gaumens gehen mit uns um wie ägyptische Diebe, die diejenigen erwürgen, die sie umarmen. – SENECA .

Wenn ich einen eleganten Tisch in all seiner Pracht gedeckt betrachte, kommt es mir vor, als ob ich Gicht und Wassersucht, Fieber und Lethargie sehe, während zwischen den Gerichten unzählige andere Lebewesen lauern. Die Natur erfreut sich an der schlichtesten und einfachsten Ernährung. Jedes Tier außer dem Menschen hält sich an ein Gericht. Bei dieser Art sind Kräuter die Nahrung, bei jener Fisch und bei einer dritten Art Fleisch. Der Mensch stürzt sich auf alles, was ihm in den Weg kommt; nicht die kleinste Frucht oder der kleinste Auswuchs der Erde, kaum eine Beere oder ein Pilz kann ihm entgehen. – ADDISON .

Gott. – Denke, dass Gott dich in all deinen Taten sieht; und in all seinen Taten mühe dich, ihn zu sehen; Das wird dich vor Ihm fürchten; das wird dich dazu bewegen, Ihn zu lieben; Die Furcht vor Gott ist der Anfang der

Erkenntnis, und die Erkenntnis Gottes ist die Vollkommenheit der Liebe. –
QUARLES .

Gott sollte der Gegenstand all unserer Wünsche, das Ziel all unserer
Handlungen, das Prinzip all unserer Zuneigungen und die herrschende
Macht unserer ganzen Seele sein. – MASSILLON .

Gott regiert die Welt, und wir müssen unsere Pflicht nur weise erfüllen und
die Angelegenheit Ihm überlassen. – John JAY .

Wer einen Gott leugnet, zerstört den Adel des Menschen; Denn gewiss ist
der Mensch in seinem Körper den Tieren gleich; und wenn er in seinem Geist
nicht wie Gott ist, ist er ein unedles Geschöpf. – BACON .

Gott ist alles Liebe; Er ist es, der alles gemacht hat, und Er liebt alles, was Er
gemacht hat. – HENRY BROOKE .

Welt trägt , – dessen, der erschaffen hat und der selbst für die Freuden der
Insekten sorgt, so sorgfältig, als wäre er ihr Vater. – RICHTER .

Ich fürchte Gott, und neben Gott fürchte ich vor allem den, der ihn nicht
fürchtet. – SAADI .

Ein Feind Gottes war nie ein wahrer Freund des Menschen . – YOUNG .

Gott veranlasst auf geheimnisvolle Weise , Seine Wunder zu vollbringen;
Er pflanzt seine Fußstapfen ins Meer und reitet auf dem Sturm. – Kupfer.

Es gab nie einen Mann mit fundiertem Verständnis, dessen Befürchtungen
nüchtern und durch eine nachdenkliche Betrachtung bestätigt wurden, ohne
dass er durch eine unwiderstehliche Notwendigkeit einen wahren Gott und
ein ewiges Wesen gefunden hätte. – SIR WALTER RALEIGH .

 Wer führt unten und regiert oben, der große Verwalter und der mächtige
König; Als er nicht größer ist als er, gibt es keinen größeren als ihn, der
sein kann, ist oder war. – Horaz.

Du bist, o Gott, das Leben und Licht dieser ganzen wunderbaren Welt, die
wir sehen; Sein Glanz bei Tag, sein Lächeln bei Nacht, sind nur von Dir
eingefangene Reflexionen ! Wohin auch immer wir uns wenden, deine
Herrlichkeit strahlt, und alles, was schön und hell ist, gehört dir! – Moore.

Von Gott abgeleitet, mit Gott von Natur aus verbunden. Wir handeln nach
den Geboten seines mächtigen Geistes: Und obwohl die Priester stumm
und die Tempel still sind, möchte Gott nie, dass eine Stimme seinen Willen
verkündet. – Rowe.

Gerade die Unmöglichkeit, in der ich mich befinde, zu beweisen, dass Gott nicht existiert, offenbart mir seine Existenz . – BRUYÈRE .

Wir finden in Gott alle Vorzüge des Lichts, der Wahrheit, der Weisheit, der Größe, der Güte und des Lebens. Licht gibt Freude und Fröhlichkeit; Wahrheit gibt Befriedigung; Weisheit gibt Lernen und Unterweisung; Größe erregt Bewunderung; Güte erzeugt Liebe und Dankbarkeit; Das Leben verleiht Unsterblichkeit und sorgt für Freude. – JONES OF NAYLAND .

Wir haben einen Freund und Beschützer, von dem uns weder Macht noch Geist trennen können, wenn wir uns nicht von Ihm entfernen. Lasst uns in seiner Kraft unsere Reise fortsetzen, durch die Stürme, Probleme und Gefahren der Welt. Wie sehr sie auch toben und anschwellen mögen, auch wenn die Berge vor den Stürmen beben, unser Fels wird nicht wanken: Wir haben einen Freund, der uns niemals im Stich lassen wird; eine Zuflucht, wo wir in Frieden ruhen und am Ende der Tage auf unserem Schicksal stehen können. Das ist derselbe, der lebt und tot war; der für immer lebt; und hat die Schlüssel der Hölle und des Todes. – BISCHOF HEBER .

Es ist ein äußerst unglücklicher Zustand, auf Distanz zu Gott zu sein: Der Mensch braucht keine größere Unglücklichkeit, als sich selbst überlassen zu sein. – FELTHAM .

Der Mann, der die Wunder und Barmherzigkeit des Herrn vergisst, hat keine Entschuldigung; denn wir sind ständig von Gegenständen umgeben, die dazu dienen können, die Macht und Güte Gottes eindrucksvoll in Erinnerung zu rufen. – SLADE .

Gott ist das Licht, das, ohne es selbst zu sehen, alle Dinge sichtbar macht und sich in Farben kleidet. Dein Auge spürt nicht seinen Strahl, aber dein Herz fühlt seine Wärme. – RICHTER .

Ein geheimes Gefühl der Güte Gottes reicht keineswegs aus. Die Menschen sollten dies feierlich und äußerlich zum Ausdruck bringen, wenn sie seine Geschöpfe als Unterstützung empfangen; ein Dienst und eine Ehrerbietung, die ihm nicht nur gebührt, sondern auch für sie selbst nützlich ist. – DEAN STANHOPE .

Alles ist von Gott. Wenn er nur mit der Hand wedelt, sammeln sich die Nebel, und der Regen fällt dick und laut; Bis , mit einem Lächeln aus Licht auf Meer und Land, Lo ! Er blickt von der abziehenden Wolke zurück.

Engel des Lebens und des Todes gehören gleichermaßen ihm; Ohne seine Erlaubnis überschreiten sie keine Schwelle ; Wer würde denn im Glauben daran wünschen oder es wagen , seinen Gesandten die Tür zu verschließen? – Longfellow.

„Gott sah alles, was er gemacht hatte, und siehe, es war sehr gut." * * * Wohin auch immer ich meine Augen wende, erblicke die Denkmäler seiner Größe! seiner Güte! * * * Was die Welt an Gutem enthält, stammt aus seiner freien und unerwiderten Barmherzigkeit: Was sie an wirklichem Bösem bietet, kommt von uns selbst. – BISCHOF BLOMFIELD.

Gold. – Gold, wie die Sonne, die Wachs schmilzt und Ton härtet, weitet große Seelen und zieht schlechte Herzen zusammen. – RIVAROL.

Es gibt zwei Metalle, von denen das eine im Kabinett und das andere im Lager allmächtig ist: Gold und Eisen. Wer beides anzuwenden weiß, kann tatsächlich die höchste Stufe erreichen. – COLTON.

Gold ist Cäsars Schatz, der Mensch ist Gottes; Dein Gold hat das Bild des Kaisers, und du hast das Bild Gottes; Gebt daher Cäsar, was Cäsar gehört, und Gott, was Gott gehört. – QUARLES.

Übles krebsartiges Rosten der verborgenen Schatzbünde ; Aber Gold, das genutzt wird, bringt mehr Gold hervor. –Shakespeare.

Gold ist der Vorhang des Narren, der alle seine Fehler vor der Welt verbirgt. – FELTHAM.

O verfluchte Gier nach Gold! wenn der Narr um deinetwillen sein Interesse an beiden Welten aufbringt. – Blair.

Wie wenige haben wie Daniel Gott und Gold zusammen! – GEORGE VILLIERS.

Gold verfälscht nur eines : das menschliche Herz. – MARGUERITE DE VALOIS.

Güte. – Eine gute Tat geht nie verloren; Wer Höflichkeit sät, erntet Freundschaft, und wer Freundlichkeit pflanzt, sammelt Liebe. – BASIL.

Nur große Seelen wissen, wie viel Ruhm darin liegt, gut zu sein. – SOPHOKLES.

Tue Gutes im Verborgenen und erröte, um es berühmt zu machen. – PAPST.

Jeder Tag sollte durch mindestens einen besonderen Liebesakt gekennzeichnet sein. – LAVATER.

Wer ein guter Mensch ist, hat drei Viertel seines Weges zum guten Christen zurückgelegt, wo auch immer er lebt oder wie auch immer er genannt wird. – SÜDEN.

Ein guter Mann ist freundlicher zu seinem Feind als schlechte Männer zu seinen Freunden . – BISHOP HALL .

Lebe für etwas. Tu Gutes und hinterlasse ein Denkmal der Tugend, das der Sturm der Zeit niemals zerstören kann. Schreiben Sie Ihren Namen in Freundlichkeit, Liebe und Barmherzigkeit in die Herzen von Tausenden, mit denen Sie Jahr für Jahr in Kontakt kommen. du wirst nie vergessen werden. Nein, Ihr Name, Ihre Taten werden in den Herzen, die Sie hinterlassen, so deutlich sichtbar sein wie die Sterne auf der Stirn des Abends. Gute Taten werden leuchten wie die Sterne am Himmel . – CHALMERS .

Wer Gutes um des Guten willen tut, strebt weder nach Lob noch nach Belohnung, obwohl er sich letzten Endes beider sicher ist . – WILLIAM PENN .

Was ist gut aussehend, wie Horace Smith bemerkt, aber gut aussehen? Seien Sie gut, seien Sie weiblich, seien Sie sanft, großzügig in Ihrem Mitgefühl und achten Sie auf das Wohlergehen aller um Sie herum; und, mein Wort dafür, es wird Ihnen nicht an freundlichen Worten der Bewunderung mangeln. – WHITTIER .

Etwas Gutes können wir alle tun; und wenn wir alles tun, was in unserer Macht steht, wie gering diese Macht auch sein mag, haben wir unseren Teil erfüllt und können so nahe an der Perfektion sein wie diejenigen, deren Einfluss sich über Königreiche erstreckt und deren gute Taten von Tausenden gespürt und beklatscht werden. – BOWDLER .

Regierung. – Die Verwaltung der Regierung sollte, wie eine Vormundschaft, auf das Wohl derer gerichtet sein, die Schenken, und nicht auf das Wohl derer, die das Vertrauen empfangen. – CICERO .

Mit Gewalt ausgeübte Macht ist selten von langer Dauer, aber Mäßigung und Mäßigung sorgen im Allgemeinen für Beständigkeit in allen Dingen . – SENECA .

Keine Regierung, ebenso wenig wie ein Einzelner, wird lange respektiert, wenn sie nicht wirklich respektabel ist. – MADISON .

Die beste Regierung ist nicht die, die die Menschen am glücklichsten macht, sondern die, die die meisten glücklich macht. – DUCLOS .

Kein Mensch geht einem Beruf nach, den er nicht erlernt hat, auch nicht der gemeinste; Dennoch hält sich jeder für den härtesten aller Berufe, den der Regierung , für ausreichend qualifiziert. – SOKRATES .

In der Frühzeit herrschte der Mensch durch Stärke; Jetzt regieren sie mit dem Verstand, und solange es nur einen Mann auf der Welt gibt, der denken und

planen kann, wird er dem, der es nicht kann, um Längen überlegen sein. –
BEECHER .

Die eigentliche Funktion einer Regierung besteht darin, es den Menschen
leicht zu machen, Gutes zu tun, und es ihnen schwer zu machen, Böses zu
tun. – GLADSTONE .

Alle freien Regierungen werden durch die vereinte Weisheit und Torheit des
Volkes verwaltet. – JAMES A. GARFIELD .

Wer denkt, muss diejenigen regieren, die arbeiten. – GOLDSMITH .

Anmut. – Lass Gnade und Güte der Hauptanker deiner Zuneigung sein. –
DRYDEN .

Die Muttergnade aller Gnaden ist der christliche gute Wille . – BEECHER .

Alle Handlungen und Haltungen von Kindern sind anmutig, weil sie die
üppigen und unmittelbaren Nachkommen des Augenblicks sind – frei von
Affektiertheit und frei von jeglichem Vorwand . – FÜSSLI .

Gnade wurde definiert, der äußere Ausdruck der inneren Harmonie der Seele
. – HAZLITT .

Dankbarkeit. — Dankbarkeit ist eine Tugend, die den Geist auf ein inneres
Gefühl und eine äußere Anerkennung eines erhaltenen Vorteils einstimmt,
verbunden mit der Bereitschaft, diesen oder ähnliches zurückzugeben, je
nachdem, wie es die Umstände des Handelnden erfordern und die
Fähigkeiten des Empfängers erweitern.

Wer eine gute Wendung erhält, sollte sie nie vergessen; wer eine tut, sollte
sich nie daran erinnern. – CHARRON .

O Herr, der mir Leben schenkt, schenke mir ein Herz voller Dankbarkeit . –
SHAKESPEARE .

Der Grund für eine solche Fehleinschätzung der Höhe der Dankbarkeit, die
Menschen für die von ihnen erwiesenen Gefälligkeiten erwarten, liegt darin,
dass sich der Stolz des Gebers und der des Empfängers nie über den Wert
der Wohltat einig werden können. – LA ROCHEFOUCAULD .

Wenn Kinder ihren irdischen Eltern Dankbarkeit schulden, wie viel mehr
gebührt die Dankbarkeit der großen Menschheitsfamilie unserem Vater im
Himmel! – HOSEA BALLOU .

Grab. – Dort hören die Bösen auf, sich Sorgen zu machen; und dort ruhen
die Müden. Dort ruhen die Gefangenen zusammen; Sie hören nicht die
Stimme des Unterdrückers. Die Kleinen und Großen sind da; und der Diener
ist frei von seinem Herrn. – HIOB 3:17, 18, 19 .

Wir gehen zum Grab eines Freundes und sagen: „Ein Mann ist tot." aber
Engel drängen sich um ihn und sagen: „Ein Mann ist geboren." – BEECHER
.

Immer die Vorstellung von ununterbrochenem, stillem Grübeln rund um das
Grab. Es ist ein Hafen, in dem die Stürme des Lebens niemals toben und in
dem die Gestalten, die auf seinen scheuernden Wellen hin und her geworfen
wurden, für immer still liegen. Dort schmiegt sich das Kind so friedlich wie
immer in die Arme seiner Mutter, und die Hände des Arbeiters liegen still an
seiner Seite, und das Gehirn des Denkers ist in stilles Geheimnis gebettet,
und das gebrochene Herz des armen Mädchens ist von einem Balsam
getränkt , der ihm sein Geheimnis entlockt Wehe, und liegt in der Obhut
einer Wohltätigkeitsorganisation, die alle Schuld deckt. – CHAPIN .

Es gibt eine Stimme aus dem Grab, die süßer ist als Gesang. Es gibt eine
Erinnerung an die Toten, der wir uns auch vom Charme der Lebenden
zuwenden. Oh, das Grab! – das Grab! Es begräbt jeden Fehler, deckt jeden
Mangel zu, löscht jeden Groll aus! Aus seinem friedlichen Schoß entspringt
nichts als liebevolles Bedauern und zärtliche Erinnerungen . – WASHINGTON
IRVING .

 Was ist das Grab? Es ist ein kühler, schattiger Hafen, wo der vom Weg des
Lebens erschöpfte und ermüdete Christ alle Sorgen, Freuden und
Schmerzen des Lebens vergisst , seinen armen Körper zur Ruhe legt –
weiter schläft – und im Himmel erwacht.

Ehrgeizig. – Wer sich in Fragen des Rechts, der Tugend oder der Pflicht
über alle Lächerlichkeit erhebt, ist wahrlich groß und wird am Ende mit
wahrerer Heiterkeit lachen, als jemals über ihn gelacht wurde. – LAVATER .

Der größte Mann ist der, der sich mit unbesiegbarer Entschlossenheit für das
Rechte entscheidet, der den schwersten Versuchungen von innen und außen
widersteht, der die schwersten Lasten fröhlich trägt, der in Stürmen am
gelassensten und unter Drohungen und Stirnrunzeln am furchtlosesten ist,
der sich auf die Wahrheit und auf die Tugend verlässt , auf Gott, ist höchst
unerschütterlich. Ich glaube, dass diese Größe unter der Menge am
verbreitetsten ist, deren Namen nie gehört werden. – CHANNING .

Große Geister freuen sich wie der Himmel, Gutes zu tun, obwohl die
undankbaren Opfer ihrer Gunst im Gegenzug unfruchtbar sind . – Rowe.

Große Wahrheiten sind Teile der Seele des Menschen; Große Seelen sind
die Teile der Ewigkeit. – Lowell.

Ein Mann kann keinen traurigeren Beweis für seine eigene Kleinheit liefern als den Unglauben an große Männer . – CARLYLE .

Wenn der Titel eines großen Mannes demjenigen vorbehalten bleiben sollte, dem keine Indiskretion oder ein Laster vorgeworfen werden kann, der sein Leben damit verbracht hat, die Unabhängigkeit, den Ruhm und den dauerhaften Wohlstand seines Landes zu errichten; dem alles gelang, was er unternahm, und dessen Erfolge nie auf Kosten von Ehre, Gerechtigkeit, Integrität oder durch die Opferung eines einzigen Prinzips errungen wurden – dieser Titel wird Washington nicht verweigert. – SPARKS .

Nur wer die Gewohnheiten der Größe hat, ist groß; der, nachdem er getan hat, was keiner von Zehntausenden vollbringen konnte, wie Simson stirbt und „weder Vater noch Mutter davon erzählt." – LAVATER .

Wer seine eigene Vorstellung von Größe verwirklicht, muss schon immer einen sehr niedrigen Standard davon im Kopf gehabt haben. – HAZLITT .

Im Leben werden wir viele Männer finden, die großartig sind, und einige Männer, die gut sind, aber nur sehr wenige Männer, die sowohl großartig als auch gut sind. – COLTON .

Einen wirklich großen Mann erkennt man an drei Merkmalen: Großzügigkeit im Entwurf, Menschlichkeit in der Ausführung und Mäßigung im Erfolg. – BISMARCK .

Heiligkeit Gottes teilzuhaben . – MATTHEW HENRY .

Die größten Wahrheiten sind die einfachsten; so sind die größten Männer.

Manche werden großartig geboren, manche erreichen Großes, und manche werden mit der Größe konfrontiert. – SHAKESPEARE .

Kein Mensch hat wahre Größe erlangt, der nicht in gewissem Maße gespürt hat, dass sein Leben seiner Rasse gehört und dass Gott ihm das, was Gott ihm gibt, für die Menschheit gibt. – PHILLIPS BROOKS .

Nichts ist einfacher als Größe; Tatsächlich heißt einfach sein, großartig zu sein. – EMERSON .

Kummer. – Trauer ist die Kultur der Seele, sie ist der wahre Dünger. – MADAME DE GIRARDIN .

Leichte Trauer ist klagend, aber große ist stumm. – SENECA .

Wenn man den inneren Kummer eines jeden Menschen auf seiner Stirn lesen könnte, wie viele, die jetzt Neid erregen, würden dann als Gegenstand des Mitleids erscheinen? – METASTASIO .

Übermäßige Trauer um den Verstorbenen ist Wahnsinn; denn es ist eine Verletzung der Lebenden, und die Toten wissen es nicht. – XENOPHON .

Alle Freuden der Erde werden unseren Durst nach Glück nicht stillen; während ein einziger Kummer ausreicht, um das Leben in einen düsteren Schleier zu hüllen und es in allen Punkten mit Nichts zu überziehen. – MADAME SWETCHINE .

Was für ein Argument für soziale Verbindungen ist die Beobachtung, dass wir durch die Kommunikation unserer Trauer weniger und durch die Kommunikation unserer Freude mehr haben. – GREVILLE .

Sie trauern wirklich um diese Trauer ohne Zeugen . – BYRON .

Ach! Ich habe keine Worte, um meinen Kummer auszudrücken ; Meinem Kummer Luft zu machen wäre eine gewisse Erleichterung; Leichte Leiden geben uns Muße, uns zu beklagen; Wir stöhnen, können nicht sprechen, der Schmerz ist größer. – Dryden.

Es ist Torheit, sich vor Kummer die Haare auszureißen, als ob Kummer durch Kahlheit gelindert werden könnte. – CICERO .

Dr. Holmes sagt sowohl witzig als auch wahrhaftig, dass weinende Witwen am einfachsten zu trösten sind. – HW SHAW .

Wer nicht trauert, wenn der Anlass es erfordert, oder zu sehr trauert, verdient es nicht, gesegnet zu werden : Sein Herz ist unmenschlich oder verweichlicht. -Jung.

Große Trauer macht diejenigen heilig, denen sie die Hand auflegt. Freude kann erheben, Ehrgeiz verherrlichen, aber Trauer allein kann heiligen. – HORACE GREELEY .

Jeder kann einen Kummer meistern, außer der, der ihn hat. – SHAKESPEARE .

Murren. – Wenn ein Mann erfüllt vom Heiligen Geist ist, ist er der allerletzte Mann, der sich über andere Menschen beschwert. – DL MOODY .

Jeder muss täglich Fälle von Menschen sehen, die sich aus bloßer Gewohnheit des Klagens beschweren. – GRAVES .

Es gibt eine unglückliche Veranlagung in einem Mann, sich viel mehr um die Fehler seiner Gefährten zu kümmern, die ihn beleidigen, als um deren Vollkommenheiten, die ihm gefallen. – GREVILLE .

Es ist kein Talent, keine Selbstverleugnung, kein Verstand, kein Charakter erforderlich, um sich in dem mürrischen Geschäft zu etablieren; Aber diejenigen, die von einem echten Wunsch angetrieben werden, Gutes zu tun, haben wenig Zeit zum Murren oder Klagen . – ROBERT WEST .

Ich habe Mitleid mit dem Mann, der von Dan nach Beerscheba reisen und ausrufen kann: „Es ist alles unfruchtbar." – STERNE .

Schuld. – Denken Sie nicht, dass Schuld die brennenden Fackeln der Furien braucht, um sie zu erregen und zu quälen. Ihre eigenen Betrügereien, ihre Verbrechen, ihre Erinnerungen an die Vergangenheit, ihre Schrecken vor der Zukunft – das sind die häuslichen Wutanfälle, die den Gottlosen immer gegenwärtig sind. – ROBERT HALL .

Allein die Schuld erfüllt, wie hirnkranker Wahnsinn in fieberhafter Stimmung, die helle Luft mit visionären Schrecken und formlosen Formen der Angst. – JUNIUS .

Schuld kann, auch wenn sie zeitlichen Glanz erlangt, niemals wahres Glück verleihen; Die bösen Folgen unserer Verbrechen überdauern ihre Begehung noch lange und verfolgen wie die Geister der Ermordeten für immer die Fußstapfen des Übeltäters. während die Wege der Tugend, wenn auch selten von weltlicher Größe, immer solche der Angenehmheit und des Friedens sind. – SIR WALTER SCOTT .

Wer sich geheimer und dunkler Absichten bewusst ist, die, wenn sie bekannt würden, ihn vernichten würden, schreckt ständig zurück und weicht der öffentlichen Beobachtung aus und hat Angst vor allem um ihn herum und noch viel mehr vor allem über ihm . – WIRT .

Diejenigen, deren Schuld in ihrer Brust liegt, stellen sich vor, jedes Auge sehe ihre Schuld. – SHAKESPEARE .

Das Leben ist nicht das höchste Gut; aber von allen irdischen Übeln ist die Schuld das größte. – SCHILLER .

Wer sich einmal auf ungerechtfertigte Absichten einlässt, betrügt sich kläglich selbst, wenn er denkt, dass er so weit und nicht weiter gehen wird; ein Fehler erzeugt einen anderen, ein Verbrechen macht ein anderes notwendig; und so werden sie ständig in eine Tiefe der Schuld getrieben, die sie zu Beginn ihrer Laufbahn lieber gestorben wären, als dass sie sie auf sich genommen hätten. – SOUTHEY .

Möge die Bosheit auch an der Bar entkommen, sie verfehlt nie, sich selbst Gerechtigkeit widerfahren zu lassen; denn jeder Schuldige ist sein eigener Henker. – SENECA .

Gewohnheit. — Gewohnheiten werden schnell angenommen; Aber wenn wir versuchen, sie abzulegen, wird uns die Haut bei lebendigem Leibe abgezogen . – COWPER .

Das Gesetz der Ernte besteht darin, mehr zu ernten, als man sät. Wenn du eine Tat säst, erntest du eine Gewohnheit; säe eine Gewohnheit, und du erntest einen Charakter; Säe einen Charakter, und du erntest ein Schicksal. – GD BOARDMAN .

Eine einzige schlechte Angewohnheit kann einen ansonsten makellosen Charakter verunstalten, so wie ein Tintentropfen die reinweiße Seite verunreinigt . – HOSEA BALLOU .

Gewohnheiten sind wie die Falten auf der Stirn eines Mannes; Wenn Sie das eine glätten, werde ich das andere glätten. – HW SHAW .

Ein großer Teil der christlichen Tugend besteht in richtigen Gewohnheiten . – PALEY .

Gewohnheit ist zehnmal Natur. – WELLINGTON .

Gewohnheit ist der herrischste aller Meister . – GOETHE .

Ich werde mein Leben und meine Gedanken regieren, als ob die ganze Welt das eine sehen und das andere lesen würde; Denn was bedeutet es, etwas vor meinem Nächsten geheim zu halten, wenn Gott (der unsere Herzen erforscht) alle unsere Privatsphären offen hält ? – SENECA .

Der Wille, der beim ersten Mal mit einigem Widerstreben nachgibt, tut dies beim zweiten Mal mit weniger Zögern und beim dritten Mal überhaupt nicht, bis schließlich die Gewohnheit übernommen wird. – HENRY GILES .

Es ist fast genauso schwierig, einen Mann dazu zu bringen, seine Fehler zu verlernen wie sein Wissen . – COLTON .

Gewohnheiten, auch wenn sie am Anfang wie die hauchdünnen Linien einer Spinne aussehen, die bei jeder Brise zittern, können sich am Ende als Glieder aus gehärtetem Stahl erweisen, die ein unsterbliches Wesen an ewige Glückseligkeit oder ewiges Leid binden. – MRS. SIGOURNEY .

Ich werde ein Sklave keiner Gewohnheit sein; deshalb Abschieds- Tabak. – HOSEA BALLOU .

Glück. – Wer gut ist, ist glücklich. – HABBINGTON .

Wenn wir solides Glück schätzen, liegt dieses Juwel in unserer Brust. Und es sind Narren, die umherstreifen: Die Welt hat nichts zu schenken. Aus uns selbst müssen unsere Freuden fließen, und aus dieser lieben Hütte, unserem Zuhause. -Baumwolle.

Der allgemeine Lauf der Dinge begünstigt das Glück; Glück ist die Regel, Elend die Ausnahme. Wäre die Reihenfolge umgekehrt, würde unsere

Aufmerksamkeit auf Beispiele für Gesundheit und Kompetenz gelenkt, statt auf Krankheit und Not. – PALEY .

Glück und Tugend reagieren aufeinander – die Besten sind nicht nur die Glücklichsten, sondern die Glücklichsten sind normalerweise auch die Besten. – LYTTON .

Gott liebt es, seine Geschöpfe glücklich zu sehen; unsere rechtmäßige Freude gehört ihm; Sie kennen Gott nicht, die Ihm gefallen wollen, indem sie sich selbst unglücklich machen. Die Götzendiener hielten es für einen angemessenen Dienst für Baal, sich selbst zu schneiden und aufzustechen; Niemals erwartete ein heiliger Mann den Dank des wahren Gottes, indem er sich selbst Unrecht tat. – BISCHOF HALL .

Echtes Glück ist billig genug, doch wie teuer zahlen wir für seine Fälschung! – HOSEA BALLOU .

Der Grad des Glücks variiert je nach Grad der Tugend, und folglich ist das Leben, das am tugendhaftesten ist, am glücklichsten. – NORRIS .

Ohne starke Zuneigung, Menschlichkeit des Herzens und Dankbarkeit gegenüber dem Wesen, dessen Kodex Barmherzigkeit ist und dessen große Eigenschaft Wohlwollen gegenüber allen Dingen ist, die atmen, kann wahres Glück niemals erreicht werden. – DICKENS .

Das Höchste, auf das wir in dieser Welt hoffen können, ist Zufriedenheit; Wenn wir etwas Höheres anstreben, werden wir nur auf Trauer und Enttäuschung stoßen. Ein Mann sollte alle seine Studien und Bemühungen darauf ausrichten, es sich jetzt leicht zu machen und später glücklich zu sein. – ADDISON .

Glücklich zu sein bedeutet nicht nur, von den Schmerzen und Krankheiten des Körpers befreit zu sein, sondern auch von Ängsten und Kummer im Geiste; Nicht nur, um die Freuden der Sinne zu genießen, sondern auch um Gewissensfrieden und Seelenfrieden zu genießen. – TILLOTSON .

Glück in dieser Welt kommt, wenn es kommt, zufällig. Machen Sie es zum Ziel der Verfolgung, und es führt uns zu einer wilden Jagd, die wir nie erreichen. Wenn wir einem anderen Objekt folgen, stellen wir möglicherweise fest, dass wir das Glück gefunden haben, ohne davon zu träumen. – HAWTHORNE .

Das Glück des zarten Herzens wird durch das gesteigert, was es dem Elend anderer nehmen kann. – J. PETIT- SENN .

Es gibt keinen Menschen, der nicht sein Paradies schaffen kann . – BEAUMONT UND FLETCHER .

Das Glück des Lebens besteht aus winzigen Bruchteilen — den kleinen, bald vergessenen Wohltätigkeiten eines Kusses, eines Lächelns, eines freundlichen Blicks, eines herzlichen Kompliments unter dem Deckmantel eines spielerischen Spottes und der unzähligen anderen Infinitesimalen angenehmer Gedanken und Gefühle Gefühl. — COLERIDGE .

Welt gesetzt wurden. — FROUDE .

Das Glück der Menschheit in dieser Welt besteht nicht darin, dass wir frei von Leidenschaften sind, sondern darin, dass wir lernen, sie zu beherrschen. — AUS DEM FRANZÖSISCHEN .

Unser Glück in dieser Welt hängt von den Zuneigungen ab, die wir wecken können . — DUCHESSE DE PRASLIN .

Hass. — Die Leidenschaft des Hasses ist so dauerhaft und so tief verwurzelt, dass der Wunsch nach Versöhnung der sicherste Hinweis auf den Tod eines kranken Menschen ist. — BRUYÈRE .

Manche Menschen hassen wir, weil wir sie nicht kennen; und wir werden sie nicht kennen, weil wir sie hassen. — COLTON .

Wenn Sie Ihre Feinde hassen, werden Sie sich eine so bösartige Geisteshaltung aneignen, dass sie nach und nach bei denen ausbricht, die Ihre Freunde sind oder denen, die Ihnen gegenüber gleichgültig sind. — PLUTARCH .

Hass ist das Laster engstirniger Seelen; Sie nähren es mit all ihren Kleinigkeiten und machen es zum Vorwand niederträchtiger Tyrannei. — BALZAC .

Es liegt in der Natur der menschlichen Veranlagung, den zu hassen, den man verletzt hat. — TACITUS .

Leidenschaft hinzugeben. — LAMARTINE .

Der Hass, den wir unseren Feinden entgegenbringen, schadet ihrem Glück weniger als unserem eigenen . — J. PETIT- SENN .

Der Hass gegen einander verwandte Personen ist am heftigsten . — TACITUS .

Wenn unser Hass zu groß ist, rückt er uns unter diejenigen, die wir hassen. — LA ROCHEFOUCAULD .

Gesundheit. — Der einzige Weg für einen reichen Mann, gesund zu sein, besteht darin, durch Bewegung und Abstinenz zu leben, als ob er arm wäre. — SIR W. TEMPLE .

Es gibt diesen Unterschied zwischen diesen beiden zeitlichen Segnungen, Gesundheit und Geld: Geld wird am meisten beneidet, aber am wenigsten genossen; Gesundheit wird am meisten genossen, aber am wenigsten beneidet: und diese Überlegenheit der letzteren wird noch deutlicher, wenn wir bedenken, dass der ärmste Mann seine Gesundheit nicht für Geld aufgeben würde, sondern dass der Reichste gerne sein ganzes Geld für die Gesundheit hergeben würde . – COLTON .

Weigere dich, krank zu sein. Sagen Sie den Leuten niemals, dass Sie krank sind. Besitze es niemals dir selbst. Krankheit gehört zu den Dingen, denen ein Mann grundsätzlich von Anfang an widerstehen sollte. – LYTTON .

Das ganze Vergnügen der Vernunft, alle Freuden der Sinne, liegen in drei Worten: Gesundheit, Frieden und Kompetenz: Aber Gesundheit besteht allein in Mäßigung ; Und Friede, oh Tugend! Der Friede gehört dir. -Papst.

O gesegnete Gesundheit! Du bist über alles Gold und Schatz; Du bist es, der die Seele erweitert und alle ihre Kräfte öffnet , um Unterweisung zu empfangen und Tugend zu genießen. Wer dich hat, hat kaum mehr zu wünschen, und wer so elend ist, dich zu wollen, will alles mit dir . – STERNE .

Menschen, die immer auf ihre Gesundheit achten, sind wie Geizhals, die einen Schatz horten, für dessen Genuss sie nie genug Mut haben. – STERNE .

Gesundheit und gute Laune sind für den menschlichen Körper wie Sonnenschein für die Vegetation. – MASSILLON .

Ein für die Erhaltung der Gesundheit sehr wirksames Mittel ist ein ruhiger und fröhlicher Geist, der nicht von heftigen Leidenschaften geplagt oder von übermäßigen Sorgen abgelenkt wird. – JOHN RAY .

Die Anforderungen der Gesundheit und der von der Sitte vorgeschriebene Stil weiblicher Kleidung stehen in direktem Widerspruch zueinander. – ABBA GOOLD WOOLSON .

Denn das Leben besteht nicht darin, zu leben, sondern darin, gesund zu sein. – MARTIALISCH .

Aus der Arbeitsgesundheit entspringt die Zufriedenheit mit der Gesundheit. – BEATTIE .

Heutzutage entsteht die Hälfte unserer Krankheiten durch Vernachlässigung des Körpers und Überlastung des Gehirns – LYTTON .

Die Regel ist einfach: Seien Sie nüchtern und gemäßigt, dann werden Sie gesund sein. – FRANKLIN .

Herz. – Bewahre dein Herz mit aller Sorgfalt; denn daraus entstehen die Themen des Lebens. – SPRÜCHE 4:23 .

Die Armen wenden sich allzu oft ungehört von ihren Herzen ab, die sich ihnen mit einem Laut verschließen , der im Himmel gehört wird. – Longfellow.

Wer das meiste Herz hat, kennt das meiste Leid. – BAILEY .

Alle Vergehen kommen von Herzen. – SHAKESPEARE .

Viele Blumen öffnen sich zur Sonne, aber nur eine folgt ihr ständig. Herz, sei du die Sonnenblume, nicht nur offen, um Gottes Segen zu empfangen, sondern auch beständig im Blick auf Ihn . – RICHTER .

Aus der Fülle des Herzens redet der Mund . – MATTHÄUS 12:34 .

Glauben Sie, dass irgendjemand das Herz bewegen kann, außer dem, der es geschaffen hat? – JOHN LYLY .

Wenn ein junger Mann sich darüber beschwert, dass eine junge Dame kein Herz hat, ist es ziemlich sicher, dass sie seines hat. – GD PRENTICE .

Das Herz wird mit zunehmendem Alter nie besser, ich befürchte eher Schlimmeres; immer schwieriger. Ein junger Lügner wird ein alter sein; und ein junger Schurke wird nur dann ein größerer Schurke, wenn er älter wird. – CHESTERFIELD .

Ein Herz zum Entschließen, ein Kopf zum Erfinden und eine Hand zum Ausführen. – GIBBON .

Das Herz, das einst in der reinen Quelle der Liebe gebadet wurde, behält für immer den Puls der Jugend. – LANDOR .

Ein liebendes Herz trägt unter jedem Breitengrad die Wärme und das Licht der Tropen mit sich. Es pflanzt sein Paradies in der Wildnis und an einem einsamen Ort und sät mit Blumen die graue Trostlosigkeit von Felsen und Moos . – WHITTIER .

Niemand außer Gott kann die Sehnsüchte einer unsterblichen Seele befriedigen; So wie das Herz für Ihn geschaffen wurde, so kann Er es nur füllen. – GRABEN .

Im Herzen liegen Schätze – Schätze der Nächstenliebe, der Frömmigkeit, der Mäßigung und der Nüchternheit. Diese Schätze nimmt ein Mensch über den Tod hinaus mit sich, wenn er diese Welt verlässt. – BUDDHISTISCHE SCHRIFTEN .

Das Herz ist vor allem betrügerisch und verzweifelt böse; Wer kann es wissen? – JEREMIA 17:9 .

Himmel. – Der Großzügige, der immer gerecht ist, und der Gerechte, der immer großzügig ist, können sich unangekündigt dem Thron des Himmels nähern. – LAVATER .

Die Erlösten werden dort wandeln. – JESAJA 35:9 .

Wenn unser Schöpfer so großzügig für unsere Existenz hier, die nur vorübergehend ist, und für unsere zeitlichen Bedürfnisse, die bald vergessen werden, gesorgt hat, wie viel mehr muss Er dann für unseren Genuss in der ewigen Welt getan haben! – HOSEA BALLOU .

Nicht der Himmel macht Heiligkeit, aber Heiligkeit macht den Himmel. – PHILLIPS BROOKS .

dem Himmel zufrieden sein . – BAILEY .

Die Tore des Himmels sind nicht so hoch gewölbt wie die Paläste der Fürsten; Wer dort eindringt, muss auf die Knie gehen. – DANIEL WEBSTER .

Wer selten an den Himmel denkt, wird wahrscheinlich nicht dorthin gelangen; denn der einzige Weg, das Ziel zu treffen, besteht darin, den Blick darauf zu richten. – BISCHOF HORNE .

Vollkommene Reinheit, Fülle der Freude, ewige Freiheit, vollkommene Ruhe, Gesundheit und Fruchtbarkeit, völlige Sicherheit, substanzielles und ewiges Wohl . – HANNAH MORE .

Der Himmel ist der Tag, dessen Morgendämmerung die Gnade ist; die reiche, reife Frucht, deren liebliche Blume die Gnade ist; der innere Schrein dieses herrlichsten Tempels, zu dem die Gnade den Zugang und den äußeren Vorhof bildet. – REV. DR. GUTHRIE .

Nichts ist weiter vom Himmel entfernt als die Erde; Nichts ist der Erde näher als der Himmel. – HASE .

Der Himmel wird von jedem Menschen geerbt, der den Himmel in seiner Seele hat. „Das Reich Gottes ist in dir." – BEECHER .

Gesegnet ist der Pilger, der an jedem Ort und zu jeder Zeit seiner Verbannung im Körper den heiligen Namen Jesu anruft und sich an sein himmlisches Heimatland erinnert, wo sein gesegneter Meister, der König der Heiligen und Engel, wartet darauf , ihn zu empfangen. Selig ist der Pilger, der in dieser Welt keinen bleibenden Platz für sich sucht ; sondern sehnt sich danach , aufgelöst zu werden und mit Christus im Himmel zu sein . – THOS. NACH KEMPIS .

Helden. — Große Männer müssen auf die Schultern der ganzen Welt gehoben werden, um ihre großen Ideen zu verwirklichen oder ihre großen Taten zu vollbringen. Das heißt, um sie herum muss eine Atmosphäre der Großartigkeit herrschen. Ein Held kann kein Held sein, außer in einer heroischen Welt . – HAWTHORNE .

Truppen unverwechselbarer Helden sterben. – ADDISON .

Niemand, so heißt es, sei für seinen Diener ein Held. Natürlich; denn ein Mann muss ein Held sein, um einen Helden zu verstehen. Ich wage zu behaupten, dass der Kammerdiener großen Respekt vor einer Person seines eigenen Schlags hat. – GOETHE .

In Selbstverleugnung liegt mehr Heldentum als in Waffentaten. – SENECA .

Wir können alle Helden sein in unseren Tugenden, in unserem Zuhause, in unserem Leben . – JAMES ELLIS .

Jeder Mann ist für jemanden ein Held und ein Orakel; und für diese Person hat alles, was sie sagt, einen erhöhten Wert . – EMERSON .

Geschichte. – Die Geschichte macht einen jungen Mann alt, ohne Falten oder graue Haare, und privilegiert ihn mit der Erfahrung des Alters, ohne dessen Gebrechen oder Unannehmlichkeiten. – THOMAS FULLER .

Die Geschichte lehrt alles, sogar die Zukunft. – LAMARTINE .

Wenn die Stunde des Konflikts vorüber ist, gelangt die Geschichte zu einem richtigen Verständnis des Streits und ist bereit auszurufen: „Siehe, Gott ist hier, und wir kannten ihn nicht!" – BANCROFT .

Dies halte ich für die Hauptaufgabe der Geschichte, tugendhafte Taten vor der Vergessenheit zu retten, in die ein Mangel an Aufzeichnungen sie versetzen würde, und dass die Menschen Angst haben sollten, in den Meinungen der Nachwelt, aufgrund ihrer verdorbenen Äußerungen und ihrer verdorbenen Äußerungen als berüchtigt zu gelten Basisaktionen . – TACITUS .

Nicht zu wissen, was in früheren Zeiten geschehen ist, bedeutet, immer noch ein Kind zu bleiben. Wenn die Arbeit vergangener Zeitalter nicht genutzt wird, muss die Welt immer in den Kinderschuhen des Wissens bleiben. – CICERO .

Die Geschichte ist der Aufbewahrungsort großer Taten, der Zeuge der Vergangenheit, das Beispiel und der Lehrer der Gegenwart und der Wegweiser für die Zukunft . – CERVANTES .

Es gibt keine andere Geschichte, die Aufmerksamkeit verdient als die eines freien Volkes; Die Geschichte eines dem Despotismus unterworfenen Volkes ist nur eine Sammlung von Anekdoten . – CHAMFORT .

Die Geschichte ist nur die ausgerollte Schriftrolle der Prophezeiung . – JAMES A. GARFIELD .

Die Geschichte der Welt ist ein göttliches Gedicht, dessen Geschichte jede Nation ein Gesang und jeder Mensch ein Wort ist. Im Laufe der Jahrhunderte hallten seine Klänge wider, und obwohl sich die Zwietracht zwischen kriegerischen Kanonen und sterbenden Männern vermischte, klang für den christlichen Philosophen und Historiker – den bescheidenen Zuhörer – doch eine göttliche Melodie durch das Lied, die davon spricht Hoffnung und glückliche Tage, die kommen. – JAMES A. GARFIELD .

Heim. – Es gibt kein Glück im Leben, es gibt kein Elend, wie es aus den Dispositionen erwächst, die ein Zuhause weihen oder entweihen. – CHAPIN .

Es war die Politik des guten alten Herrn, seinen Kindern das Gefühl zu geben, dass ihr Zuhause der glücklichste Ort der Welt sei; und ich schätze dieses köstliche Gefühl von Zuhause als eines der erlesensten Geschenke, die ein Elternteil machen kann. – WASHINGTON IRVING .

Am glücklichsten ist der, ob König oder Bauer, der in seinem Zuhause Frieden findet. – GOETHE .

Bellen des Wachhundes zu hören. Bay begrüßt uns mit tiefem Mund, wenn wir uns unserem Zuhause nähern. Es ist schön zu wissen, dass es ein Auge gibt, das unser Kommen markiert und strahlender aussieht, wenn wir kommen. –Byron.

„Obwohl wir inmitten von Freuden und Palästen umherstreifen, und sei es noch so bescheiden, es gibt keinen Ort wie zu Hause." – John Howard Payne.

Es gibt ein seltsames Etwas, das Narren ohne Gehirn fühlen und das selbst weise Männer nicht erklären können. Es ist in den Menschen eingepflanzt , um ihn an die Erde zu binden , in engsten Banden, von der aus er geboren wurde. -Churchill.

Das erste sichere Zeichen für einen gesunden Geist ist die Ruhe des Herzens und die Freude, die man zu Hause verspürt. – YOUNG .

Sind Sie nicht überrascht, wie unabhängig der Gewissensfrieden vom Geld
ist und wie viel Glück sich im bescheidensten Zuhause konzentrieren kann?
– JAMES HAMILTON .

Da atmet ein Mann mit so toter Seele, der nie zu sich selbst gesagt hat: Das
ist mein eigenes, mein Heimatland ! Dessen Herz noch nie in seinem
Innern brannte, Als er seine Fußstapfen nach Hause wandelte, Von der
Wanderung auf einem fremden Strand! – Scott.

Wenn das Zuhause nach dem Wort Gottes regiert wird, könnten Engel
gebeten werden, eine Nacht bei uns zu bleiben, und sie würden sich nicht
außerhalb ihres Elements wiederfinden. – SPURGEON .

Sparen Sie sich in anderen Dingen, so wie Sie es für gut halten; Aber machen
Sie sich keine Skrupel, wenn es darum geht, Ihr Zuhause zu verschönern.
Bunte Möbel und ein wunderschöner Garten sind Tag für Tag ein Anblick
und machen das Leben schöner. – CHARLES BUXTON .

Auf all meinen Wanderungen durch diese Welt der Sorgen, in all meinen
Kummern – und Gott hat meinen Anteil gegeben – hatte ich immer noch
die Hoffnung, meine letzten Stunden zu krönen, mich inmitten dieser
bescheidenen Lauben niederzulegen ; Um das Ende des Lebens zu
begrenzen und zu verhindern , dass die Flamme durch Ruhe erlischt: Ich
hatte immer noch Hoffnungen, denn der Stolz begleitet uns immer noch,
inmitten der Betrügereien , um mein Buch zu zeigen Geschicklichkeit, um
mein Feuer eine Abendgruppe zu zeichnen und von allem zu erzählen, was
ich fühlte und alles, was ich sah; Und wie ein Hase, den Hunde und Hörner
verfolgen, der zu dem Ort strebt , von dem er ursprünglich geflogen ist,
hatte ich immer noch Hoffnungen, meine langen Sorgen waren vorbei, hier
, um zurückzukehren – und endlich zu Hause zu sterben. -Goldschmied.

Heimat ist das Seminar aller anderen Institutionen . – CHAPIN .

Ehrlichkeit. – Um ehrlich zu sein, wie diese Welt ist, muss man ein Mann
aus zehntausenden sein. – SHAKESPEARE .

Der Mann, der in seiner Ehrlichkeit innehält, will kaum einen Bösewicht. –
H. MARTYN .

Der Mann, der sich der Richtigkeit seiner Absichten so bewusst ist, dass er
bereit ist, seinen Busen der Betrachtung der Welt zu öffnen, ist im Besitz
einer der stärksten Säulen eines entschlossenen Charakters. Der Kurs eines
solchen Mannes wird fest und stetig sein, weil er von der Welt nichts zu
befürchten hat und der Zustimmung und Unterstützung des Himmels sicher
ist. – WIRT .

Ehrlichkeit braucht weder Verkleidung noch Schmuck; Seien Sie klar. – OTWAY .

"Ehrlichkeit währt am Längsten;" aber wer nach diesem Prinzip handelt, ist kein ehrlicher Mann . – WAS AUCH IMMER .

Der erste Schritt zur Größe besteht darin, ehrlich zu sein, sagt das Sprichwort; aber das Sprichwort bringt den Sachverhalt nicht deutlich genug zum Ausdruck. Ehrlichkeit ist nicht nur „der erste Schritt zur Größe", sie ist Größe selbst. – BOVEE .

Lass Ehrlichkeit wie der Atem deiner Seele sein und vergiss nie, einen Penny zu haben, wenn alle deine Ausgaben aufgezählt und bezahlt sind: Dann wirst du den Punkt des Glücks erreichen, und Unabhängigkeit wird dein Schild und Schild, dein Helm und deine Krone sein; Dann wird deine Seele aufrecht wandeln und sich nicht dem seidenen Elenden beugen, weil er Reichtümer hat, und keine Beschimpfungen einstecken, weil die Hand, die sie anbietet, einen mit Diamanten besetzten Ring trägt. – FRANKLIN .

Nichts gelingt wirklich, was nicht auf der Realität basiert; Schein ist im Großen und Ganzen nie erfolgreich. Im Leben des Einzelnen, wie auch im umfassenderen Leben des Staates, ist Anspruch nichts und Macht alles. – WHIPPLE .

Je ehrlicher ein Mann ist, desto weniger wirkt er wie ein Heiliger. – LAVATER .

Kein Mensch ist verpflichtet, reich oder groß zu sein – nein, auch nicht weise; aber jeder Mann muss ehrlich sein. – SIR BENJAMIN RUDYARD .

Ein ehrlicher Mann ist das edelste Werk Gottes. – PAPST .

Wenn Menschen aufhören, ihrem Gott treu zu sein, wird derjenige, der erwartet, dass sie einander so treu sind, sehr enttäuscht sein. – BISCHOF HORNE .

Wenn er wirklich denkt, dass es keinen Unterschied zwischen Tugend und Laster gibt, warum, Sir, dann sollten wir unsere Löffel zählen, wenn er unsere Häuser verlässt. – DR. JOHNSON .

Alles andere Wissen ist schädlich für den, der keine Ehrlichkeit und Gutmütigkeit besitzt. – MONTAIGNE .

Kein Vermächtnis ist so reich wie Ehrlichkeit . – SHAKESPEARE .

Was wird, ist ehrlich, und was ehrlich ist, muss immer werden. – CICERO .

Hoffnung. — Alles, was auf der ganzen Welt geschieht, geschieht durch Hoffnung. Kein Landwirt würde ein Maiskorn säen, wenn er nicht darauf hoffte, dass es aufgehen und die Ähre hervorbringen würde. Wie viel mehr hilft uns die Hoffnung auf dem Weg zum ewigen Leben! – LUTHER .

„ Hast du Hoffnung?" Sie fragten nach John Knox, als er im Sterben lag. Er sagte nichts, sondern hob seinen Finger und zeigte nach oben und starb . – CARLYLE .

Der Reichtum des Himmels, die Ehre, die nur von Gott kommt, und die Freuden zu Seiner Rechten, die Abwesenheit alles Bösen, die Gegenwart und der Genuss alles Guten und dieses Gute, das bis in alle Ewigkeit währt und uns nie wieder genommen werden kann, Nie mehr im geringsten Maße vermindert, sondern immer größer. Dies sind die Kränze, die den Rahmen dieser Krone bilden, die unseren Hoffnungen entgegengehalten wird. – BISCHOF HORNE .

Eine religiöse Hoffnung hält ihr Gemüt nicht nur unter ihren Leiden stand, sondern lässt sie sich auch darüber freuen. – ADDISON .

Hoffnung ist wie der Flügel eines Engels, der sich zum Himmel erhebt und unsere Gebete zum Thron Gottes trägt . – JEREMY TAYLOR .

Hoffnung ist unser Leben, wenn unser Leben zuerst klar wird, Hoffnung und Freude, kaum durchzogen von Furchtlinien : Doch der Tag kommt, an dem wir nicht hoffen würden – aber insofern wir mit dem Leben zurechtkommen müssen, mit diesem und jenem kämpfen – und wer weiß warum? Die Hoffnung wird uns nicht der Gewissheit überlassen , muss aber dennoch bei uns bleiben. —Wm. Morris.

Die Hoffnung entspringt ewig in der menschlichen Brust, der Mensch ist es nie, aber immer gesegnet zu sein. -Papst.

Ein Hang zur Hoffnung und Freude ist wahrer Reichtum; jemand, der Angst und Kummer hat, echte Armut . – HUME .

Wahre Hoffnung basiert auf der Energie des Charakters. Ein starker Geist hofft immer und hat immer Grund zur Hoffnung, weil er die Veränderlichkeit menschlicher Angelegenheiten kennt und weiß, wie geringfügig ein Umstand den gesamten Lauf der Dinge verändern kann. Auch ein solcher Geist ruht auf sich selbst; es ist nicht auf Teilansichten oder auf ein bestimmtes Objekt beschränkt. Und wenn am Ende alles verloren sein sollte, hat es sich selbst gerettet. – VON KNEBEL .

Hoffnung, wie das schimmernde Kerzenlicht , schmückt und erheitert den Weg; Und je dunkler die Nacht wird, desto heller wird der Strahl. - Goldschmied.

Gastfreundschaft. — Wie viele andere Tugenden wird auch die Gastfreundschaft von den Armen in ihrer Vollkommenheit praktiziert. Wenn die Reichen ihren Teil dazu beitragen würden, wie würden die Nöte dieser Welt gelindert werden! – FRAU KIRKLAND .

Es ist nicht die Menge des Fleisches, sondern die Fröhlichkeit der Gäste, die das Fest ausmacht. – CLARENDON .

In echter Gastfreundschaft steckt eine Ausstrahlung des Herzens, die man nicht beschreiben kann, die man aber sofort spürt und die den Fremden sofort beruhigt. – Washington IRVING .

Vergessen Sie nicht, Fremde zu bewirten; denn dadurch haben einige unversehens Engel bewirtet . – HEBRÄER 13:2 .

Gesegnet sei der Ort, an den sich fröhliche Gäste zurückziehen , um von der Arbeit eine Pause zu machen und ihr Abendfeuer zu entzünden . Gesegnet sei dieser Aufenthaltsort, wo Not und Schmerz sich bessern, und jeder Fremde einen bereiten Stuhl findet. Gesegnet seien jene Feste, die mit einfachem Überfluss gekrönt sind, wo die ganze rüde Familie umher über den Scherz oder die Streiche lacht, die niemals versagen, oder vor Mitleid seufzt bei einer traurigen Geschichte, Oder dränge den schüchternen Fremden zu seinem Essen, Und lerne den Luxus, Gutes zu tun. - Goldschmied.

Demut. – Die Genügsamkeit meiner Verdienste besteht darin, zu wissen, dass meine Verdienste nicht ausreichend sind. – ST. AUGUSTINUS .

Die hohen Berge sind karg, aber die niedrigen Täler sind mit Mais bedeckt; und dementsprechend fallen die Schauer der Gnade Gottes auf demütige Herzen und demütige Seelen. – WORTHINGTON .

Wer eine ganze Opfergabe opfert, wird für eine ganze Opfergabe belohnt; Wer ein Brandopfer darbringt, soll den Lohn eines Brandopfers erhalten; aber wer Gott und den Menschen Demut darbringt, wird mit einer Belohnung belohnt, als hätte er alle Opfer der Welt dargebracht. – DER TALMUD .

Wahre Demut – die Grundlage des christlichen Systems – ist die niedrige, aber tiefe und feste Grundlage aller Tugenden . – BURKE .

Durch Demut und die Furcht des Herrn entstehen Reichtum, Ehre und Leben . – SPRÜCHE 22:4 .

„Wenn Sie fragen, was ist der erste Schritt auf dem Weg zur Wahrheit? Ich antworte mit Demut“, sagt St. Austin. „Wenn Sie fragen, was ist das Zweite? Ich sage Demut. Wenn Sie fragen, was ist das Dritte? Ich antworte genauso

– Demut." Ist es nicht wie die Stufen des Tempels, durch die wir zur Erkenntnis unserer selbst hinabsteigen und zur Erkenntnis Gottes aufsteigen? Würden wir Gnade erlangen? Demut wird uns helfen. – C. SUTTON .

Selig sind die Sanftmütigen, denn sie werden das Land besitzen. – MATTHÄUS 5:5 .

Nichts kann weiter voneinander entfernt sein als wahre Demut und Unterwürfigkeit. – BEECHER .

Jemand nannte Sir Richard Steele den „Abscheulichsten der Menschheit" und er erwiderte mit stolzer Demut: „Es wäre eine herrliche Welt, wenn ich einer wäre." – BOVEE .

Demut ist die größte Ehre des Christen; und je höher die Menschen klettern, desto weiter sind sie vom Himmel entfernt. – BURDER .

Die Gnade, die jede andere Gnade liebenswürdig macht. – ALFRED MERCIER .

Wenn du die Liebe Gottes und der Menschen willst, sei demütig; denn das stolze Herz liebt niemanden außer sich selbst, also liebt es niemanden außer sich selbst; Die Stimme der Demut ist Gottes Musik, und das Schweigen der Demut ist Gottes Rhetorik. Demut setzt sich durch, wo weder Tugend noch Stärke noch Vernunft siegen können. – QUARLES .

Die vollsten und besten Ähren hängen am tiefsten zum Boden . – BISCHOF REYNOLDS .

Wenn du viel Gunst und Frieden bei Gott und den Menschen finden möchtest, sei in deinen eigenen Augen sehr niedrig; Vergib dir selbst wenig und anderen viel. – LEIGHTON .

Nach Kreuzen und Verlusten werden die Menschen demütiger und weiser. – FRANKLIN .

Beeil dich. – Keine zwei Dinge unterscheiden sich mehr als Eile und Schnelligkeit . Eile ist das Zeichen eines schwachen Geistes, Schnelligkeit eines starken. Ein schwacher Mann im Amt arbeitet wie ein Eichhörnchen im Käfig ewig, aber zwecklos und in ständiger Bewegung, ohne auch nur ein Wort zu verstehen; wie ein Drehkreuz steht er jedem im Weg, hält aber niemanden auf; er redet viel, sagt aber sehr wenig; schaut in alles, aber sieht in nichts; und hat hundert Eisen im Feuer, aber nur sehr wenige davon sind heiß, und an den wenigen, die es sind, verbrennt er sich nur die Finger. – COLTON .

Heuchelei. – Wenn die Welt Heuchler verachtet, wie hoch müssen sie dann im Himmel geschätzt werden? – MADAME ROLAND .

Heuchelei selbst erweist der Religion große Ehre oder vielmehr Gerechtigkeit und erkennt sie stillschweigend als Zierde der menschlichen Natur an. Der Heuchler würde sich nicht so große Mühe geben, den Anschein von Tugend zu erwecken, wenn er nicht wüsste, dass dies das geeignetste und wirksamste Mittel ist, die Liebe und Wertschätzung der Menschheit zu erlangen. – ADDISON .

Die Worte seines Mundes waren weicher als Butter, aber Krieg war in seinem Herzen: Seine Worte waren weicher als Öl, und doch waren sie gezückte Schwerter . – PSALM 55:21 .

Heuchelei ist Torheit. Es ist viel einfacher, sicherer und angenehmer, das zu sein, was ein Mann darstellen möchte, als den Anschein aufrechtzuerhalten, das zu sein, was er nicht ist. – CECIL .

Livree Christi die Plackerei des Teufels . – MATTHEW HENRY .

Lange Gesichter zu tragen, als ob unser Schöpfer, der Gott der Güte, ein Bestatter wäre. —Peter Pindar.

Heuchelei wird am häufigsten in das Gewand der Religion gekleidet. – HOSEA BALLOU .

Ein solcher Mann wird weder die Anbetung der Familie versäumen noch seinen Nächsten verspotten. Ohne eine Sabbatmaske im Gesicht wird er seine Kühe am ersten Tag der Woche weder melken noch abnehmen, während er die Milch für seine Kunden gießt. – GEORGE MACDONALD .

Wenn Satan jemals lacht, muss es über Heuchler sein; Sie sind die größten Betrüger, die er hat. – COLTON .

Faulheit. – Ich betrachte Trägheit als eine Art Selbstmord. – CHESTERFIELD .

Manche Menschen haben ein vollkommenes Genie darin, nichts zu tun, und zwar eifrig . – HALIBURTON .

Faulheit wächst den Menschen; es beginnt in Spinnweben und endet in Eisenketten. Je mehr Geschäfte ein Mann zu erledigen hat, desto mehr kann er erreichen; denn er lernt, seine Zeit zu sparen. – RICHTER HALE .

Wenn Sie mich fragen, was die wahre Erbsünde der menschlichen Natur ist, glauben Sie, ich würde mit Stolz, Luxus, Ehrgeiz oder Egoismus antworten? NEIN; Ich würde Trägheit sagen. Wer die Trägheit besiegt, wird alle anderen besiegen. Tatsächlich müssen alle guten Prinzipien ohne geistige Aktivität stagnieren. – ZIMMERMANN .

Ein armer, müßiger Mann kann kein ehrlicher Mann sein. – ACHILLES POINCELOT .

Die Abwesenheit von Beschäftigung ist keine Ruhe. Ein völlig leerer Geist ist ein verzweifelter Geist . – Kupfer.

Trägheit macht alles schwierig, aber Fleiß macht es einfach; und wer spät aufsteht , muss den ganzen Tag traben und wird nachts kaum sein Geschäft erledigen; während die Faulheit sich so langsam ausbreitet, dass ihn bald die Armut überkommt. – FRANKLIN .

Teich entstehen. – AUS DEM LATEINISCHEN .

Das Gehirn eines müßigen Mannes ist die Werkstatt des Teufels. – BUNYAN .

Wenn Sie untätig sind, sind Sie auf dem Weg zum Ruin; und es gibt nur wenige Rastplätze darauf. Es ist eher ein Abgrund als eine Straße . – BEECHER .

Der Untergang der meisten Menschen geht auf einen untätigen Moment zurück. – HILLARD .

Die Zeit schreitet mit all ihrer Schnelligkeit langsam zu ihm voran, dessen einzige Aufgabe darin besteht, ihren Flug zu beobachten. – DR. JOHNSON .

Eine ruhende Uhr ist eine Uhr, die beide Zeiger braucht. Sie ist genauso nutzlos, wenn sie läuft, als wenn sie steht. – Kupfer.

Einwanderung. – Wenn Sie die ausländischen Prediger des Evangeliums, die ausländischen Anwälte, die ausländischen Kaufleute und die ausländischen Philanthropen von diesem Land nach Europa zurückschicken sollten, was für ein Raub unserer Kanzeln, unserer Gerichtssäle, unserer Lagerhäuser und unserer Wohltätigkeitsorganisationen Institutionen, und was für ein Rückschlag aller finanziellen, barmherzigen, moralischen und religiösen Interessen des Landes! Diese Vermischung aller Nationalitäten unter dem Segen Gottes wird in fünfundsiebzig oder hundert Jahren den großartigsten Stil von Mann und Frau hervorbringen, den die Welt je gesehen hat. Sie werden den Witz einer Rasse, die Beredsamkeit einer anderen Rasse, die Freundlichkeit einer anderen Rasse, die Großzügigkeit einer anderen Rasse, den ästhetischen Geschmack einer anderen Rasse, den hohen moralischen Charakter einer anderen Rasse haben, und wenn dieser Mann und diese Frau hervortreten, werden ihr Gehirn und Nerven und Muskeln sind eine Verflechtung der Fasern aller Nationalitäten. Nur der neue elektrische Fotoapparat, der Körper, Geist und Seele klar durchschauen kann, kann von ihnen ein angemessenes Bild machen. – T. DeWitt Talmage .

Unsterblichkeit. – Unsterblichkeit ist die glorreiche Entdeckung des Christentums. – CHANNING .

Wir sind für eine höhere Bestimmung als die der Erde geboren; Es gibt ein Reich, in dem der Regenbogen niemals verblasst, in dem sich die Sterne vor uns ausbreiten wie Inseln, die auf dem Ozean schlafen, und in dem die Wesen, die wie Schatten vor uns vorbeiziehen, für immer in unserer Gegenwart bleiben werden. – LYTTON .

Es muss so sein – Platon, das weißt du wohl – Woher sonst diese wohltuende Hoffnung, dieses liebevolle Verlangen, diese Sehnsucht nach Unsterblichkeit? Oder woher diese heimliche Angst und das innere Grauen , ins Nichts zu fallen? Warum schrumpft die Seele auf sich selbst zurück und erschreckt vor Zerstörung? Es ist die Göttlichkeit, die in uns regt ; Es ist der Himmel selbst, der auf uns hinweist im Jenseits und kündigt dem Menschen die Ewigkeit an . Die Sterne werden verblassen, die Sonne selbst wird mit dem Alter verblassen , und die Natur wird mit den Jahren versinken, aber du wirst in unsterblicher Jugend gedeihen, unverletzt inmitten des Krieges der Elemente, des Untergangs der Materie und des Zusammenbruchs der Welten. – Addison.

Der Glaube an das Jenseits ist für den Intellektuellen ebenso notwendig wie der moralische Charakter; und für den Literaten wie für den Christen bildet die Gegenwart nur den geringsten Teil seiner Existenz . – SOUTHEY .

Je näher ich dem Ende komme, desto deutlicher höre ich um mich herum die unsterblichen Sinfonien, die mich einladen. – VICTOR HUGO .

Die Seelen aller Menschen sind unsterblich, aber die Seelen der Gerechten sind unsterblich und göttlich . – SOKRATES .

Unsterblichkeit überwindet alle Schmerzen, alle Tränen, alle Zeit, alle Ängste und schallt wie der ewige Donner der Tiefe in meine Ohren diese Wahrheit: Du lebst für immer! – BYRON .

Unabhängigkeit. – Es ist nicht die Größe der Mittel eines Menschen, die ihn unabhängig macht, sondern vielmehr die Kleinheit seiner Bedürfnisse. – COBBETT .

Diese beiden Dinge, so widersprüchlich sie auch erscheinen mögen, müssen zusammenpassen: männliche Abhängigkeit und männliche Unabhängigkeit, männliches Vertrauen und männliche Eigenständigkeit. – WORDSWORTH .

Wir selbst sind für uns selbst die Ursache des Übels; Wir können unabhängig sein, wenn wir wollen. -Churchill.

Lassen Sie das Glück sein Schlimmstes tun, was auch immer es uns verlieren lässt, solange es uns niemals unsere Ehrlichkeit und unsere Unabhängigkeit verlieren lässt. — PAPST .

Industrie. — Fleiß ist eine christliche Verpflichtung, die unserer Rasse auferlegt ist, die edelsten Energien zu entwickeln, und die den höchsten Lohn sichert. — EL MAGOON .

Siehst du einen Mann, der sein Geschäft fleißig betreibt? er wird vor Königen stehen. — SPRÜCHE 22:29 .

Wenn Sie große Talente haben, wird die Industrie sie fördern; Wenn die Fähigkeiten mäßig sind, wird die Industrie ihre Defizite decken. Der gezielten Arbeit wird nichts verwehrt; Ohne sie ist nie etwas zu erreichen . — SIR J. REYNOLDS .

Wenn wir fleißig sind, werden wir niemals verhungern; Denn im Haus des Arbeiters schaut der Hunger hinein, wagt sich aber nicht hinein. Auch der Gerichtsvollzieher oder der Polizist werden nicht eintreten, denn die Industrie zahlt Schulden, während die Verzweiflung zunimmt sie . — FRANKLIN .

Es gibt keine Kunst oder Wissenschaft, die für die Industrie zu schwer zu erreichen wäre; es ist die Gabe der Zungenrede und sorgt dafür, dass ein Mensch in allen Ländern und von allen Nationen verstanden und geschätzt wird; Es ist der Stein der Weisen, der alle Metalle und sogar Steine in Gold verwandelt und es nicht duldet, in seine Behausung einzubrechen; Es ist die Nordwestpassage, die das Handelsschiff so schnell zu ihm bringt, wie er es nur wünschen kann. Mit einem Wort, es besiegt alle Feinde und sorgt dafür, dass das Vermögen selbst seinen Beitrag leistet. — CLARENDON .

Der Weg zum Wohlstand ist so einfach wie der Weg zum Markt. Es hängt hauptsächlich von zwei Worten ab: Fleiß und Genügsamkeit: Das heißt, weder Zeit noch Geld zu verschwenden, sondern beides bestmöglich zu nutzen. Ohne Fleiß und Genügsamkeit geht nichts und mit ihnen alles . — FRANKLIN .

Der berühmte Galen sagte, Beschäftigung sei der Arzt der Natur. Es ist in der Tat so wichtig für das Glück, dass Trägheit zu Recht als Ursprung des Elends angesehen wird. — COLTON .

Egal ob groß oder klein, die Industrie unterstützt uns alle. -Fröhlich.

Untreue. – Es gibt nur eine Sache ohne Ehre, geplagt von ewiger Unfruchtbarkeit, der Unfähigkeit, etwas zu tun oder zu sein: Unaufrichtigkeit, Unglaube. – CARLYLE .

Untreue ist eine dieser Prägungen – eine Masse an Basisgeld, die kein Herz, das aufrichtig liebt, und kein Kopf, der richtig denkt, in Umlauf bringen kann. Und Ungläubige sind arme, traurige Geschöpfe; Sie tragen eine Last der Niedergeschlagenheit und Trostlosigkeit mit sich herum, die nicht weniger schwer ist, weil sie unsichtbar ist. Es ist die furchtbare Blindheit der Seele . – CHALMERS .

ein skeptischer junger Mann im Gespräch mit dem berühmten Dr. Parr, dass er nichts glauben würde, was er nicht verstehen könne. „Dann, junger Mann, wird dein Glaubensbekenntnis das kürzeste aller Männer sein, die ich kenne.“ – HILFT .

Untreue und Glaube blicken beide durch die Perspektive, aber auf entgegengesetzte Enden. Untreue blickt durch das falsche Ende des Glases; und deshalb sieht er die nahen und fernen Dinge und macht große Dinge klein, indem er die größten geistlichen Segnungen schmälert und bedrohte Übel weit von uns entfernt. Der Glaube blickt auf das rechte Ende und bringt die Segnungen, die in der Zeit weit entfernt liegen, nahe an unser Auge und vervielfacht die Barmherzigkeit Gottes, die in der Ferne ihre Größe verloren hat. – BISHOP HALL .

Niemand ist so allein im Universum wie ein Leugner Gottes . – RICHTER .

Bloße Verneinung, bloße epikureische Untreue haben, wie Lord Bacon zu Recht feststellt, den Frieden der Welt nie gestört. Es liefert kein Motiv zum Handeln; es weckt keine Begeisterung; es gibt keine Missionare, keine Kreuzzüge, keine Märtyrer. – MACAULAY .

auch wie Tiere leben. – SÜDEN .

Undankbarkeit. – Wenn es ein Verbrechen gibt, das tiefer greift als alle menschlichen Laster, dann ist es Undankbarkeit. – H. BROOKE .

Männer mögen undankbar sein, aber die Menschheit ist es nicht. – DE BOUFFLERS .

Schlag, Schlag, du Winterwind , Du bist nicht so unfreundlich wie die Undankbarkeit der Menschen. –Shakespeare.

Wer seinen Freund vergisst, ist ihm gegenüber undankbar; aber wer seinen Erlöser vergisst , ist unbarmherzig mit sich selbst. – BUNYAN .

Darauf können Sie sich als eine unfehlbare Wahrheit verlassen, dass es keinen besonders undankbaren Menschen gab und gab, der nicht auch unerträglich stolz war. Mit einem Wort: Undankbarkeit ist zu niederträchtig, um eine Freundlichkeit zu erwidern, zu stolz, um sie zu betrachten, ganz wie die Gipfel der Berge, zwar karg, aber dennoch hoch; sie produzieren nichts; sie ernähren niemanden; sie kleiden niemanden; doch sind sie hoch und stattlich und blicken auf die ganze Welt herab. – SÜDEN .

Undankbarkeit ist immer eine Art Schwäche. Ich habe noch nie gesehen, dass kluge Männer undankbar waren . – GOETHE .

Undankbares liebt. – PLAUTUS .

Und werde ich mich als undankbar erweisen? schockierender Gedanke! Wer undankbar ist, hat nur eine Schuld; alle anderen Verbrechen können bei ihm als Tugend gelten. – YOUNG .

Nichts Abscheulicheres bringt die Erde hervor als einen undankbaren Menschen. – AUSONIUS .

Wissen Sie, was schwerer zu ertragen ist als Schicksalsschläge? Es ist die Niedrigkeit, die abscheuliche Undankbarkeit des Menschen . – NAPOLEON .

Wie schärfer als der Zahn einer Schlange ist es, ein undankbares Kind zu haben. –Shakespeare.

Hilfe benötigen, Schaden zu. – PUBLIUS SYRUS .

Unschuld. – Wir haben nicht die Unschuld von Eden; aber durch Gottes Hilfe und das Beispiel Christi können wir den Sieg von Gethsemane erringen. – CHAPIN .

Sünde zu empfinden ; Er ist Außen bewaffnet , innerlich unschuldig. – Horaz.

Unschuld ist eine Blume, die verwelkt, wenn man sie berührt, aber nicht wieder blüht, obwohl sie mit Tränen bewässert wird. – HOOPER .

Unschuldig zu sein bedeutet, nicht schuldig zu sein; aber tugendhaft zu sein bedeutet, unsere bösen Neigungen zu überwinden. – WILLIAM PENN .

Wie viele bittere Gedanken vermeidet der Unschuldige! Gelassenheit und Fröhlichkeit sind sein Teil. Die Hoffnung gießt ständig ihren Balsam in seine Seele. Sein Herz ruht, während andere von den Stichen eines verletzten Gewissens, den Protesten und dem Aufbegehren von Prinzipien, die sie nicht vergessen können, angestachelt und gequält werden; Ständig gehänselt von wiederkehrenden Versuchungen, ständiges Bedauern über besiegte Vorsätze . – PALEY .

Oh, halte mich unschuldig; Machen Sie andere großartig! — CAROLINE VON DÄNEMARK .

Es gibt einige Denker, die Unschuld häufig mit der bloßen Unfähigkeit zur Schuld verwechseln; aber jemand, der noch nie starken Alkohol gesehen, gehört oder daran gedacht hat, kann nicht als Vorbild für Nüchternheit angesehen werden. — DR. JOHNSON .

Lass unser Leben rein sein wie Schneefelder, wo unsere Schritte Spuren hinterlassen, aber keinen Fleck. — MADAME SWETCHINE .

Es gibt keinen Mut außer in Unschuld, keine Beständigkeit außer in einer ehrlichen Sache . — SOUTHERN .

Inspiration. — Sind wir uns nicht alle einig, schnelles Denken und edlen Impuls als Inspiration zu bezeichnen? — GEORGE ELIOT .

Der Glanz der Inspiration wärmt uns; Diese heilige Verzückung entspringt den Samen des göttlichen Geistes, die in den Menschen gesät wurden. — OVID .

Kein Mensch war jemals großartig ohne göttliche Inspiration. — CICERO .

Ein lebhafter und angenehmer Mensch hat nicht nur das Verdienst, selbst lebhaft und angenehm zu sein, sondern auch, sie in anderen zu wecken. — GREVILLE .

Intellekt. — Wenn ein Mann seine Handtasche in seinen Kopf leert, kann sie ihm niemand nehmen. — FRANKLIN .

Alexander der Große schätzte das Lernen so sehr, dass er immer sagte, dass er Aristoteles für die Wissensvermittlung mehr zu verdanken habe als seinem Vater Philipp. — Samuel SMILES .

Ein Mann kann der Welt kein besseres Erbe hinterlassen als eine gut ausgebildete Familie . — REV. THOMAS SCOTT .

Zeiten des allgemeinen Unglücks und der Verwirrung haben schon immer die größten Geister hervorgebracht. Das reinste Erz wird aus dem heißesten Ofen gewonnen, und der hellste Blitz wird aus dem dunkelsten Sturm hervorgerufen. — COLTON .

Charakter ist höher als Intellekt. Eine große Seele wird sowohl stark zum Leben als auch stark zum Denken sein. — EMERSON .

Gott hat der Ausübung des Intellekts, den er uns auf dieser Seite des Grabes gegeben hat, keine Grenzen gesetzt. — BACON .

Jeder Geist wurde für Wachstum und Wissen geschaffen; und gegen seine Natur wird gesündigt, wenn sie zur Unwissenheit verurteilt ist. – CHANNING .

Zu erkennen, dass das, was wahr ist, wahr ist und dass das, was falsch ist , falsch ist – das ist das Kennzeichen und der Charakter von Intelligenz . – EMERSON .

Unmäßigkeit. – Ein Mann kann wählen, ob er Enthaltsamkeit und Wissen oder Rotwein und Unwissenheit haben möchte. – DR. JOHNSON .

Unmäßigkeit webt das Wickeltuch der Seelen . – JOHN B. GOUGH .

Trunkenheit ruft den Wächter von den Türmen ab; und dann schieben wir ihm all die Übel zu, die aus einem lockeren Herzen, einer lockeren Zunge und einem ausschweifenden Geist entstehen. – Jeremy TAYLOR .

Es ist kaum ein Zeichen eines weisen oder guten Mannes, eine Übertretung der Mäßigkeit zu dulden, um sich den Ruf eines großzügigen Entertainers zu erkaufen. – ATTERBURY .

Wer hat Weh? Wer hat Kummer? Wer hat Einwände? Wer hat geplappert? Wer hat Wunden ohne Ursache? Wer hat rote Augen? Die lange beim Wein verweilen; die gehen, um Mischwein zu suchen. Schau nicht auf den Wein, wenn er rot ist, wenn er im Kelch seine Farbe gibt, wenn er sich gerade bewegt : Am Ende beißt er wie eine Schlange und sticht wie eine Natter . – SPRÜCHE 23:29-32 .

O, dass die Menschen einen Feind in ihren Mund stecken sollten, um ihnen das Gehirn zu stehlen ! – SHAKESPEARE .

Ich trinke nie. Ich kann es nicht auf Augenhöhe mit anderen tun. Es kostet sie nur einen Tag; aber ich drei, der erste im Sündigen, der zweite im Leiden und der dritte in der Reue. – STERNE .

Weise Männer vermischen ihre Sorgen mit Heiterkeit, um sie entweder zu vergessen oder zu überwinden; aber zur Beruhigung des Geistes auf einen Rausch zurückzugreifen, bedeutet, Melancholie durch Wahnsinn zu heilen. – CHARRON .

Größe jeglicher Art hat keinen größeren Feind als die Gewohnheit zu trinken . – WALTER SCOTT .

Maßlosigkeit ist ein großer Verfall der Schönheit. – JUNIUS .

Sünder, hört und bedenkt; Wenn Sie Ihre Seelen vorsätzlich zur Bestialität verurteilen, wird Gott sie zu ewigem Elend verurteilen . – BAXTER .

Die Gewohnheit glühender Geister durch Männer im Amt hat der Öffentlichkeit mehr Schaden zugefügt und mir mehr Ärger bereitet als alle anderen Ursachen. Und wenn ich meine Amtszeit wieder aufnehmen würde, würde die erste Frage, die ich einem Kandidaten für ein Amt stellen würde, lauten: „Verwendet er glühende Geister?" – JEFFERSON .

Eifersucht. – Menschen, die eifersüchtig sind oder besonders auf ihre eigenen Rechte und ihre Würde achten, finden immer genug von denen, denen beides egal ist, dass sie sich ständig unwohl fühlen. – BARNES .

Es ist mit Eifersucht wie mit der Gicht. Wenn solche Staupe im Blut sind, gibt es nie eine Sicherheit gegen ihren Ausbruch, und das oft bei den geringsten Gelegenheiten und wenn man den geringsten Verdacht hat . – FIELDING .

Alle anderen Leidenschaften lassen sich zuweilen herab, die unerbittliche Logik der Tatsachen zu akzeptieren; Aber Eifersucht sieht den Tatsachen direkt ins Auge, ignoriert sie völlig und sagt, dass sie viel besser weiß, als sie ihr sagen können. – HILFT .

Die Krankheit des eifersüchtigen Mannes ist so bösartig, dass sie alles, was sie zu sich nimmt, in ihre eigene Nahrung umwandelt. – ADDISON .

Kleinigkeiten, leicht wie Luft , sind für den Eifersüchtigen starke Bestätigungen als Beweise der heiligen Schrift. –Shakespeare.

Eifersucht ist grausam wie das Grab; ihre Kohlen sind Feuerkohlen, die eine äußerst heftige Flamme haben. – HOHELIED SALOMOS 8:6 .

Doch gibt es einen, der noch verfluchter ist als sie alle? Dieser Krebswurm, dieses Monster, die Eifersucht, die das Herz frisst und sich von der Galle ernährt und alle Freuden der Liebe in Elend verwandelt , aus Angst, seine Glückseligkeit zu verlieren. –Spenser.

Freude. – Die Gesellschaft der Freude verdoppelt sie; So dass es, während es auf meinen Freund brennt, auf mich selbst zurückprallt, und je heller seine Kerze brennt, desto leichter wird es meine Kerze anzünden. – SÜDEN .

Die Freude, die sich aus der Verbreitung von Segnungen an alle um uns herum ergibt, ist die reinste und erhabenste , die jemals in den menschlichen Geist eindringen kann, und kann nur von denen wahrgenommen werden, die sie erlebt haben. Neben den Tröstungen der göttlichen Gnade ist sie der mächtigste Balsam für das Elend des Lebens, sowohl für den, der Gegenstand davon ist, als auch für den, der sie ausübt. – BISCHOF PORTEUS .

Wer an den Freuden eines anderen teilhat, ist ein menschlicherer Charakter als der, der an seinen Kummern teilhat. – LAVATER .

Freude ist göttlicher als Leid; denn Freude ist Brot und Leid ist Medizin. – BEECHER .

Ohne Freundlichkeit kann es keine wahre Freude geben. – CARLYLE .

Freude ist wichtig; Freude ist ein Austausch; Freude fliegt Monopolisten: es fordert zwei; Reichhaltige Frucht! Der Himmel ist gepflanzt! nie von einem gerupft . -Jung.

Beurteilung. – Wie können wir gerecht entscheiden in einer Welt, in der es keine Unschuldigen gibt, die über die Schuldigen richten? – MADAME DE GENLIS .

Wer in aller Welt könnte leben, wenn alle gerecht beurteilt würden? – BYRON .

Das Wort eines Mannes ist das Wort eines niemanden; wir sollten ruhig beide Seiten hören. – GOETHE .

Männer dürfen nicht nach ihrem Aussehen, ihren Gewohnheiten und ihrem Aussehen beurteilt werden; sondern durch den Charakter ihres Lebens und ihrer Gespräche und durch ihre Werke . – L'ESTRANGE .

Wir alle müssen vor dem Richterstuhl Christi erscheinen; damit jeder die Dinge empfängt, die er an seinem Leib getan hat, je nachdem, was er getan hat, sei es gut oder schlecht. – 2. KOR. 5:10 .

Meiner Meinung nach ist es sehr fraglich, inwieweit wir das Recht haben, einander zu verurteilen, da in jedem Menschen die Keime sowohl der Tugend als auch des Lasters geboren sind. Die Entwicklung des einen oder anderen hängt von den Umständen ab. – BALLOU .

Das Recht auf privates Urteil ist für jeden amerikanischen Bürger absolut. – JAMES A. GARFIELD .

Genau das, wovon die Menschen das meiste zu haben glauben, haben sie am wenigsten; und das ist Urteil. – HW SHAW .

Es gibt keine Urteile, die so hart sind wie die der Irrenden, der Unerfahrenen und der Jungen . – MISS MULOCK .

Das Urteil eines großen Volkes ist oft klüger als das der weisesten Männer . – KOSSUTH .

Beurteile dich selbst mit einem Urteil der Aufrichtigkeit, und du wirst andere mit einem Urteil der Nächstenliebe beurteilen. – MASON .

Es ist so, dass unsere Urteile unsere Uhren sind; Keiner geht einfach gleich, doch jeder glaubt an das Seine. -Papst.

Gerechtigkeit. – Gerechtigkeit bietet nichts anderes als das, was mit Ehre angenommen werden kann; und erhebt keinen Anspruch auf eine Gegenleistung außer dem, was wir nicht einmal vorenthalten sollten. – RECHTE UND PFLICHTEN DER FRAU .

Sei gerecht und fürchte dich nicht: Lass alle Ziele, die du anstrebst , denen deines Landes, deines Gottes und der Wahrheit gehören . –Shakespeare.

Und der Himmel, an den jede Tugend denkt , ist gütig, selbst gegenüber der Asche der Gerechten. -Papst.

Wer nur gerecht ist, ist grausam. – BYRON .

Die süße Erinnerung an den Gerechten wird erblühen, wenn er im Staub schläft. – Paraphrase von Psalm 112:6.

Gerechtigkeit ist die Versicherung, die wir für unser Leben und Eigentum haben, und Gehorsam ist die Prämie, die wir dafür zahlen. – William PENN .

Der Himmel ist noch über allem; dort sitzt ein Richter, den kein König korrumpieren kann. – SHAKESPEARE .

Gerechtigkeit verwirft Partei, Freundschaft, Verwandtschaft und wird daher immer als blind dargestellt. – ADDISON .

Gegenwärtig können wir die göttliche Gerechtigkeit nur aus dem schließen, was wir über die Gerechtigkeit im Menschen wissen. Wenn wir uns in anderen Szenen befinden, haben wir möglicherweise wahrere und edlere Vorstellungen davon; Aber während wir in diesem Leben sind, können wir nur aus dem Buch sprechen, das vor uns liegt . – PAPST .

In Fragen der Gerechtigkeit zwischen Mensch und Mensch hat uns unser Erretter gelehrt, meinen Nächsten an die Stelle von mir selbst und mich selbst an die Stelle meines Nächsten zu setzen. – DR. WATTS .

Die Bücher sind im Himmel ausgeglichen, nicht hier . – HW SHAW .

Sei gerecht in all deinen Handlungen, und wenn du dich mit denen verbündest , die es nicht sind, ändere niemals deine Meinung. –Denham.

Die Tugend der Gerechtigkeit besteht in Mäßigung, wie sie durch Weisheit geregelt wird. – ARISTOTELES .

Gerechtigkeit ist das große Interesse des Menschen auf Erden. Es ist das Band, das zivilisierte Wesen und zivilisierte Nationen zusammenhält. – WEBSTER .

Freundlichkeit. – Ein ruhmreicherer Sieg über einen anderen Mann kann nicht errungen werden, als dass, als die Verletzung seinerseits begann, die Güte auch bei uns beginnen sollte. – TILLOTSON .

Das Leben besteht nicht aus großen Opfern oder Pflichten, sondern aus kleinen Dingen, in denen Lächeln, Freundlichkeit und kleine Verpflichtungen, die gewohnheitsmäßig gegeben werden, das Herz gewinnen und bewahren und Trost sichern. – SIR H. DAVY .

Freundlichkeit hat mehr Sünder bekehrt als Eifer, Beredsamkeit oder Gelehrsamkeit . – FW FABER .

Wie leicht ist es für ein wohlwollendes Wesen, Freude um sich herum zu verbreiten; Und wie wahrhaftig ist ein gütiges Herz eine Quelle der Freude, die alles in seiner Nähe zum Lächeln bringt ! – WASHINGTON IRVING .

Sagen Sie immer ein freundliches Wort, wenn Sie können, und sei es nur, damit es vielleicht mit einzigartiger Gelegenheit eintrifft und das dunkle Zimmer eines traurigen Mannes betritt, wie ein wunderschönes Glühwürmchen, dessen glückliche Kreise er nur beobachten kann und dabei seine vielen Sorgen vergisst. – HILFT .

Eine freundliche Tat kann die Quelle deiner Seele zum süßen Tagesstern der Liebe verwandeln , der über dir brennen wird, solange seine Strömungen fließen. – Holmes.

Mit so geringem Aufwand können wir den Samen der Höflichkeit und Freundlichkeit um uns herum verbreiten. Einige von ihnen werden unweigerlich auf guten Boden fallen und in den Köpfen anderer zu Wohlwollen heranwachsen; und alle von ihnen werden in dem Schoß, aus dem sie entspringen, Früchte des Glücks tragen. – BENTHAM .

Es gibt keinen schöneren Teint, keine Form oder kein Verhalten als der Wunsch, Freude und keinen Schmerz um uns herum zu verbreiten. – EMERSON .

Küsse. – Ein Kuss meiner Mutter machte mich zum Maler. – BENJAMIN WEST .

Es ist die Leidenschaft, die in einem Kuss steckt, die ihm seine Süße verleiht; Es ist die Zuneigung in einem Kuss, die ihn heiligt. – BOVEE .

Es ist so alt wie die Schöpfung und doch so jung und frisch wie eh und je. Es existierte bereits, existiert noch immer und wird immer existieren.

Verlassen Sie sich darauf, Eva lernte es im Paradies und wurde von einem Engel über seine Schönheit, Tugenden und Vielfalt unterrichtet, es ist etwas so Transzendentes darin. – HALIBURTON .

Vier süße Lippen, zwei reine Seelen und eine unsterbliche Zuneigung – das sind die hübschen Zutaten der Liebe für einen Kuss. – BOVEE .

Man könnte meinen, wenn unsere Lippen aus Horn wären und einen oder zwei Fuß von unserem Gesicht abstehen würden, wären Küsse auf jeden Fall erledigt. Nicht so. Keine Lebewesen küssen sich so sehr wie die Vögel . – CHARLES BUXTON .

Wissen. — Es gibt zwei Arten von Wissen. Wir kennen ein Thema selbst oder wissen, wo wir Informationen dazu finden können. – BOSWELL .

Wenn wir in jungen Jahren kein Wissen pflanzen, wird es uns im Alter keinen Schatten spenden. – CHESTERFIELD .

Wenn Sie beim Lesen von Autoren helle Passagen finden , die Ihnen in den Sinn kommen und über die Sie zu einem anderen Zeitpunkt vielleicht Anlass zum Nachdenken haben, geben Sie sich nicht mit dem Anblick zufrieden, sondern notieren Sie sie in Schwarz und Weiß. Ein solcher Respekt wird weise gezeigt, da er den Sinn eines anderen zu seinem eigenen macht. –Byron.

Frühes Wissen ist ein sehr wertvolles Kapital, mit dem man ins Leben starten kann. Es verschafft einem einen vorteilhaften Start. Wenn der Besitz von Wissen mit fünfzig einen bestimmten Wert hat, hat er mit fünfundzwanzig einen viel größeren Wert; denn Sie können es fünfundzwanzig der wichtigsten Jahre Ihres Lebens nutzen; und es ist mehr als hundert Prozent Zinsen wert. Wer kann denn schon abschätzen, wie interessant Wissen ist? Sein Preis liegt über Rubinen. – WINSLOW .

Wissen wird nur mit mühsamer Sorge erworben , und Weisheit bedeutet eine Welt voller Schmerz. –Joaquin Miller.

Das Wissen, das wir erworben haben, sollte nicht einem großen Laden ohne Ordnung und ohne Inventar ähneln; Wir sollten wissen, was wir besitzen, und in der Lage sein, es uns in der Not zu nutzen. – LEIBNITZ .

Wissen ist sowohl Macht als auch Ruhm. – RUFUS CHOATE .

Das Wissen ist mit dem Universum verbunden und findet in allen Dingen einen Freund; aber Unwissenheit ist überall fremd und unwillkommen; Ich fühle mich unwohl und bin fehl am Platz. – TUPPER .

Ein persischer Philosoph antwortete auf die Frage, auf welche Weise er sich so viel Wissen angeeignet habe: „Indem ich nicht durch Scham daran gehindert wurde, Fragen zu stellen, obwohl ich unwissend war."

Jeder Mensch, dessen Geist nicht ausschweifend ist, wird bereit sein, alles zu geben, was er hat, um Wissen zu erlangen. – DR. JOHNSON .

Das Lernen, das du durch deine eigene Beobachtung und Erfahrung erlangst , geht weit über das hinaus, was du durch Gebote erlangst ; denn das Wissen eines Reisenden übersteigt das, was man durch Lesen erlangt. – THOMAS À KEMPIS .

Wenn Sie Wissen haben, lassen Sie andere ihre Kerzen anzünden. – FULLER .

Wissen kann nicht ohne Mühe und Anwendung erworben werden. Es ist mühsam und tief, nach reinem Wasser zu graben; aber wenn du erst einmal zur Quelle kommst, erheben sie sich und treffen dich . – FELTON .

Knowledge ist stolz darauf, so viel gelernt zu haben; Die Weisheit ist demütig, dass sie nichts mehr weiß. – COWPER .

Alle möchten Wissen besitzen, aber vergleichsweise wenige sind bereit, den Preis zu zahlen. – JUVENAL .

Selten wurde Wissen gegeben, um es zu behalten, sondern um es weiterzugeben; Die Anmut dieses reichen Juwels geht im Verborgenen verloren. – BISHOP HALL .

Es gibt kein Wissen, für das ein so hoher Preis gezahlt wird wie das Wissen über die Welt; und niemand wurde jemals ein Experte darin, außer auf Kosten eines verhärteten oder verwundeten Herzens . – LADY BLESSINGTON .

Die sicheren Grundlagen des Staates liegen im Wissen, nicht in der Unwissenheit; und jeder Spott über Bildung, über Kultur, über Bücherwissen, das die aufgezeichnete Weisheit der Erfahrung der Menschheit darstellt, ist der Spott des Demagogen über die intelligente Freiheit, die zu nationaler Degeneration und zum Ruin führt. – GW CURTIS .

Arbeit. – Arbeit ist eines der großen Elemente der Gesellschaft – das große substanzielle Interesse, auf dem wir alle stehen. – DANIEL WEBSTER .

Harte Arbeiter sind normalerweise ehrlich. Die Industrie erhebt sie über alle Versuchungen hinaus. – BOVEE .

Körperliche Arbeit lindert die Schmerzen des Geistes; und daraus entsteht das Glück der Armen . – LA ROCHEFOUCAULD .

Arbeit ist für niemanden eine Schande; Leider findet man gelegentlich Männer, die die Arbeit in Schande bringen. – US GRANT .

Wenn die Fähigkeit, harte Arbeit zu leisten, kein Talent ist, ist es der bestmögliche Ersatz dafür . – JAMES A. GARFIELD .

Es ist nicht die Arbeit, die Menschen tötet, sondern die Sorge. Arbeit ist gesund, man kann einem Menschen kaum mehr zumuten, als er ertragen kann. Sorge ist Rost auf der Klinge. Es ist nicht die Revolution, die die Maschinerie zerstört, sondern die Reibung. Angst sondert Säuren ab, aber Liebe und Vertrauen sind süße Säfte . – BEECHER .

Ein Genie kann schwanger werden, aber geduldige Arbeit muss vollendet werden . – HORACE MANN .

Gott gibt jedem Vogel sein Futter, aber er wirft ihn nicht ins Nest. Er bringt nicht das Gute zum Vorschein, das die Erde enthält, aber Er legt es uns in den Weg und gibt uns die Mittel, es selbst zu erlangen. – JG HOLLAND .

Die Arbeit, weit wie die Erde, hat ihren Höhepunkt im Himmel . – CARLYLE .

Liebesarbeit; denn wenn du es nicht zum Essen brauchst, kannst du es für eine ärztliche Untersuchung tun. – WILLIAM PENN .

Neben dem Glauben an Gott steht der Glaube an die Arbeit . – BOVEE .

Arbeit ist Ruhe – von den Sorgen, die uns begrüßen; Ruhe von allen kleinen Ärgernissen, die uns begegnen, Ruhe von den Sünden, die uns jemals bedrängen, Ruhe von den Sirenen der Welt, die uns zum Bösen locken. –Frances S. Osgood.

Kein Mensch wird in die Welt hineingeboren, dessen Werk nicht mit ihm geboren wird . – Lowell.

Arbeit! alle Arbeit ist edel und heilig! Lass deine großen Taten dein Gebet zu deinem Gott sein. –Frances S. Osgood.

Sprache. – Benutzen Sie im Sprachgebrauch nur Gold- und Silbermünzen. – JOUBERT .

Die Sprache bezeichnet den Mann. Ein grober oder raffinierter Charakter findet seinen natürlichen Ausdruck in einer groben oder raffinierten Phraseologie . – BOVEE .

Sprache ist das Bild und Gegenstück zum Denken. – MARK HOPKINS .

Fröhlichkeit, nicht fließende Sprache ist ein Verdienst. – WHIPPLE .

Lachen. — Lachen ist eine höchst gesundheitsfördernde Anstrengung; Es ist eine der größten Verdauungshilfen, die ich kenne. – DR. HUFELAND .

Männer zeigen ihren Charakter in nichts deutlicher als in dem, was sie für lächerlich halten. – GOETHE .

Markt ist ein Lachen mehr wert als hundert Stöhnen. – LAMM .

Um freudig zu lachen, muss es einem freudigen Herzen entspringen, denn ohne Freundlichkeit kann es keine wahre Freude geben. – CARLYLE .

Ein gutes, herzliches Lachen ist eine Bombe, die an der richtigen Stelle explodiert, während Milz und Unzufriedenheit eine Waffe sind, die den Mann umwirft, der sie abfeuert. – TALMAGE .

Dumme Menschen, die nicht lachen können, sind immer aufgeblasen und eingebildet; das heißt, unfreundlich, lieblos, unchristlich. – THACKERAY .

Der Mensch ist das einzige Geschöpf, das über die Kraft des Lachens verfügt. – GREVILLE .

Lernen. — Tragen Sie Ihr Wissen wie Ihre Uhr, in einer privaten Tasche; und ziehen Sie es nicht heraus und schlagen Sie darauf, nur um zu zeigen, dass Sie eines haben. – CHESTERFIELD .

Wer lernt und seine Gelehrsamkeit nicht nutzt, ist ein Lasttier mit einer Ladung Bücher . – SAADI .

Ein wenig Lernen ist eine gefährliche Sache; Trinken Sie viel, sonst probieren Sie nicht den Pierian Frühling: Dort berauschen flache Luftzüge das Gehirn, Und Trinken macht uns wieder weitgehend nüchtern. -Papst.

Die drei Grundlagen des Lernens: Viel sehen, viel leiden und viel lernen. – CATHERALL .

Das Ziel des Lernens besteht darin, Gott zu kennen und aus diesem Wissen heraus Ihn zu lieben und Ihn nachzuahmen, indem wir unsere Seelen mit wahrer Tugend besitzen. – MILTON .

Lernen gilt für diejenigen, die beides wollen, als Weisheit. – SIR W. TEMPLE .

Lernen macht einen Mann zu einem geeigneten Partner für sich selbst. – YOUNG .

Wer keine Lust hat, mehr zu lernen, wird sehr wahrscheinlich denken, dass er genug weiß. – POWELL .

Es ist unbestritten, dass Gelehrsamkeit den Geist der Menschen sanft, liebenswürdig und fügsam gegenüber der Regierung macht; wohingegen

Unwissenheit sie mürrisch, hinterhältig und aufrührerisch macht; und die Zeugnisse der Zeit erhellen diese Behauptung, wenn man bedenkt, dass die barbarischsten, unhöflichsten und ungebildetsten Zeiten den Tumulten, Aufständen und Veränderungen am meisten ausgesetzt waren. – LORD BACON .

Wer sich einen gesunden Menschenverstand wünscht, ist mit der Gelehrsamkeit unglücklich, denn er hat dadurch nur mehr Möglichkeiten, sich zu entblößen; und wer Verstand hat, weiß, dass Lernen kein Wissen ist, sondern die Kunst, es zu nutzen. – STEELE .

Stolz auf das Lernen zu sein ist die größte Ignoranz. – BISCHOF TAYLOR .

Lernen ist mehr wert als Haus oder Land. – CRABBE .

Liberalität. – Wenn Sie arm sind, zeichnen Sie sich durch Ihre Tugenden aus; wenn du reich bist, durch deine guten Taten. – JOUBERT .

Wer seine Almosen bis zu seinem Tod aufschiebt, ist, wenn man es richtig abwägt, eher großzügig gegenüber den Gütern eines anderen als seinen eigenen. – BACON .

Liberalität besteht eher darin, zeitgemäß zu geben als viel . – LA BRUYÈRE .

Es gibt etwas, das sich zerstreut und doch zunimmt ; und es gibt jemanden, der mehr zurückhält als nötig ist, aber er neigt zur Armut. – SPRÜCHE 11:24 .

Liberalität besteht weniger darin, reichlich zu geben, als vielmehr darin, mit Bedacht zu geben. – LA BRUYÈRE .

Die liberale Seele soll fett gemacht werden; und wer gießt , wird auch selbst getränkt werden. – SPRÜCHE 11:25 .

Freiheit. – Der Gott, der uns Leben gab, gab uns gleichzeitig Freiheit. – THOMAS JEFFERSON .

Es ist die Freiheit allein, die der Blume des flüchtigen Lebens ihren Glanz und Duft verleiht; Und ohne sie sind wir Unkraut. – Kupfer.

Die Liebe zur Freiheit, die kein wirkliches Prinzip pflichtbewussten Verhaltens gegenüber Autoritäten ist, ist ebenso heuchlerisch wie die Religion, die kein gutes Leben hervorbringt. – BISCHOF BUTLER .

Freiheit muss begrenzt werden, um genossen zu werden. – BURKE .

Freiheit kommt von Gott; Freiheiten, vom Teufel. – AUERBACH .

Ein Tag, eine Stunde tugendhafter Freiheit ist eine ganze Ewigkeit in Knechtschaft wert. – Addison.

Wenn Freiheit mit Gesetz Feuer auf dem Herd ist, ist Freiheit ohne Gesetz Feuer auf dem Boden . – HILLARD .

Nur wenige Menschen genießen echte Freiheit; Wir sind alle Sklaven von Ideen oder Gewohnheiten . – ALFRED DE MUSSET .

Die Freiheit eines Volkes besteht darin, von Gesetzen regiert zu werden, die es selbst erlassen hat, unabhängig von der Regierungsform; die Freiheit eines Privatmanns, Herr seiner eigenen Zeit und seines Handelns zu sein, soweit dies mit den Gesetzen Gottes und seines Landes vereinbar ist. – COWLEY .

ist nicht nur, wie viele meinen, eine Eifersucht auf unsere eigenen besonderen Rechte, sondern auch ein Respekt vor den Rechten anderer und ein Unwillen, dass irgendjemandem, ob hoch oder niedrig, Unrecht zugefügt und mit Füßen getreten wird.— CHANNING .

Freiheit ohne Weisheit ist Zügellosigkeit. – BURKE .

Leben. – Das Leben besteht nicht aus großen Opfern oder Pflichten, sondern aus kleinen Dingen, in denen Lächeln und Freundlichkeit sowie kleine, gewohnheitsmäßig gegebene Verpflichtungen das Herz gewinnen und bewahren und Trost sichern. – SIR HUMPHRY DAVY .

Fang also, oh fang die vergängliche Stunde; Verbessern Sie jeden Moment im Flug; Das Leben ist ein kurzer Sommer – der Mensch eine Blume – er stirbt – leider! wie bald stirbt er! -DR. Johnson.

Das Leben ist nur ein Mittel zum Zweck, dieser Zweck, Anfang , Mittel und Ende aller Dinge – Gott. –Bailey.

Mitten im Leben befinden wir uns im Tod. – BEGRÄBNISGOTTESDIENST DER KIRCHE .

Das Leben an sich ist weder gut noch böse, es ist der Schauplatz von Gut oder Böse, wie Sie es machen. – MONTAIGNE .

, zum Sterben geboren ist und niemand sich aufrichtiger Glückseligkeit rühmen kann, wollen wir mit gleichem Gewissen alles ertragen, was geschieht , und weder Freude noch allzu große Trauer um Dinge, die außerhalb unserer Sorge liegen. – Dryden.

Liebe dein Leben nicht und hasse es auch nicht. aber was du lebst, lebe gut; wie lange oder kurze Erlaubnis zum Himmel. –Milton.

Die Tage unserer Jahre sind sechzig Jahre und zehn; und wenn sie aufgrund ihrer Kraft sechzig Jahre alt sind, so ist ihre Kraft dennoch Mühe und Kummer; denn es ist bald vernichtet, und wir fliegen davon. – PSALM 90:10
.

Eine Handvoll gutes Leben ist einen Scheffel Lernen wert. – GEORGE HERBERT .

Das Leben erscheint mir zu kurz, um es damit zu verbringen, Feindseligkeit zu hegen oder Unrecht zu registrieren. – CHARLOTTE BRONTE .

Dieser Mann lebt zweimal, der das erste Leben gut lebt. – HERRICK .

Derjenige lebt am meisten, der am meisten denkt, am edelsten fühlt und am besten handelt; und wer am schnellsten schlägt, lebt am längsten . – JAMES MARTINEAU .

Das Leben ist Bewährung: Der sterbliche Mensch wurde geschaffen , um das ernste Problem zu lösen – ob richtig oder falsch. –John Quincy Adams.

Lebe tugendhaft, Mylord, und du kannst weder zu früh sterben noch zu lange leben. – LADY RACHEL RUSSELL .

Unser Leben enthält tausend Quellen und stirbt, wenn eine verschwindet; Seltsam , dass eine Harfe mit tausend Saiten so lange gestimmt bleibt . - DR. Watt.

Und wer lebt, um für immer zu leben, fürchtet sich nie vor dem Sterben. – WILLIAM PENN .

Wir leben in Taten, nicht in Jahren; in Gedanken, nicht in Atemzügen; In Gefühlen, nicht in Zahlen auf einem Zifferblatt. Wir sollten die Zeit nach Herzklopfen zählen. Wer am meisten lebt, wer am meisten denkt, am edelsten fühlt, am besten handelt. –Bailey.

Dies ist der Zustand des Menschen; Heute bringt er die zarten Blätter der Hoffnung hervor , morgen blüht er , und trägt seine errötenden Ehren dicht auf sich: Am dritten Tag kommt ein Frost, ein tödlicher Frost; Und – wenn er denkt: „Guter, ruhiger Mann, wahrlich , Seine Größe ist ein Reifen“, – schneidet seine Wurzel ab, und dann fällt er. –Shakespeare.

Das Ende des Lebens besteht darin, wie Gott zu sein; und die Seele, die Gott folgt, wird Ihm gleich sein; Er ist der Anfang, die Mitte und das Ende aller Dinge . – SOKRATES .

Denn wir sind nur von gestern und wissen nichts, denn unsere Tage auf Erden sind ein Schatten. – HIOB 8:9 .

Sie und ich sind jetzt fast im mittleren Alter und noch nicht durch die Strapazen des Lebens verdorben und verschrumpelt . Beten wir darum, aus dem Zustand befreit zu werden, in dem Leben und Natur keine frischen, süßen Empfindungen für uns bereithalten. – JAMES A. GARFIELD .

Es kommt nicht darauf an, wie ein Mann stirbt, sondern wie er lebt . – DR. JOHNSON .

Ich habe geschlafen und geträumt, dass das Leben Schönheit sei; Ich wachte auf und stellte fest, dass das Leben Pflicht war. –Ellen Sturgis Hooper.

Das wahrste Ende des Lebens besteht darin, das Leben zu kennen, das niemals endet. – WILLIAM PENN .

Mögen diejenigen, die nachdenklich über die Kürze des Lebens nachdenken, sich an die Länge der Ewigkeit erinnern. – BISCHOF KEN .

Licht. – Wir sollten Gott dafür danken, dass er dieses zeitliche Licht, das das Lächeln des Himmels und die Freude der Welt ist, hervorgebracht hat, indem er es wie ein goldenes Tuch über die Oberfläche der Luft und der Erde ausgebreitet und es wie eine Fackel angezündet hat wir könnten seine Werke sehen. – CAUSSIN .

Heil, heiliges Licht! Nachkommen des Himmels-Erstgeborenen . – MILTON .

Licht selbst ist ein großartiges Korrektiv. Tausend Fehler und Missbräuche, die in der Dunkelheit gewachsen sind, verschwinden wie Eulen und Fledermäuse vor dem Tageslicht. – James A. GARFIELD .

Ich bin das Licht der Welt. – JOHANNES 9:5 .

Kein Wunder, dass Licht so häufig von den heiligen Orakeln als Symbol unserer besten Segnungen verwendet wird. Über die Offenbarung des Evangeliums sagt ein Apostel: „Die Nacht ist vorüber, und der Tag ist nahe.“ Ein anderer wandte unter dem Eindruck desselben glücksverheißenden Ereignisses die Sprache der alten Prophezeiung an: „Das Volk, das in der Finsternis saß, hat ein großes Licht gesehen; und denen, die in der Gegend und im Schatten des Todes saßen, ist Licht aufgegangen.“ – BASELEY .

Das Licht in der Welt kommt hauptsächlich aus zwei Quellen: der Sonne und der Lampe des Schülers. – BOVEE .

Liebe. — Liebe ist die Reinigung des Herzens von sich selbst; Es stärkt und veredelt den Charakter, verleiht jeder Lebenshandlung höhere Motive und ein edleres Ziel und macht sowohl Mann als auch Frau stark, edel und mutig. – MISS JEWSBURY .

Wir können niemals freiwillig beleidigen, wo wir aufrichtig lieben. – ROWLAND HILL .

Es ist schwer zu wissen, wann die Liebe beginnt; Es ist weniger schwierig zu wissen, dass es begonnen hat. Tausend Herolde verkünden es der lauschenden Luft, tausend Boten verraten es dem Auge. Ton, Handlung, Haltung und Blick, die Signale auf dem Gesicht, der elektrische Telegraph der Berührung – all dies verrät die nachgebende Zitadelle, bevor das Wort selbst ausgesprochen wird, das, wie der übergebene Schlüssel, jeden Weg und jedes Eingangstor öffnet, und macht einen Rückzug unmöglich. – LONGFELLOW .

Liebe und du wirst geliebt. Alle Liebe ist mathematisch gerecht, ebenso wie die beiden Seiten einer algebraischen Gleichung . – EMERSON .

Wenn es etwas gibt, das den Geist für Engelsbesuche offen hält und den Dienst am Bösen abwehrt, dann ist es menschliche Liebe . – NP WILLIS .

Das erste Symptom wahrer Liebe ist bei einem jungen Mann Schüchternheit, bei einem Mädchen ist es Kühnheit. Die beiden Geschlechter neigen dazu, sich anzunähern, und jedes übernimmt die Qualitäten des anderen . – VICTOR HUGO .

Das Vergnügen des Liebhabers liegt wie das des Jägers in der Jagd, und die strahlendste Schönheit verliert die Hälfte ihres Verdienstes, so wie die Blume ihren Duft, wenn die willige Hand sie zu leicht erreichen kann. Es muss Zweifel geben; Es muss Schwierigkeiten und Gefahren geben. – WALTER SCOTT .

Liebe ist von allen Stimulanzien das stärkste. Es schärft den Verstand wie die Gefahr und die Erinnerung wie der Hass; es spornt den Willen an wie Ehrgeiz; es berauscht wie Wein. – AB EDWARDS .

Mögen diejenigen jetzt lieben, die noch nie zuvor geliebt haben. Mögen diejenigen, die immer geliebt haben, jetzt umso mehr lieben. –Parnell.

Liebe regiert den Hof, das Lager, den Hain und die Menschen unten und die Heiligen oben; Denn die Liebe ist der Himmel, und der Himmel ist die Liebe. – Scott.

Wenn du deine Liebe zu deinem Nächsten vernachlässigst , bekennst du vergeblich deine Liebe zu Gott; denn durch deine Liebe zu Gott wird die

Liebe zu deinem Nächsten gezeugt, und durch die Liebe zu deinem Nächsten wird deine Liebe zu Gott genährt . – QUARLES .

Liebe ist wie die Masern – umso schlimmer, wenn sie spät im Leben kommt. – JERROLD .

Liebe ist stark wie der Tod. Viele Wasser können die Liebe nicht auslöschen, und die Fluten können sie auch nicht ertränken: Wenn ein Mann den ganzen Besitz seines Hauses für die Liebe hergeben würde, wäre sie völlig verachtet. – HOHELIED SALOMOS 8:6 UND 7 .

Liebe ist die Erfüllung des Gesetzes . – RÖMER 13:10 .

Die süßesten Bedeutungen der Liebe bleiben unausgesprochen; Das volle Herz kennt keine Rhetorik der Worte . – BOVEE .

Eine Frau ist in Liebesangelegenheiten rücksichtsvoller als ein Mann; weil Liebe mehr das Studium und Geschäft ihres Lebens ist. – WASHINGTON IRVING .

Es wurde gesagt, dass die Liebe nach unten fließt. Die Liebe der Eltern zu ihren Kindern war schon immer weitaus stärker als die der Kinder zu ihren Eltern; Und wer unter den Menschensöhnen hat Gott jemals mit einem Tausendstel der Liebe geliebt, die Gott uns offenbart hat ? – HARE .

Es ist besser zu begehren als zu genießen, zu lieben als geliebt zu werden. – HAZLITT .

Wer nie geliebt hat, hat nie gelitten; er fühlt nichts, der nichts fühlt außer für sich allein. -Jung.

Liebe, warum nennen wir eine Leidenschaft , wenn es eine Verbindung von allen ist? Wo heiß und kalt, wo scharf und süß, in all ihren Ausstattungen sich treffen; Wo Freuden mit Schmerzen vermischt auftauchen, Leid mit Freude und Hoffnung mit Angst. -Schnell.

Nichts reizt mehr zu allem, was edel und großzügig ist, als tugendhafte Liebe . – HENRY HOME .

breitet beim Anblick menschlicher Bindungen ihre leichten Flügel aus und fliegt in einem Augenblick. -Papst.

Aber nichts ist im Leben halb so süß wie der junge Traum der Liebe. – Moore.

Sie lieben nicht, die ihre Liebe nicht zeigen. –Shakespeare.

Liebe hält die Kälte besser ab als ein Umhang. Es dient als Nahrung und Kleidung. – LONGFELLOW .

Damit du geliebt wirst, sei liebenswürdig. – OVID .

All diese Unannehmlichkeiten sind Vorkommnisse der Liebe: Vorwürfe, Eifersüchteleien, Streit, Versöhnung, Krieg und dann Frieden . – TERENCE .

Die Liebe ergreift uns plötzlich, ohne Vorwarnung, und unsere Veranlagung oder unsere Schwäche begünstigt die Überraschung; Ein Blick, ein Blick von der Messe, fixiert und bestimmt uns. Freundschaft hingegen dauert lange; es wächst langsam, durch viele Prüfungen und Monate der Vertrautheit . – LA BRUYÈRE .

Liebe ist ein Kind, das in gebrochener Sprache spricht, doch dann spricht es am deutlichsten. – Dryden.

Liebe, die nichts als Schönheit hat, um gesund zu bleiben, ist von kurzer Dauer . – ERASMUS .

Keine Schnur oder kein Kabel kann so kraftvoll ziehen oder so schnell binden wie die Liebe mit nur einem einzigen Faden . – BURTON .

Es ist möglich, dass ein Mann durch die Liebe so verändert wird, dass man ihn nicht mehr als denselben Menschen erkennen kann. – TERENCE .

Nur wer mit dem Herzen liebt, kann die Liebe anderer wecken. – Abel STEVENS .

Wenn ein Mann eine Frau wirklich liebt, würde er sie natürlich um keinen Preis heiraten, wenn er nicht ganz sicher wäre, dass er der beste Mensch ist, den sie überhaupt heiraten könnte. – HOLMES .

Wahre Liebe ist demütig, dadurch wird sie erkannt; Gerüstet für den Dienst, nicht auf der Suche nach dem Seinen; Prahlt nicht mit sich selbst, sondern spricht in Selbstverachtung. –Abraham Coles.

Liebe ohne Glauben ist genauso schlecht wie Glaube ohne Liebe. – BEECHER .

Mann. – Der Mann ist das Bild und die Herrlichkeit Gottes; aber die Frau ist die Herrlichkeit des Mannes . – 1. KOR. 11:7 .

Wissen Sie, was ein Mann ist? Sind Geburt, Schönheit, gute Figur, Reden, Männlichkeit, Gelehrsamkeit, Sanftmut, Tugend, Jugend, Großzügigkeit und dergleichen nicht die Würze und das Salz, die einen Mann würzen? – SHAKESPEARE .

Ein Mensch mag sich wenden, wie es ihm gefällt, und tun, was ihm gefällt, aber er kehrt unweigerlich auf den Weg zurück, für den ihn die Natur bestimmt hat. – GOETHE .

Männer können auf den Trittsteinen ihres toten Selbst zu höheren Dingen aufsteigen. – TENNYSON .

Es ist ein Fehler anzunehmen, dass der Mensch sich selbst gehört. Kein Mann tut es. Er gehört seiner Frau, seinen Kindern, seinen Verwandten, seinen Gläubigern oder der Gesellschaft in irgendeiner Form. – GA SALA .

Die Geschichte des Lebens lautet wie folgt: Der Mensch schleicht sich in die Kindheit, – springt in die Jugend, – nüchtern ins Mannesalter, – wird weicher im Alter, – schwankt in die zweite Kindheit und schlummert in der für ihn vorbereiteten Wiege – um von dort aus beobachtet und umsorgt zu werden .- HENRY GILES .

Wie arm, wie reich, wie erbärmlich, wie erhaben, wie kompliziert, wie wunderbar ist der Mensch! -Jung.

Er ist die gesamte Enzyklopädie der Fakten. Die Entstehung von tausend Wäldern liegt in einer Eichel; und Ägypten, Griechenland, Rom, Gallien, Großbritannien, Amerika liegen bereits im ersten Mann gefaltet. – EMERSON .

Der Mensch ist ein Tier, das seine Lebensmittel kocht. – BURKE .

Der Mensch ist ein Tier, das Geschäfte macht; Kein anderes Tier tut dies – ein Hund tauscht nicht einen Knochen mit einem anderen aus. – ADAM SMITH .

Dann erkenne dich selbst, maße Gott nicht an, zu scannen; Das richtige Studium der Menschheit ist der Mensch. -Papst.

Sein Leben war sanft; und die Elemente So in ihn gemischt , damit die Natur aufstehen und der ganzen Welt sagen könnte: „Das war ein Mann!" –Shakespeare.

Der Mann, der von einer Frau geboren wird, ist kurzlebig und voller Schwierigkeiten. – HIOB 14:1 .

Welt gibt. – CARLYLE .

Der einzelne Mensch ist eine Frucht, deren Bildung und Reifung alle vorangegangenen Zeitalter gekostet hat. Er ist stark, nicht um etwas zu tun, sondern um zu leben; nicht in seinen Armen, sondern in seinem Herzen; nicht als Agent, sondern als Tatsache. – EMERSON .

Was für ein Stück Arbeit ist ein Mann! Wie edel in der Vernunft! wie unendlich an Fähigkeiten! in Form und Bewegung, wie ausdrucksstark und bewundernswert! in Aktion, wie ein Engel! in Besorgnis, wie einem Gott gleich! – SHAKESPEARE .

Es gibt nur drei Klassen von Menschen: die rückläufigen, die stationären und die fortschrittlichen. – LAVATER .

Bevor der Mensch uns zu Bürgern machte, machte uns die großartige Natur zu Menschen. – LOWELL .

Sitten und Bräuche. – Schlechte Kommunikation verdirbt gute Manieren. – 1 KOR. 15:33 .

Wer schreit, die Superlative benutzt oder sich hitzig unterhält, bringt ganze Salons in die Flucht. Wenn Sie geliebt werden möchten, messen Sie die Liebe. – EMERSON .

Gute Manieren sind die Kunst, die Menschen, mit denen wir uns unterhalten, locker zu machen. – SWIFT .

Ich denke wirklich, dass neben dem Bewusstsein, etwas Gutes zu tun, das Bewusstsein, etwas Gutes zu tun, das Erfreulichste ist; und der Beiname, den ich neben dem von Aristides am meisten begehren würde, wäre der von wohlerzogen. – CHESTERFIELD .

Der Wert eines Menschen wird in dieser Welt nach seinem Verhalten geschätzt. – LA BRUYÈRE .

In dieser seltensten aller Gaben, der guten Erziehung, liegt sicherlich etwas von exquisiter Freundlichkeit und rücksichtsvollem Wohlwollen . – LYTTON .

In der Gesellschaft der Damen ist Mangel an Vernunft nicht so unverzeihlich wie Mangel an Manieren . – LAVATER .

Gute Manieren sind Teil einer guten Moral. – WHATLEY .

Ein wesentlicher Teil einer guten Erziehung besteht darin, unser Verhalten an die drei verschiedenen Stufen des Menschen anzupassen: unsere Vorgesetzten, unsere Gleichen und diejenigen unter uns . – SWIFT .

So wie die Begrüßungen eines Menschen, so ist auch die Gesamtheit seines Charakters; In nichts zeigen wir uns so offen wie in der Art unserer Begegnung und Begrüßung. – LAVATER .

Gnade ist für den Körper das, was gesunder Menschenverstand für den Geist ist. – LA ROCHEFOUCAULD .

Manieren sind die glückliche Art, Dinge zu tun; Jeder von ihnen ist ein Geniestreich oder ein Liebesstreich, der nun wiederholt und im Gebrauch verhärtet wird. Schließlich bilden sie einen reichen Firnis, mit dem die Routine des Lebens gewaschen und seine Details geschmückt werden. Wenn sie oberflächlich sind, sind es auch die Tautropfen, die den Morgenwiesen so viel Tiefe verleihen. – EMERSON .

Manieren sind das, was ärgert oder besänftigt, verdirbt oder reinigt, erhöht oder erniedrigt, barbarisiert oder verfeinert, durch eine ständige, stetige, einheitliche, unmerkliche Wirkung, wie die Luft, die wir einatmen. Sie geben unserem Leben ihre ganze Form und Farbe. Je nach ihrer Qualität unterstützen sie die Moral, sie versorgen sie oder sie zerstören sie völlig. – BURKE .

Gute Erziehung ist das Ergebnis von viel gesundem Menschenverstand, etwas Gutmütigkeit und ein wenig Selbstverleugnung zum Wohle anderer und mit der Absicht, von ihnen die gleiche Nachsicht zu erlangen. – CHESTERFIELD .

Gut und unangenehm zu sein ist Hochverrat am Königtum der Tugend. – HANNAH MORE .

Die eigene gute Erziehung eines Mannes ist die beste Sicherheit gegen die schlechten Manieren anderer Menschen. – CHESTERFIELD .

Das charakteristische Merkmal von Menschen, die an eine gute Gesellschaft gewöhnt sind, ist eine ruhige, unerschütterliche Stille, die alle ihre Handlungen und Gewohnheiten durchdringt, von den größten bis zu den geringsten. Sie essen in der Stille, ziehen in der Stille um, leben in der Stille und verlieren ihre Frau oder sogar ihr Geld in der Stille; während niedere Personen weder einen Löffel noch eine Beleidigung ertragen können, ohne einen so erstaunlichen Lärm darüber zu machen. – LYTTON .

Hochzeit. – Abgesehen von der Liebe, die wir dem Himmel erweisen, gibt es nichts Reineres und Heiligeres als das, was eine tugendhafte Frau für ihn empfindet, an dem sie ihr Leben lang festhalten würde. Schwestern trennen sich von Schwestern, Brüder von Brüdern, Kinder von ihren Eltern, aber eine solche Frau trennt sich niemals vom Ehemann ihrer Wahl! – SHERIDAN KNOWLES .

Ich habe meine Frau, wie auch ihr Hochzeitskleid, wegen der Eigenschaften ausgewählt, die sich gut tragen lassen. – GOLDSMITH .

Ein verheirateter Mann, der ins Unglück gerät, kann seine Situation in der Welt besser wiederherstellen als ein Alleinstehender, vor allem, weil sein Geist durch häusliche Zärtlichkeiten besänftigt und wiederhergestellt wird und seine Selbstachtung dadurch lebendig bleibt, dass er feststellt, dass alles, was draußen ist, Dunkelheit und Demütigung bedeutet , und doch gibt es zu Hause eine kleine Welt der Liebe, über die er ein Monarch ist. – JEREMY TAYLOR .

Ein Mann mag im Zölibat fröhlich und zufrieden sein, aber ich glaube nicht, dass er jemals glücklich sein kann; Es ist ein unnatürlicher Zustand, und die besten Gefühle seiner Natur werden nie in die Tat umgesetzt. – SOUTHEY .

allein ist. – GENESIS 2:18 .

Der unglücklichste Umstand von allen ist, dass jede Partei immer wieder Treibstoff für Meinungsverschiedenheiten anlegt und eine Reihe von Provokationen zusammenstellt, mit denen sie sich gegenseitig verärgern kann, wenn sie keinen Humor mehr haben. – STEELE .

Wenn du eine Frau wählst , denke nicht nur an dich selbst, sondern auch an diejenigen, die Gott dir von ihr geben mag, damit sie dir nicht Vorwürfe wegen ihres Seins machen. – TUPPER .

Eine gehorsame Frau befiehlt ihrem Mann. – TENNYSON .

Frau fromm leben oder gerecht sterben . – RICHTER .

Zwei Personen, die sich aus allen Spezies mit der Absicht ausgewählt haben, sich gegenseitig zu trösten und zu unterhalten, haben sich in dieser Aktion dazu verpflichtet, gut gelaunt, umgänglich, diskret, nachsichtig, geduldig und freudig mit Respekt zu sein zu den Schwächen und Vollkommenheiten des anderen, bis zum Ende ihres Lebens . – ADDISON .

Der Mensch ist die eingekreiste Eiche; Frau der Efeu. – AARON HILL .

Ein vernünftiger und gebildeter Mann sollte in einer Frau eine passende Gefährtin finden. Es ist eine erbärmliche Sache, wenn sich das Gespräch nur auf die Frage beschränken kann, ob das Hammelfleisch gekocht oder geröstet werden soll, und wahrscheinlich ist es ein Streit darüber. – Dr. JOHNSON .

Steige die Leiter hinunter, wenn du eine Frau heiratest ; Geh hinauf, wenn du einen Freund wählst . – RABBI BEN AZAI .

Würde ein Mann nicht ein zweites Mal heiraten, könnte man daraus schließen, dass seine erste Frau ihm eine Abneigung gegen die Ehe vermittelt hatte; Aber indem er eine zweite Frau nimmt, macht er der ersten das größte Kompliment, indem er zeigt, dass sie ihn als verheirateten Mann so glücklich gemacht hat, dass er es ein zweites Mal sein möchte. – DR. JOHNSON .

Obwohl Narren Hymens sanfte Kräfte verschmähen, wissen wir , die wir seine goldenen Stunden verbessern , aus süßer Erfahrung , dass die Ehe, richtig verstanden, den Zärtlichen und Guten ein Paradies unten schenkt . - Baumwolle.

So wie eine ummauerte Stadt würdiger ist als ein Dorf, so ist die Stirn eines verheirateten Mannes ehrenhafter als die bloße Stirn eines Junggesellen . – SHAKESPEARE .

Gott, der beste Schöpfer aller Ehen . – SHAKESPEARE .

Eine leichte Frau ist ein schwerer Ehemann.

Die folgenden „Ehe"-Maximen verdienen mehr als nur eine voreilige Lektüre. Ehemänner sollten nicht daran vorbeigehen, denn sie sind für Ehefrauen gedacht; und Frauen sollten sie nicht verachten, denn sie sind an Ehemänner gerichtet: –

1. Die größte Annäherung an das häusliche Glück auf Erden besteht darin, auf beiden Seiten absolute Selbstlosigkeit zu kultivieren.

2. Seien Sie niemals beide gleichzeitig wütend.

3. Reden Sie niemals miteinander, weder allein noch in Gesellschaft.

4. Sprechen Sie niemals laut miteinander, es sei denn, das Haus brennt.

5. Möge jeder danach streben , möglichst oft den Wünschen des anderen nachzugeben.

6. Lassen Sie Selbstverleugnung das tägliche Ziel und die Praxis eines jeden sein.

7. Finden Sie niemals einen Fehler, es sei denn, es ist absolut sicher, dass ein Fehler begangen wurde, und sprechen Sie immer liebevoll.

8. Spotten Sie niemals mit einem Fehler aus der Vergangenheit.

9. Vernachlässige lieber die ganze Welt als einander.

10. Lassen Sie niemals zu, dass eine Anfrage wiederholt wird.

11. Machen Sie niemals eine Bemerkung auf Kosten des anderen , das ist eine Gemeinheit.

12. Trennen Sie sich nie für einen Tag ohne liebevolle Worte, an die Sie während Ihrer Abwesenheit denken können.

13. Treffen Sie sich nie ohne einen liebevollen Empfang.

14. Lassen Sie niemals zu, dass Wut oder Kummer die Sonne untergehen.

15. Lassen Sie niemals einen Fehler, den Sie begangen haben, vergehen, bis Sie ihn offen eingestanden und um Vergebung gebeten haben.

16. Vergiss niemals die glücklichen Stunden der frühen Liebe.

17. Seufze nie über das, was hätte sein können, sondern mache das Beste aus dem, was ist.

18. Vergessen Sie nie, dass die Ehe von Gott verordnet ist und dass nur sein Segen sie zu dem machen kann, was sie jemals sein sollte.

19. Seien Sie niemals zufrieden, bis Sie wissen, dass Sie beide auf dem schmalen Weg gehen.

20. Lassen Sie Ihre Hoffnungen niemals vor der ewigen Heimat enden . – COTTAGER UND ARTISAN .

Mütter, die ihre Töchter zu einer interessierten Ehe zwingen, sind schlimmer als die Ammoniter, die ihre Kinder dem Moloch opferten – letztere erleiden einen schnellen Tod, erstere erleiden jahrelange Folter, die aber allzu oft zum gleichen Ergebnis führt. – LORD ROCHESTER .

Lasst uns nicht mehr streiten und einander nicht gegenseitig die Schuld geben , obwohl wir andernorts genug beschuldigt werden, sondern wir streben in Diensten der Liebe danach, wie wir einander die Last und unseren Anteil am Leid erleichtern können. –Milton.

Die Welt ist altbewährt, das Schönste im Leben ist der ungetrübte Empfang einer Frau. –Willis.

Eine Frau ist ein Geschenk, das einem Mann gemacht wird, um ihn mit dem Verlust des Paradieses zu versöhnen. – GOETHE .

dort nicht meine Frau treffe. – ANDREW JACKSON .

Wenn Sie sich ruinieren wollen, heiraten Sie eine reiche Frau . – MICHELET .

Die Ehe ist das strengste Band ewiger Freundschaft, und es kann keine Freundschaft ohne Vertrauen und kein Vertrauen ohne Integrität geben; und er muss damit rechnen, elend zu sein, wer Schönheit, Reichtum oder Höflichkeit den Respekt schenkt, den nur Tugend und Frömmigkeit beanspruchen können. – DR. JOHNSON .

Als ich sagte, ich würde als Junggeselle sterben, dachte ich nicht, dass ich bis zu meiner Heirat leben würde. – SHAKESPEARE .

Die gute Ehefrau gehört nicht zu unseren zierlichen Damen, die es lieben, jeden Tag aufs Neue in den unterschiedlichsten Anzügen aufzutreten; als würde ein gutes Gewand, wie eine Kriegslist, nur einmal verwendet werden. Aber unsere gute Frau setzt ein Segel nach dem Kiel des Besitzes ihres

Mannes; und wenn sie von hoher Abstammung ist, erinnert sie sich nicht so sehr daran, was sie von Geburt an war, dass sie vergisst, was sie von Geburt an ist. – FULLER .

Frau das Beste. – SIMONIDES .

Nehmen Sie die Tochter einer guten Mutter. – FULLER .

Verborgene Gläser sind halb versöhnt; Es ist eine doppelte Aufgabe, den Bruch im Inland und die Münder im Ausland zu stoppen. Aus diesem Grund tadelt ein guter Ehemann seine Frau niemals öffentlich. Eine offene Zurechtweisung bringt sie dazu, vor allen Anwesenden Buße zu tun; Danach beschäftigen sich viele eher mit Rache als mit Reformation . – FULLER .

Bei der Bildung ehelicher Bündnisse werden alle Anstrengungen unternommen, um Vermögensangelegenheiten in Einklang zu bringen, doch wird sehr wenig auf die Übereinstimmung der Gesinnungen oder die Übereinstimmung der Herzen geachtet. – MASSILLON .

Eine gute Frau ist das beste Geschenk des Himmels an den Mann. sein Engel und Diener der Gnaden sind zahllos; sein Juwel mit vielen Tugenden; seine Schatulle voller Juwelen; ihre Stimme seine süße Musik; ihr Lächeln ist sein strahlendster Tag; sie küsst den Hüter seiner Unschuld; ihre Arme waren der Glanz seiner Sicherheit, der Balsam seiner Gesundheit, der Balsam seines Lebens; ihr Fleiß, sein sicherster Reichtum; ihre Sparsamkeit, sein sicherster Verwalter; ihre Lippen, seine treuen Ratgeber; ihr Busen, das weichste Kissen seiner Sorgen; und ihre Gebete, die fähigsten Verfechter der Segnungen des Himmels auf seinem Kopf. – JEREMY TAYLOR .

Ein verheirateter Mann hat viele Sorgen, aber ein Junggeselle keine Freuden. – DR. JOHNSON .

Meditation. – Meditation ist das Perspektivglas der Seele, durch das sie in ihren langen Entfernungen Gott wahrnimmt , als ob er nahe bei ihr wäre. – FELTHAM .

Meditation ist das Leben der Seele; Aktion ist die Seele der Meditation; Ehre ist der Lohn des Handelns; also denke nach, damit du es schaffst; Tue das, damit du Ehre erwirbst. Für welchen Kauf gib Gott die Ehre. – QUARLES .

Melancholie. – Ich habe einmal einer Dame zweiundzwanzig Quittungen gegen die Melancholie gegeben: Eine davon war ein helles Feuer; eine andere, um sich an all die angenehmen Dinge zu erinnern, die ihr gesagt wurden; eine andere, eine Schachtel Zuckerpflaumen auf dem Kaminsims stehen zu lassen und einen Kessel auf dem Herd köcheln zu lassen. Im Moment dachte ich, das sei nur eine Kleinigkeit, aber im späteren Leben habe ich herausgefunden, wie wahr es ist, dass diese kleinen Freuden die Melancholie oft besser vertreiben als höhere und erhabenere Objekte; und dass kein

Mittel für zu unbedeutend gehalten werden sollte, das sich dem entgegenstellen könnte, weder bei uns selbst noch bei anderen . – SYDNEY SMITH .

Melancholie sieht das Schlimmste : die Dinge, wie sie sein mögen, und nicht, wie sie sind. Es blickt auf ein wunderschönes Gesicht und sieht nur einen grinsenden Schädel. – BOVEE .

Es gibt Menschen, die denken, dass sie immer trauern sollten, dass sie sich selbst ständig Zwänge auferlegen sollten und einen Ekel vor den Vergnügungen verspüren, denen sie sich unterwerfen müssen. Ich für meinen Teil gestehe, dass ich nicht weiß, wie ich mich diesen starren Vorstellungen anpassen soll. Ich bevorzuge etwas Einfacheres, von dem ich auch denke, dass es Gott mehr gefallen würde. – FÉNELON .

Barmherzigkeit. – Lasst uns sowohl barmherzig als auch gerecht sein. – LONGFELLOW .

Bedenken Sie Folgendes: Dass im Zuge der Gerechtigkeit keiner von uns die Erlösung sehen sollte : Wir beten um Gnade; Und dasselbe Gebet lehrt uns alle, die Taten der Barmherzigkeit zu vollbringen . –Shakespeare.

Unter den Eigenschaften Gottes strahlt die Barmherzigkeit, obwohl sie alle gleich sind, noch strahlender als die Gerechtigkeit . – CERVANTES .

Gottes Barmherzigkeit ist eine heilige Barmherzigkeit, die die Sünde zu vergeben weiß, nicht sie zu schützen; Es ist ein Zufluchtsort für Büßer, nicht für Anmaßende. – Bischof REYNOLDS .

Es thront im Herzen der Könige. Es ist eine Eigenschaft Gottes selbst; Und die irdische Macht zeigt sich dann am deutlichsten Gottes Wenn Barmherzigkeit Gerechtigkeit würzt. –Shakespeare.

Es gibt keine bessere Regel, um eine Lehre zu prüfen, als die Frage: Ist sie barmherzig oder unbarmherzig? Wenn sein Charakter der der Barmherzigkeit ist, hat es das Bild von Jesus, der der Weg, die Wahrheit und das Leben ist. – HOSEA BALLOU .

Die Qualität der Barmherzigkeit wird nicht beansprucht; Es Tropft wie der sanfte Regen vom Himmel auf den Ort darunter: Er ist zweimal gesegnet; Es segnet den, der gibt, und den, der nimmt; Es ist am mächtigsten im Mächtigsten; es wird besser zum thronenden Monarchen als zu seiner Krone. –Shakespeare.

Nachsicht wird in manchen Fällen mit größerer Kraft vorgehen als Strenge. Daher ist es mein erster Wunsch, dass sich mein gesamtes Verhalten dadurch auszeichnet. – WASHINGTON .

Lehre mich, das Leid eines anderen zu spüren , den Fehler, den ich sehe, zu verbergen ; Diese Barmherzigkeit zeige ich anderen , diese Barmherzigkeit zeige ich mir. -Papst.

Unter den Flügeln der Seraphim sind die Arme der göttlichen Barmherzigkeit ausgestreckt, immer bereit, Sünder aufzunehmen. – DER TALMUD .

Zeichen des Adels . – SHAKESPEARE .

Verdienst. – Es gibt Verdienst ohne Erhebung, aber es gibt keine Erhebung ohne gewisse Verdienste. – LA ROCHEFOUCAULD .

Glanz gewinnen . Die Dämpfe, die sich um die aufgehende Sonne sammeln und ihm auf seinem Weg folgen, versäumen es selten, am Ende ein prächtiges Theater für seinen Empfang zu bilden und den Glanz, den sie nicht verbergen können, mit bunten Farbtönen und einem milderen Glanz zu überziehen . – ROBERT HALL .

Aufgrund ihrer eigenen Verdienste sind bescheidene Männer dumm . – GEORGE COLMAN .

Die Kunst, mäßige Fähigkeiten sinnvoll nutzen zu können, gewinnt an Ansehen und verleiht oft mehr Ansehen als echte Verdienste . – LA BRUYÈRE .

Das Zeichen außergewöhnlichen Verdienstes besteht darin, dass diejenigen, die am meisten neidisch darauf sind, gezwungen werden, zu loben . – LA ROCHEFOUCAULD .

Methode. — Methode ist unerlässlich und ermöglicht es, eine größere Menge Arbeit mit Zufriedenheit zu erledigen. „Methode“, sagte Cecil (später Lord Burleigh), „ist wie das Packen von Dingen in eine Kiste; ein guter Packer bekommt noch einmal halb so viel rein wie ein schlechter.“ Cecils Geschäftsabwicklung war außergewöhnlich; Seine Maxime lautet: „Der kürzeste Weg, viele Dinge zu tun, besteht darin, nur eine Sache auf einmal zu tun.“ – SAMUEL SMILES .

Geist. – Unser Geist ist wie bestimmte Fahrzeuge – wenn er wenig zu tragen hat, macht er viel Lärm, aber wenn er schwer beladen ist, läuft er ruhig. – ELIHU BURRITT .

Als Menschheit sollten wir einen Menschen nicht mehr wegen der Unglücke des Geistes als wegen der Unglücke des Körpers verachten, wenn sie solche sind, für die er nichts tun kann; Wäre dies gründlich überlegt, würden wir einen Mann genauso wenig auslachen, weil ihm das Gehirn gebrochen wurde, als weil ihm der Kopf gebrochen wurde . – PAPST .

Es ist der Geist, der den Körper reich macht. – SHAKESPEARE .

Ein schwacher Geist ist wie ein Mikroskop, das unbedeutende Dinge vergrößert, große Dinge aber nicht aufnehmen kann. – CHESTERFIELD .

Wäre ich so groß , dass ich den Pol erreichen oder mit meiner Spannweite den Ozean erreichen könnte, müsste ich mich an meiner Seele messen lassen : Der Geist ist der Maßstab des Mannes. -DR. Watt.

Der Geist ist sein eigener Ort und kann aus sich selbst einen Himmel aus der Hölle machen, eine Hölle aus dem Himmel. –Milton.

Der Segen eines aktiven Geistes, wenn er in einem guten Zustand ist, besteht darin, dass er nicht nur sich selbst beschäftigt, sondern mit ziemlicher Sicherheit auch das Mittel ist, anderen eine heilsame Beschäftigung zu verschaffen.

Er, der Schätze seines eigenen Mai hat Verlasse die Hütte oder den Thron, möge die Welt verlassen und allein in seinem weiten Geist verweilen. -DR. Watt.

Der Geist wird in dem Maße eng, in dem die Seele korrupt wird. – ROUSSEAU .

Jeder große Geist strebt danach, für die Ewigkeit zu arbeiten. Alle Männer sind von unmittelbaren Vorteilen fasziniert; Nur große Geister sind von der Aussicht auf fernes Gutes begeistert. – SCHILLER .

Ein arbeitsloser Geist ist ein unbefriedigter Geist. – BOVEE .

Arbeit leiten. – DR. JOHNSON .

So wie der Boden, so reich er auch sein mag, ohne Kultur nicht produktiv sein kann, so kann der Geist ohne Kultivierung niemals gute Früchte hervorbringen. – SENECA .

Nur wenige Köpfe ermüden; mehr Rost raus . – BOVEE .

Nichts ist so elastisch wie der menschliche Geist. Wie eingesperrter Dampf steigt er umso mehr auf, um dem Druck zu widerstehen, je stärker er gedrückt wird. Je mehr wir tun müssen, desto mehr können wir erreichen . – T. EDWARDS .

Gemüter von gemäßigtem Kaliber verurteilen normalerweise alles, was außerhalb ihrer Reichweite liegt. – LA ROCHEFOUCAULD .

Bewahre deine Gedanken gut: Unsere Gedanken werden im Himmel gehört.
– YOUNG .

Es ist der Geist, der Gutes oder Böses macht macht elend oder glücklich,
reich oder arm. –Spenser.

Wer keine geistigen Ressourcen hat, ist bemitleidenswerter als derjenige, dem
es an den lebensnotwendigen Dingen für den Körper mangelt; und
gezwungen zu sein, unser tägliches Glück von anderen anzubetteln, zeugt
von einer beklagenswerteren Armut als die desjenigen, der um sein tägliches
Brot bittet. – COLTON .

Ein guter Geist besitzt ein Königreich.

Heiterkeit. - Harmlose Heiterkeit ist der beste Likör gegen die
Schwindsucht des Geistes; Daher ist Scherzen nicht ungesetzlich, wenn er
nicht in Quantität, Qualität oder Jahreszeit verletzt wird . – FULLER .

Fröhlichkeit ist im Kopf und man kann sie nicht herausbekommen. Es ist
der gesegnete Geist, den Gott in den Geist gesetzt hat, um ihn zu entstauben,
seine dunklen Orte zu beleben und die Askese wie einen üblen Teufel durch
die Hintertür zu vertreiben. Es ist an seiner Stelle genauso gut wie das
Gewissen oder die Verehrung. Das Beten kann ebenso wenig das Lächeln
ersetzen wie das Lächeln das Beten. – BEECHER .

 Die Pflege unseres Sarges verleiht ihm zweifellos einen Nagel ; Und Jedes
so fröhliche Grinsen lockt einen hervor. —Peter Pindar.

Es gibt nichts Besseres als Spaß, oder? Ich selbst habe keine, aber bei anderen
gefällt es mir. Oh, wir brauchen es! Wir brauchen alle Gegengewichte, die wir
aufbringen können, um die traurigen Beziehungen des Lebens auszugleichen.
Gott hat viele sonnige Flecken im Herzen geschaffen; Warum sollten wir das
Licht von ihnen ausschließen? – HALIBURTON .

Morgen zu schämen, einander anzusehen. – IZAAK WALTON .

Fröhlichkeit ist Gottes Medizin. Jeder sollte darin baden. Grimmige Sorge,
Verdrießlichkeit, Angst – all dieser Rost des Lebens sollte mit dem Öl der
Fröhlichkeit abgewaschen werden. Es ist besser als Schmirgel. Jeder Mann
sollte sich damit einreiben. Ein Mann ohne Fröhlichkeit ist wie ein Wagen
ohne Federn, in dem man durch jeden Kieselstein, über den er fährt,
unangenehm ins Wanken gerät. – BEECHER .

Unglück. – Der Diamant des Charakters wird durch die Erschütterung des
Unglücks offenbart, während der Glanz des kostbaren Juwels der Mine
durch die Schläge des Steinschleifers entfaltet wird. – FA DURIVAGE .

Eine Seele, die über Krankheiten verärgert ist, zerfällt mit allem , ihrem Freund, sich selbst. – Addison.

Wir alle haben genug Kraft, um das Unglück anderer zu ertragen. – LA ROCHEFOUCAULD .

Der gute Mensch verliert, auch wenn er vom Unglück überwältigt wird, niemals seine angeborene Seelengröße. Im Feuer verbranntes Kampferholz duftet umso stärker . – SATAKA .

Wer kein Unglück erlebt hat, kannte weder sich selbst noch seine eigene Tugend. -Hammer.

Kleine Geister werden vom Unglück gezähmt und unterworfen; aber große Geister erheben sich darüber . – WASHINGTON IRVING .

Unglücke sind in der Moral das, was Bitterstoffe in der Medizin sind: Jedes ist zunächst unangenehm; aber wie die Bitterstoffe als Stärkungsmittel für den Magen wirken, so züchtigt und verbessert das Unglück das Gemüt. – AUS DEM FRANZÖSISCHEN .

Wenn eines vorbei ist, kümmern wir uns um ein anderes; So folgt Wehe auf Wehe, wie Welle auf Welle. –Herrick.

Unglück nicht ertragen zu können. – VOREINGENOMMENHEIT .

Ich glaube tatsächlich, dass es lobenswerter ist, großes Unglück zu erleiden, als große Dinge zu tun. – STANISLAUS .

Unsere mutigsten Lektionen lernen wir nicht durch Erfolg, sondern durch Missgeschicke. – ALCOTT .

Je weniger wir unser Unglück zur Schau stellen, desto mehr Mitgefühl gewinnen wir. – ORVILLE DEWEY .

Es ist ein berühmter Gedanke von Sokrates, dass, wenn alle Unglücke der Menschheit in einen öffentlichen Vorrat geworfen würden, um gleichmäßig unter der gesamten Gattung verteilt zu werden, diejenigen, die sich jetzt für die Unglücklichsten halten, den Anteil bevorzugen würden, den sie bereits besitzen , vor dem, was ihnen durch eine solche Teilung zufallen würde. – ADDISON .

uns selbst widerfährt, nichts Besonderes ist. – MELMOTH .

Die meisten unserer Unglücke sind erträglicher als die Kommentare unserer Freunde dazu. – COLTON .

Mob. – Der Mob hat nichts zu verlieren, alles zu gewinnen. – GOETHE .

Der Pöbel hat weder Urteilsvermögen noch Prinzipien und ist bereit, nachts um das Gegenteil dessen zu schreien, was er sich am Morgen gewünscht hat. – TACITUS .

Der Abschaum, der am höchsten aufsteigt, wenn die Nation kocht. – DRYDEN .

Der Mob ist eine Art Bär; während Ihr Ring in der Nase steckt, wird er sogar unter Ihrem Knüppel tanzen; Aber sollte der Ring abrutschen und Sie den Halt verlieren, wird sich das Tier umdrehen und Sie zerreißen. – JANE PORTER .

Unbeständig, blind, verlassene Freunde in der Not und getäuscht von Feinden; Laut und aufrührerisch, als ein Häuptling ihre ungestüme Wut entfachte , aber seiner beraubt, waren es bereits Sklaven, die die geißelnde Hand leckten . –Thomson.

Wenn in diesem Land während der Zeitspanne einer einzigen Generation gänzlich auf berauschende Getränke verzichtet würde, wäre ein Mob so unmöglich wie eine Verbrennung ohne Sauerstoff . – HORACE MANN .

Mäßigung. – Unbegrenzte Tätigkeit, welcher Art auch immer, muss im Bankrott enden. – GOETHE .

Eine mäßig gute Sache ist nicht so gut, wie sie sein sollte. Mäßigung im Temperament ist immer eine Tugend; Aber Mäßigung ist im Prinzip immer ein Laster. – THOMAS PAINE .

Die Grenze des Menschen ist Mäßigung. Sobald wir an dieser Stelle vorbeikommen, gibt unser Schutzengel seine Obhut über uns auf. – FELTHAM .

Mäßigung ist die seidene Schnur, die sich durch die Perlenkette aller Tugenden zieht. – BISHOP HALL .

Der überlegene Mann möchte langsam in seinen Worten und ernst in seinem Verhalten sein. – KONFUZIUS .

Mäßigung ähnelt Mäßigkeit. Wir sind nicht abgeneigt, mehr zu essen, haben aber Angst, uns selbst Schaden zuzufügen. – LA ROCHEFOUCAULD .

Die Grenzen der Mäßigung zu überschreiten bedeutet, die Menschheit zu empören. Die Größe der menschlichen Seele zeigt sich darin, dass man weiß, wie man die richtigen Grenzen einhält. Weit davon entfernt, dass Größe darin besteht, über ihre Grenzen hinauszugehen, besteht sie in Wirklichkeit darin, innerhalb dieser Grenzen zu bleiben. – PASCAL .

Bescheidenheit. – Einem bescheidenen Menschen gelingt es selten, das Wohlwollen seiner Gesprächspartner zu gewinnen, denn niemand beneidet einen Mann, der mit sich selbst nicht zufrieden zu sein scheint. – STEELE .

Bescheidenheit wohnt selten in einer Brust, die nicht mit edleren Tugenden bereichert ist. – GOLDSMITH .

Wahre Bescheidenheit vermeidet alles Kriminelle; falsche Bescheidenheit alles, was unmodern ist. – ADDISON .

Du weißt kaum, was du getan hast, wenn du zum ersten Mal die Grenzen der Bescheidenheit gebrochen hast; Sie haben dem Teufel die Tür Ihrer Fantasie geöffnet, so dass er Ihnen, fast nach seinem eigenen Vergnügen, immer wieder dasselbe sündige Vergnügen wiedergeben kann. – BAXTER .

Wenn die Bescheidenheit einmal ausgelöscht ist, weiß sie nicht, wie sie zurückkehren soll. – SENECA .

Modesty tobt nie, murrt nie, schmollt nie, wenn sie misshandelt wird. – STEELE .

Eine gerechte und vernünftige Bescheidenheit empfiehlt nicht nur Beredsamkeit, sondern bringt jedes große Talent zur Geltung, das ein Mann besitzen kann; es steigert alle Tugenden, die es begleitet; Wie die Farbtöne in Gemälden hebt es jede Figur an und rundet sie ab und macht die Farben schöner, wenn auch nicht so grell, wie sie ohne sie wären. – ADDISON .

Die erste aller Tugenden ist Unschuld; Das nächste ist Bescheidenheit. Wenn wir die Bescheidenheit aus der Welt verbannen, nimmt sie die Hälfte der darin enthaltenen Tugend mit sich. – ADDISON .

Das Kennzeichen des Mannes von Welt ist die Abwesenheit von Anmaßung. Er hält keine Rede; Er nimmt einen leisen Geschäftston an, vermeidet jede Prahlerei, ist niemand, kleidet sich schlicht, verspricht überhaupt nicht, leistet viel, spricht einsilbig, bekennt sich zu seinen Tatsachen. Er nennt seinen Beruf mit dem niedrigsten Namen und nimmt so den bösen Zungen ihre schärfste Waffe ab. – EMERSON .

Gott hatte für Frauen zwei Mittel zur Vorbeugung gegen Sünde vorgesehen: Bescheidenheit und Reue; bei der Beichte vor einem sterblichen Priester wird ersteres durch seine Absolution aufgehoben, letzteres wird weggenommen. – Miranda VON PIEMONT .

Geld. – Die Liebe zum Geld ist die Wurzel allen Übels. – 1. TIMOTHEUS 6:10 .

Ohne Geld und die Notwendigkeit dazu gäbe es nicht die Hälfte der Freundschaft auf der Welt. Wenn es göttlich eingesetzt wird, ist es zum Guten wirksam. Geben Sie ihm viel Luft, und es ist süß wie der Weißdorn;

Halten Sie die Klappe, und es krebst und züchtet Würmer. – GEORGE MACDONALD .

Machen Sie alles, was Sie können, sparen Sie, was Sie können, geben Sie, was Sie können . – WESLEY .

Was für eine Würde es einer alten Dame verleiht, dieser Kontostand bei der Bank! Wie liebevoll betrachten wir ihre Fehler, wenn sie eine Verwandte ist; Was für ein freundliches, gutmütiges altes Geschöpf wir finden sie! – THACKERAY .

Geld hat einen Menschen noch nie glücklich gemacht und wird es auch nicht. Es liegt in seiner Natur nichts, was Glück hervorbringen könnte. Je mehr ein Mann hat, desto mehr will er. Anstatt ein Vakuum zu füllen, erzeugt es eines. Wenn es einen Wunsch erfüllt, verdoppelt und verdreifacht es diesen Wunsch auf andere Weise. Das war ein wahres Sprichwort des weisen Mannes, verlassen Sie sich darauf: „Besser ist wenig in der Furcht des Herrn, als großer Schatz und Ärger damit.“ – FRANKLIN .

Ein weiser Mann sollte Geld im Kopf haben, aber nicht im Herzen. – SWIFT .

Wir müssen lernen, dass Kompetenz besser ist als Verschwendung, dass Wert besser ist als Reichtum, dass das goldene Kalb, das wir verehrt haben, nicht mehr Gehirne hat als das alte, das die Hebräer verehrten. Hüten Sie sich also vor Geld und seinem Wert als der höchsten Leidenschaft des Geistes. Hüten Sie sich vor der Gier nach enormem Erwerb . – BARTOL .

Geld ist ein guter Diener, aber ein gefährlicher Herr . – BOUHOURS .

Indem ein Mann mit seinem Geld Gutes tut, drückt er ihm sozusagen das Bild Gottes auf und lässt es für die Ware des Himmels gelten. – RUTLEDGE .

Um uns von unserer maßlosen Gewinngier zu befreien, sollten wir ernsthaft darüber nachdenken, wie viele Güter es gibt, die man mit Geld nicht kaufen kann, und diese sind die besten; und wie viele Übel gibt es, die mit Geld nicht behoben werden können, und diese sind die schlimmsten. – COLTON .

Bundeslade darzustellen. – CARLYLE .

Moral. — Bei zweifelhafter Moral fragt man sich gewöhnlich: Ist das schädlich? Diese Frage lässt sich manchmal am besten beantworten, indem wir uns eine andere Frage stellen: Ist es schädlich, es in Ruhe zu lassen? – COLTON .

Um einem Mann ein umfassendes Wissen über wahre Moral zu vermitteln, würde ich ihn zu keinem anderen Buch als dem Neuen Testament schicken. – LOCKE .

Lassen Sie uns mit Vorsicht der Annahme nachgehen, dass die Moral ohne Religion aufrechterhalten werden kann. Sowohl Vernunft als auch Erfahrung verbieten uns zu erwarten, dass sich die nationale Moral unter Ausschluss religiöser Prinzipien durchsetzen kann. – WASHINGTON.

Zehn Männer sind aufgrund mangelnder Moral gescheitert, während einer aufgrund mangelnder Intelligenz gescheitert ist. – HORACE MANN.

Sokrates lehrte, dass wahre Glückseligkeit nicht aus äußeren Besitztümern resultiere, sondern aus Weisheit, die in der Kenntnis und Ausübung der Tugend bestehe; dass die Pflege tugendhafter Manieren notwendigerweise sowohl mit Vergnügen als auch mit Gewinn einhergeht; dass nur der ehrliche Mann glücklich ist; und dass es absurd ist, Dinge zu trennen, die in der Natur so eng miteinander verbunden sind wie Tugend und Interesse. – ENFIELD.

Das moralische Gesetz ist auf den Tafeln der Ewigkeit geschrieben. Für jedes falsche Wort oder jede ungerechte Tat, für Grausamkeit und Unterdrückung, für Wollust oder Eitelkeit muss am Ende der Preis bezahlt werden. – FROUDE.

Moral ohne Religion ist nur eine Art Koppelnavigation – ein Versuch, unseren Platz auf einem wolkigen Meer zu finden, indem wir die Distanz messen, die wir zurücklegen müssen, aber ohne jegliche Beobachtung der Himmelskörper. – LONGFELLOW.

Das System der Moral, dessen Lehre sich Sokrates zur Lebensaufgabe machte, basierte auf der festen Grundlage der Religion. Die ersten Prinzipien tugendhaften Verhaltens, die allen Menschen gemeinsam sind, sind nach Ansicht dieses hervorragenden Moralisten Gesetze Gottes; und das schlüssige Argument, mit dem er diese Meinung stützt, ist, dass niemand ungestraft von diesen Grundsätzen abweicht. – ENFIELD.

Alle Sekten sind unterschiedlich, weil sie von Männern ausgehen; Moral ist überall gleich, weil sie von Gott kommt. – VOLTAIRE.

Mutter. – Die Mutter in ihrem Büro hält den Schlüssel der Seele. – ALTES STÜCK.

Es gibt einen Anblick, der alle Herzen betört: Eine jugendliche Mutter lächelt ihrem Säugling zu, der mit ausgebreiteten Armen und tanzenden Füßen und einer gurrenden Stimme seine süße Antwort erwidert. –Baillie.

„Was fehlt", sagte Napoleon eines Tages zu Madame Campan, „damit die Jugend Frankreichs gut ausgebildet ist?" „Gute Mütter", war die Antwort. Diese Antwort traf den Kaiser aufs Schärfste. „Hier", sagte er, „ist ein System in einem Wort." – ABBOTT.

Eine Mutter ist immer noch eine Mutter, das Heiligste, was es gibt. –
Coleridge.

Ein Vater kann seinem Kind den Rücken kehren, Brüder und Schwestern
können zu eingefleischten Feinden werden, Ehemänner können ihre Frauen
verlassen, Frauen ihre Ehemänner. Aber die Liebe einer Mutter bleibt durch
alles bestehen; Ob in gutem Ruf oder in schlechtem Ruf, angesichts der
Verurteilung durch die Welt liebt eine Mutter immer noch und hofft immer
noch, dass ihr Kind sich von seinen bösen Wegen abwendet und Buße tut;
Noch immer erinnert sie sich an das kindliche Lächeln, das einst ihre Brust
mit Verzückung erfüllte, an das fröhliche Lachen, den Freudenschrei seiner
Kindheit, das Eröffnungsversprechen seiner Jugend; und sie kann niemals
dazu gebracht werden, ihn für völlig unwürdig zu halten. – WASHINGTON
IRVING .

Wenn es etwas gibt, das die menschliche Tat, das Wort oder den Gedanken
übertrifft, dann ist es die Liebe einer Mutter! – MARCHIONESS DE SPADARA
.

Ich denke, es muss irgendwo geschrieben stehen, dass die Tugenden der
Mütter gelegentlich ihren Kindern schaden, ebenso wie die Sünden der Väter
. – DICKENS .

Unglücklich ist der Mann, für den seine eigene Mutter nicht alle anderen
Mütter ehrwürdig gemacht hat. – RICHTER .

Der Unterricht, den man auf den Knien der Mutter erhält, und die
väterlichen Lektionen, zusammen mit den frommen und süßen Andenken
am Kaminfeuer, werden nie ganz aus der Seele gelöscht. – LAMENNAIS .

Eine gute Mutter ist mehr wert als hundert Schulmeister . – GEORGE
HERBERT .

„Eine Unze Mutter", sagt das spanische Sprichwort, „ist mehr wert als ein
Pfund Geistlichkeit." – TW HIGGINSON .

Die Jugend verblasst; die Liebe lässt nach; die Blätter der Freundschaft
fallen; Die heimliche Hoffnung einer Mutter überdauert sie alle. – Holmes.

Die Liebe einer Mutter ist in der Tat das goldene Bindeglied, das die Jugend
mit dem Alter verbindet. Und er ist immer noch ein Kind, wie auch immer
die Zeit seine Wangen gerunzelt oder seine Stirn versilbert haben mag, der
sich noch mit weichem Herzen an die liebevolle Hingabe oder die sanften
Tadel des besten Freundes erinnern kann, den Gott uns jemals schenkt. –
BOVEE .

Alles, was ich bin, hat meine Mutter aus mir gemacht. – JQ ADAMS .

Trauer. – Er trauert um die Toten, die so leben, wie sie es sich wünschen. – YOUNG .

Von ständiger Trauer gibt es keine; Keine Wolke bleibt fixiert. Morgen wird die Sonne scheinen. – RICHTER .

Übermäßige Trauer um den Verstorbenen ist Wahnsinn; denn es ist eine Verletzung der Lebenden, und die Toten wissen es nicht. – XENOPHON .

Die wahre Art, um die Toten zu trauern, besteht darin, sich um die Lebenden zu kümmern, die ihnen gehören. – BURKE .

Trauere nicht länger um mich, wenn ich tot bin. Dann wirst du die mürrische, mürrische Glocke hören. Gib der Welt eine Warnung, dass ich geflohen bin. –Shakespeare.

Musik. – Musik ist die Medizin eines geplagten Geistes, eine süße, traurige Maßnahme ist der Balsam eines verwundeten Geistes; und die Freude wird durch jubelnde Klänge gesteigert . – HENRY GILES .

Süße Musik! heilige Zunge Gottes. – CHARLES G. LELAND .

Musik ist das vierte große materielle Bedürfnis unserer Natur: zuerst Nahrung, dann Kleidung, dann Unterkunft, dann Musik. – BOVEE .

Wenn der Kummer das Herz verwundet und traurige Niedergeschlagenheit den Geist bedrückt, dann schafft die Musik mit ihrem silbernen Klang mit schneller Hilfe Wiedergutmachung. –Shakespeare.

Einige der Väter gingen sogar so weit, die Liebe zur Musik als Zeichen der Vorherbestimmung zu betrachten; als etwas Göttliches und den Glückseligkeiten des Himmels selbst vorbehalten . – SIR W. TEMPLE .

Ich denke, manchmal könnte ich Musik nur zu meinen eigenen Bedingungen haben; Könnte ich in einer großartigen Stadt leben und wissen, wohin ich gehen kann, wann immer ich mir die Waschung und Überschwemmung musikalischer Wellen wünsche, die ein Bad und eine Medizin sind? – EMERSON .

Brust zu beruhigen , Steine zu erweichen oder eine knorrige Eiche zu biegen. – Congreve.

Es gibt Musik im Seufzen eines Schilfrohrs; Es gibt Musik im Rauschen eines Baches; Es gibt Musik in allen Dingen, wenn Menschen Ohren hätten. –Byron.

Der Mann, der keine Musik in sich hat und sich nicht von der Eintracht süßer Klänge bewegen lässt, ist für Verrat, List und Beute geeignet. – Shakespeare.

Oh, angenehm ist der Willkommenskuss , wenn die trübe Runde des Tages vorbei ist; Und süß die Musik des Schritts , der uns an der Tür erwartet. – JR Drake.

Weder die satte Gambe, noch die Trompete, noch das Becken , noch das Horn , die Gitarre , noch die Zither, noch die schmachtende Flöte sind halb so süß wie zarte menschliche Worte. –Barry Cornwall.

 Gibt es ein Herz, das Musik nicht zum Schmelzen bringen kann? Ach ! Wie ist dieses raue Herz verlassen? –Beattie.

Musik reinigt das Verständnis, inspiriert es und hebt es in einen Bereich, den es nicht erreichen würde, wenn es sich selbst überlassen würde. – Henry WARD BEECHER .

Musik ist eine Disziplin und ein Meister der Ordnung und guter Manieren; sie macht die Menschen milder und sanfter, moralischer und vernünftiger. – LUTHER .

Unter den Instrumenten der Liebe und des Friedens kann es sicherlich keine süßere, sanftere und wirkungsvollere Stimme geben als die sanfte, friedensatmende Musik . – ELIHU BURRITT .

Wie wir es auch erklären mögen: Eine kriegerische Anstrengung drängt einen Mann eher in die vorderste Reihe des Kampfes als ein Streit, und eine schöne Hymne weckt seine Hingabe mit größerer Sicherheit als ein logischer Diskurs . – TUCKERMAN .

Musik sollte Feuer aus dem Herzen des Mannes entfachen und Tränen aus den Augen der Frau treiben. – BEETHOVEN .

Musik ist das Kind des Gebets, der Begleiter der Religion . – CHATEAUBRIAND .

Hätte ich Kinder, wäre es mein größtes Bestreben, sie zu Musikern zu machen. – HORACE WALPOLE .

Neben der Theologie räume ich der Musik den höchsten Stellenwert und die höchste Ehre ein. Und wir sehen, wie David und alle Heiligen ihre göttlichen Gedanken in Verse, Reime und Lieder umgesetzt haben. – LUTHER .

Natur. – Die Natur verteilt ihre Geheimnisse nicht willkürlich als goldene Geschenke an faule Haustiere und luxuriöse Lieblinge, sondern stellt

Aufgaben auf, wenn sie Gelegenheiten bietet, und erhebt den, den sie informieren möchte. Der Apfel, den sie Newton zu Füßen fallen lässt, ist nur eine schüchterne Einladung, ihr zu den Sternen zu folgen. – WHIPPLE .

Alles, was der Mensch geschaffen hat, kann vom Menschen zerstört werden; Es gibt keine unauslöschlichen Zeichen außer denen, die die Natur eingraviert hat. und die Natur macht weder Fürsten noch reiche Männer noch große Herren . – ROUSSEAU .

Es wäre schön, wenn wir die Natur mehr in natürlichen Dingen studieren würden; und handelte im Einklang mit der Natur, deren Regeln wenige, klare und höchst vernünftige sind. Beginnen wir dort, wo sie beginnt, gehen wir in ihrem Tempo und schließen wir immer dort, wo sie aufhört, und wir können es nicht versäumen, gute Naturforscher zu sein. – WILLIAM PENN .

O Herr, wie vielfältig sind Deine Werke! in Weisheit hast Du sie alle erschaffen; die Erde ist voll Deines Reichtums. – PSALM 104:24 .

Die Naturgesetze sind gerecht, aber schrecklich. Es gibt keine schwache Gnade in ihnen. Ursache und Folge sind untrennbar miteinander verbunden und unvermeidlich. Die Elemente haben keine Nachsicht. Das Feuer brennt, das Wasser ertrinkt, die Luft verzehrt, die Erde begräbt. Und vielleicht wäre es gut für unsere Rasse, wenn die Bestrafung von Verbrechen gegen die Gesetze des Menschen ebenso unvermeidlich wäre wie die Bestrafung von Verbrechen gegen die Gesetze der Natur – wenn der Mensch in seinen Urteilen genauso unfehlbar wäre wie die Natur. – LONGFELLOW .

Sicherlich gibt es etwas in der ruhigen Ruhe der Natur, das unsere kleinen Ängste und Zweifel überwältigt; Der Anblick des tiefblauen Himmels und der sich darüber drängenden Sterne scheint dem Geist Ruhe zu verleihen. – T. EDWARDS .

Die Natur hat nie das Herz verraten , das sie liebte. –Wordsworth.

Die Werke der Natur und die Werke der Offenbarung zeigen der Menschheit Religion in so großen und sichtbaren Charakteren, dass diejenigen, die nicht ganz blind sind, in ihnen die ersten Prinzipien und notwendigsten Teile davon sehen und lesen und von dort aus in die Unendlichkeit eindringen können Tiefen voller Schätze der Weisheit und des Wissens . – LOCKE .

 Alle sind nur Teile eines gewaltigen Ganzen, dessen Körper die Natur und Gott die Seele ist. -Papst.

Es ist eine große Demütigung für die Eitelkeit des Menschen, dass seine größte Kunst und sein Fleiß weder an Schönheit noch an Wert mit den niedrigsten Produkten der Natur mithalten können. – HUME .

Lesen Sie die Natur; die Natur ist ein Freund der Wahrheit; Die Natur ist christlich, predigt der Menschheit; Und tote Materie hilft uns bei unserem Glauben. -Jung.

Geben Sie Tausende von Dollar für Ihre Babykleidung aus, und schließlich ist das Kind am schönsten, wenn jedes Kleidungsstück beiseite gelegt wird. Zumindest diese Nacktheit könnte den pummeligen Liebling des ärmsten Hauses schmücken. – TW HIGGINSON .

Unsere alte Mutter Natur hat für uns angenehme und heitere Töne genug, wenn sie in ihrem Kleid aus Blau und Gold über die östlichen Hügelgipfel kommt; Aber wenn sie uns in ihrem Anzug aus schwarzem Samt und Diamanten nach oben zu unseren Betten folgt, ist jedes Knarren ihrer Sandalen und jedes Flüstern ihrer Lippen voller Geheimnis und Angst. – HOLMES .

ist immer treu denen , die ihrer Treue vertrauen. –Emerson.

Welche Fülle steckt in Seinem Werk! Wenn Bäume blühen, gibt es nicht eine einzige Brustnadel, sondern einen ganzen Busen voller Edelsteine; Und sie haben so viele Blätter, dass sie sie den ganzen Sommer über in den Wind werfen können. Welche unzähligen Kathedralen hat Er in den Schatten des Waldes errichtet, riesig und großartig, voller seltsamer Schnitzereien und immer von zitternder Musik heimgesucht; Und wie scheinen in den Himmeln darüber Sterne schneller aus Seiner Hand geflogen zu sein als Funken aus einer mächtigen Schmiede! – BEECHER .

Die Natur ist Gottes Altes Testament. – THEODORE PARKER .

Für den, der in Liebe zur Natur mit ihren sichtbaren Formen Gemeinschaft hält , spricht sie eine andere Sprache; Für seine fröhlicheren Stunden hat sie eine Stimme der Freude und ein Lächeln und eine Beredsamkeit der Schönheit, und sie gleitet in seine dunkleren Grübeleien mit einem milden und heilenden Mitgefühl, das ihm ihre Schärfe raubt , bevor er es merkt. – Bryant.

Natur und Weisheit stehen nie im Widerspruch. – JUVENAL .

Diejenigen, die sich dem friedlichen Studium der Natur widmen, haben kaum die Versuchung, sich auf das stürmische Meer des Ehrgeizes zu begeben; Sie werden sich kaum von den heftigeren oder grausameren Leidenschaften, den gewöhnlichen Verfehlungen jener leidenschaftlichen Menschen, die ihr Verhalten nicht kontrollieren, abschrecken lassen; aber so rein wie die Gegenstände ihrer Forschungen, werden sie für alles an sich das gleiche

Wohlwollen empfinden, das sie die Natur gegenüber all ihren Produkten zeigen sehen. – CUVIER.

„Siehe, die Lilien des Feldes; sie arbeiten nicht, noch spinnen sie, doch dein himmlischer Vater kümmert sich um sie." Er geht ausführlich auf eine einzelne Blume ein und schöpft daraus das entzückende Argument des Vertrauens in Gott. Er zeigt uns, dass Geschmack mit Frömmigkeit verbunden werden kann und dass dasselbe Herz sich mit allem Ernsthaften in den Betrachtungen der Religion beschäftigen und gleichzeitig den Reiz und die Schönheit der Natur wahrnehmen kann. – DR. CHALMERS.

Wer liebt nicht die schattigen Bäume, den Duft von Blumen, das Rauschen von Bächen, den Gesang der Vögel und das Summen der Bienen, das Murmeln in grünen und duftenden Winkeln, die Stimmen von Kindern im Frühling, die entlang der Feldwege wandern? -T. Millar.

Im Wald findet man etwas viel Größeres als in Büchern. Steine und Bäume werden dir etwas beibringen, was du niemals von Meistern lernen wirst. – BERNHARDINER.

Adel. – Wer Herr seiner selbst ist und aus eigenen Mitteln existiert, ist ein edles, aber seltenes Wesen. – SIR E. BRYDGES.

Wenn ein Mann mit einem großzügigen Geist ausgestattet ist, ist dies die beste Art von Adel. – PLATON.

Ein edles Leben, gekrönt von einem heroischen Tod, erhebt sich über den Stolz, den Prunk und die Herrlichkeit des mächtigsten Reiches der Erde und überdauert ihn. – JAMES A. GARFIELD.

Die Natur macht alle Adligen; Reichtum, Bildung oder Stammbaum haben noch nie dazu beigetragen. – HW SHAW.

Sei edel! und der Adel, der in anderen Menschen lebt, schlafend, aber niemals tot, wird sich in Majestät erheben, um deinen eigenen zu begegnen. – Lowell.

Wie dem auch sei, es scheint mir, dass es nur edel ist, gut zu sein. – Tennyson.

Gehorsam. — Die Tugend des Heidentums war Stärke; Die Tugend des Christentums ist Gehorsam. – HARE.

Gehorsam ist besser als Opfer. – 1. SAMUEL 15:22.

Achten Sie sorgfältig darauf, dass die Liebe zu Gott und der Gehorsam gegenüber seinen Geboten das Prinzip und die Quelle sind, aus denen Ihre

Handlungen hervorgehen. und dass die Herrlichkeit Gottes und die Erlösung deiner Seele das Ziel sind, auf das alle deine Taten abzielen; und dass das Wort Gottes deine Regel und Führung in jedem Unternehmen und jeder Unternehmung sei. „Wer sich an diese Regel hält, dem sei Friede und Gnade." – BURKITT .

Der Körper dessen, dessen Herz unzufrieden ist, erfüllt den Gehorsam nicht wirklich. Die Schale ohne Kernel ist nicht für den Laden geeignet. – SAADI .

Er lobt Gott am meisten, der ihm am meisten dient und ihm am meisten gehorcht : Das Leben der Dankbarkeit besteht in der Dankbarkeit des Lebens . – BURKITT .

Kein Grundsatz ist edler, und es gibt keinen heiligeren als der des wahren Gehorsams . – HENRY GILES .

„Sein Königreich komme !" Dafür beten wir vergebens, es sei denn, er regiert in unseren Zuneigungen . Wie gern wünschte man sich einen solchen König und keinen Gehorsam gegenüber seinem Zepter Bring, dessen Joch sanft ist und dessen Bürde leicht ist ; Seine Dienstfreiheit und seine Urteile sind richtig. –Waller.

Wir erinnern uns vielleicht, dass Gehorsam ein Teil der Religion und daher ein Element des Friedens ist; aber Liebe, die Gehorsam einschließt, ist das Ganze . – GEORGE SEWELL .

Die Tugend des Christentums ist Gehorsam. – JC HARE .

Bereite deine Seele ruhig darauf vor, zu gehorchen; Ein solches Opfer wird für Gott annehmbarer sein als jedes andere Opfer. – METASTASIO .

Hartnäckigkeit. – Sturheit ist immer dann am positivsten, wenn sie am meisten im Unrecht ist. – MADAME NECKER .

Die Menschen geben zunächst die Vernunft auf und werden dann eigensinnig. und je tiefer sie im Irrtum sind, desto wütender sind sie. – BLAIR .

Ein hartnäckiger Mann vertritt keine Meinungen, aber sie vertreten ihn . – PAPST .

Die meisten anderen Leidenschaften haben ihre Zeiten der Ermüdung und Ruhe, ihres Leidens und ihrer Heilung; aber Hartnäckigkeit hat keine Kraft, und die erste Wunde ist tödlich. – THOMAS PAINE .

Engstirnigkeit ist oft die Ursache für Hartnäckigkeit; Wir glauben nicht leicht über das hinaus, was wir sehen . – LA ROCHEFOUCAULD .

Hartnäckigkeit und Vehemenz in der Meinung sind die sichersten Beweise für Dummheit . – BARTON .

Beruf. — Fröhlichkeit ist die Tochter der Beschäftigung; und ich habe einen Mann erlebt, der in bester Stimmung von einer Beerdigung nach Hause kam, nur weil er die Leitung übernommen hatte. – DR. HORNE .

Beschäftigung, die Galen als „Arzt der Natur" bezeichnet, ist für das menschliche Glück so wichtig, dass Trägheit zu Recht als Mutter des Elends angesehen wird. – BURTON .

Beruf allein macht glücklich. – DR. JOHNSON .

Man beobachtet auf See, dass die Menschen nie so sehr zu Murren und Meuterei neigen wie bei den geringsten Beschäftigungen. Daher gab ein alter Kapitän, wenn es nichts anderes zu tun gab, den Befehl, „den Anker zu reinigen." – SAMUEL SMILES .

Das große Glück des Lebens liegt meiner Meinung nach schließlich in der regelmäßigen Erfüllung irgendeiner mechanischen Pflicht. – SCHILLER .

Das größte Glück eines Mannes besteht darin, zu einer Beschäftigung geboren zu werden, die ihm Beschäftigung und Glück bringt, sei es die Herstellung von Körben, Breitschwertern, Kanälen, Statuen oder Liedern . – EMERSON .

Gesegnet ist, wer sein Werk gefunden hat; Er soll um keinen anderen Segen bitten. Er hat eine Arbeit, einen Lebenszweck. Arbeit ist Leben. – CARLYLE .

Ein einziges „Recht", das wir gemeinsam mit der Menschheit geltend machen müssen – und das liegt ebenso in unseren wie in ihren Händen – ist das Recht, etwas zu tun zu haben. – MISS MULOCK .

Meinung. – Meinungen sollten mit großer Vorsicht gebildet und umso mehr geändert werden. – HW SHAW .

Denken Sie nicht daran, einer anderen Person das Gehirn auszuschalten, weil sie anderer Meinung ist als Sie. Es wäre genauso vernünftig, sich selbst vor den Kopf zu stoßen, weil Sie anders sind als vor zehn Jahren. – HORACE MANN .

Wer keine eigene Meinung hat, sondern sich auf die Meinung und den Geschmack anderer verlässt, ist ein Sklave . – KLOPSTOCK .

Eine Meinung aufrechtzuerhalten, weil sie die eigene ist und nicht, weil sie wahr ist, bedeutet, sich selbst über die Wahrheit zu stellen. – VENNING .

Wir sollten immer einen Teil unseres Kopfes offen und frei halten, um der Meinung unserer Freunde Raum zu geben. Lasst uns Gastfreundschaft mit Herz und Verstand haben. – JOUBERT .

Meinung geändert hat. – CICERO .

Wer bemerkt nicht, dass die Stimme des Volkes, ja dieses Volkes, das sich das Volk Gottes nannte, den Gott aller Menschen mit einer gemeinsamen Stimme verfolgte: „Er ist würdig zu sterben." Ich werde sie daher nicht ehrgeizig um meine Bevorzugung bitten; Ich wäge auch nicht meinen Wert in dieser ungleichen Waage ab, in der eine Meinungsfeder kurz genug sein wird, um die Waage umzudrehen und ein leichtes Stück aktuell zu machen, und ein aktuelles Stück leicht erscheinen zu lassen. – ARTHUR WARWICK .

sich selbst missachtet. – CICERO .

In den Köpfen der meisten Menschen ist das Reich der Meinung in drei Gebiete unterteilt: das Gebiet des Ja, das Gebiet des Nein und einen weiten, unerforschten Mittelweg des Zweifels. – JAMES A. GARFIELD .

Die Dummen und die Toten allein ändern nie ihre Meinung. – LOWELL .

Obwohl die öffentliche Meinung oft auf einer falschen Grundlage gebildet wird, liegt ihr im Allgemeinen doch ein starker Gerechtigkeitssinn zugrunde. – Abraham LINCOLN .

Gelegenheit. – Gelegenheiten sind selten, und ein weiser Mann wird sie niemals ungenutzt lassen. – BAYARD TAYLOR .

Viele nutzen die Möglichkeiten wie Kinder an der Küste; Sie füllen ihre kleinen Hände mit Sand und lassen dann die Körner eines nach dem anderen durchfallen, bis alle verschwunden sind. – REV. T. JONES .

Warten Sie nicht auf außergewöhnliche Umstände, um gute Taten zu vollbringen; Versuchen Sie, alltägliche Situationen zu nutzen. – RICHTER .

Die besten Männer sind nicht diejenigen, die auf Chancen gewartet haben, sondern diejenigen, die sie ergriffen haben – die Chance belagert, die Chance erobert und sie zu ihrem Diener gemacht haben. – CHAPIN .

Es gibt eine Flut in den Angelegenheiten der Menschen, die , von der Flut erfasst, zum Glück führt; Wenn sie ausgelassen werden , führt die ganze Reise ihres Lebens zu Untiefen und Elend: Und wir müssen den Strom nehmen, wenn er uns dient, oder unsere Unternehmungen verlieren. – Shakespeare.

Die Gelegenheit, Unheil zu stiften, gibt es hundertmal am Tag, die Gelegenheit, Gutes zu tun, einmal im Jahr . – VOLTAIRE .

Es gibt eine Stunde im Leben eines jeden Menschen, die dazu bestimmt ist, sein Glück zu finden, wenn er sie dann nutzt. – BEAUMONT UND FLETCHER .

Es gibt keinen Mann, den das Glück nicht einmal in seinem Leben besucht; Aber als sie ihn nicht bereit findet, sie zu empfangen, kommt sie durch die Tür herein und fliegt durch das Fenster hinaus. – KARDINAL IMPERIALI .

Nichts wird so oft unwiderruflich vernachlässigt wie eine Chance des täglichen Lebens . – MARIE EBNER-ESCHENBACH .

„Gib mir eine Chance", sagt Dummkopf, und ich werde es dir zeigen. Zehn zu eins hatte er bereits seine Chance und vergab sie. – HALIBURTON .

Diese Politik, die nur schmieden kann, solange das Eisen heiß ist, wird durch jene Beharrlichkeit überwunden, die, wie Cromwells, das Eisen durch Schlagen heiß machen kann; und wer den Sturm nur beherrschen kann, muss dem nachgeben, der ihn sowohl entfachen als auch beherrschen kann. – COLTON .

Die Gelegenheit hat Haare vor sich; hinten ist sie kahl. Wenn du sie an der Stirnlocke packst, darfst du sie festhalten; aber wenn man sie entkommen lässt, kann Jupiter selbst sie nicht wieder einfangen. – SENECA .

Opposition. — Die Wirkung von Opposition ist wunderbar. Es gibt Männer, die erfrischt aufstehen, wenn sie von einer Drohung hören; Männer, denen eine Krise, die die Mehrheit einschüchtert und lähmt und die nicht die Fähigkeiten der Klugheit und Sparsamkeit, sondern Verständnis, Unbeweglichkeit und Opferbereitschaft erfordert , anmutig und geliebt wie eine Braut entgegenkommt . – EMERSON .

Wer mit uns ringt, stärkt unsere Nerven und schärft unsere Fähigkeiten. Unser Antagonist ist unser Helfer. – BURKE .

Ein gewisses Maß an Widerstand ist für einen Mann eine große Hilfe. Drachen steigen gegen und nicht mit dem Wind. Selbst Gegenwind ist besser als keiner. Kein Mensch hat sich jemals irgendwo in völliger Windstille durchgearbeitet. Deshalb soll niemand wegen Widerstand erbleichen. – JOHN NEAL .

Es ist nicht Leichtigkeit, sondern Anstrengung, nicht Leichtigkeit, sondern Schwierigkeit, die Menschen ausmacht. Es gibt vielleicht keinen Lebensabschnitt, in dem nicht auf Schwierigkeiten gestoßen und diese überwunden werden müssen, bevor ein entscheidender Erfolg erzielt werden kann. – SAMUEL SMILES .

Um ein junges Paar dazu zu bringen, sich zu lieben, ist es nur notwendig, sie zu bekämpfen und zu trennen. – GOETHE .

Befehl. – Ordnung ist das erste Gesetz des Himmels. – PAPST.

Ordnung bedeutet, das zu ordnen, was die Seele für den Körper und der Geist für die Materie bedeutet. – JOUBERT.

Ordnung ist die geistige Gesundheit, die Gesundheit des Körpers, der Frieden der Stadt, die Sicherheit des Staates. Wie die Balken für ein Haus, wie die Knochen für den Mikrokosmos des Menschen, so ist die Ordnung in allen Dingen. – SOUTHEY.

Die Himmel selbst, die Planeten und dieses Zentrum beachten Grad, Priorität und Ort, sorgen für Verlauf, Proportion, Jahreszeit, Form, Amt und Brauch in jeder Reihenfolge. –Shakespeare.

Ordnungswidrigkeiten vernachlässigen. – BLAIR.

Lass alles anständig und in Ordnung geschehen. – 1. KORINTHER 14:40.

Paradies. – Jeder Mensch hat ein Paradies um sich herum, bis er sündigt, und der Engel eines anklagenden Gewissens vertreibt ihn aus seinem Eden. – LONGFELLOW.

Erden machen. – BARTOL.

Eltern. – In den heiligen Büchern der alten Perser heißt es: „Wenn du heilig wärst, unterweise deine Kinder, denn alle guten Taten, die sie vollbringen, werden dir zugeschrieben." – MONTESQUIEU.

Keine aller Herzenshärten ist so unentschuldbar wie die der Eltern gegenüber ihren Kindern. Ein hartnäckiges, unbeugsames und unversöhnliches Temperament ist in jedem Fall abscheulich; aber hier ist es unnatürlich. – ADDISON.

Kinder, ehrt eure Eltern in euren Herzen; erweisen Sie ihnen nicht nur Ehrfurcht und Respekt, sondern auch Freundlichkeit und Zuneigung: Lieben Sie ihre Person, fürchten Sie sich davor, etwas zu tun, das sie zu Recht provozieren könnte; Schätzen Sie sie hoch als die Werkzeuge Ihres Seins unter Gott: „Jeder soll seine Mutter und seinen Vater fürchten." – JEREMY TAYLOR.

Neben Gott deine Eltern. – WILLIAM PENN.

Wer das Herz seines Vaters bluten lässt, wird ein Kind bekommen, das die Tat rächen wird. – Randolph.

Wie angenehm ist es für einen Vater, an der Tafel seines Kindes zu sitzen. Es ist wie der alte Mann, der im Schatten der Eiche liegt, die er gepflanzt hat. – SCOT'S MAGAZINE.

Mit Freude zeichnet der Elternteil gerne die Ähnlichkeit im Gesicht seiner Kinder auf : Und während er ihre fügsame Jugend formt , damit sie die stetigen Pfade der Wahrheit beschreitet, beobachtet er , wie sie auf Menschen schießen , und lebt in ihnen ein neues Leben. –Lloyd.

Ehre deinen Vater und deine Mutter, damit deine Tage lang seien in dem Land, das der Herr, dein Gott, dir gibt. – EXODUS 20:12 .

Hingabe. – Die Leidenschaften sind die Stürme des Lebens; und nur die Religion kann verhindern, dass sie in einen Sturm geraten. – DR. WATTS .

So stark unsere Leidenschaften auch sind, sie können ausgehungert werden, bis sie sich unterwerfen, und besiegt werden, ohne getötet zu werden. – COLTON .

Die herrschende Leidenschaft, sei es, was sie will, die herrschende Leidenschaft erobert immer noch die Vernunft. -Papst.

Männer verbringen ihr Leben im Dienste ihrer Leidenschaften, anstatt ihre Leidenschaften im Dienste ihres Lebens einzusetzen. – STEELE .

Die Kunst, die Leidenschaften zu beherrschen, ist nützlicher und wichtiger als viele Dinge, mit deren Suche und Verfolgung wir unsere Tage verbringen. Ohne diese Kunst werden uns Reichtum und Gesundheit sowie Können und Wissen wenig Befriedigung verschaffen; und was auch immer wir sonst sein mögen, wir können weder glücklich noch weise noch gut sein. – JORTIN .

Halten Sie keine Konferenzen, Debatten oder Argumentationen aus Lust ab; Das ist nur eine Vorbereitung für dein Eingeständnis. Der Weg besteht darin, es zunächst rundweg zu leugnen. – FULLER .

In der menschlichen Brust können zwei Meisterleidenschaften nicht nebeneinander existieren . – CAMPBELL .

Die Leidenschaften wirken wie Winde, die unser Schiff antreiben, unser Verstand ist der Pilot, der es steuert; Ohne die Winde würde sie sich nicht bewegen, ohne den Piloten wäre sie verloren. – AUS DEN FRANZOSEN .

Sogar die Tugend selbst erfordert, so vollkommen sie auch ist, von Leidenschaft beseelt zu sein; denn Pflichten werden nur kalt ausgeführt, die aber nur philosophisch erfüllt werden . – FRAU JAMESON .

Unsere eigensinnigen Leidenschaften verschließen die Tür unserer Seelen vor Gott . – KONFUZIUS .

Männer werden immer nach ihren Leidenschaften handeln. Daher ist die beste Regierung diejenige, die die edleren Leidenschaften weckt und die gemeineren zerstört. – JACOBI .

Die Leidenschaften sollten ausgelöscht werden; Alle können unschuldig werden, wenn sie gut geleitet und moderiert werden. Sogar Hass kann ein lobenswertes Gefühl sein, wenn er von einer lebendigen Liebe zum Guten verursacht wird. Was auch immer die Leidenschaften rein macht, macht sie stärker, langlebiger und angenehmer. – JOUBERT .

Die gewöhnlichsten Menschen werden sehr einfallsreich, wenn sie einer Leidenschaft nachgehen. Ganze Dramen von Beleidigungen, Kränkungen und Unrecht gehen ihnen vor den Kopf – Anstrengungen schöpferischen Genies, denn manchmal gibt es keine Tatsachen, auf die man sich berufen kann. – HILFT .

Wie Flüsse, wenn sie über die Ufer treten, diese Ländereien überschwemmen und die Landwirte ruinieren, die sie, während sie ruhig zwischen ihren Ufern flossen, befruchteten und bereicherten; So zerstören unsere Leidenschaften, wenn sie exorbitant und widerspenstig werden, jene Tugenden, denen sie sehr nützlich sein können, solange sie in ihren Grenzen bleiben. – BOYLE .

Leidenschaft kostet zu viel, um sie jeder Kleinigkeit zu schenken. – REV. THOMAS ADAM .

Worte können gefälscht, falsch geprägt und nur aus der Zunge, ohne den Verstand, geläufig sein; aber Leidenschaft ist in der Seele und spricht immer das Herz. – SOUTHERN .

Eine echte Leidenschaft ist wie ein Gebirgsbach; es lässt kein Hindernis zu; es kann nicht rückwärts gehen; es muss vorwärts gehen. – BOVEE .

Leidenschaft ist die Trunkenheit des Geistes. – SÜDEN .

Erhabene Seelen haben entsprechend heftige, widerstandslose und quälende Leidenschaften; Sie sind eine Steuer , die die Natur der Überlegenheit auferlegt , und Standhaftigkeit und Weisheit müssen sie unterstützen. –Lillo.

Eine Meisterleidenschaft in der Brust verschlingt wie Aarons Schlange den Rest. -Papst.

Oh, wie die Leidenschaften, unverschämt und stark, unseren schwachen Geist auf seinem schnellen Lauf ertragen ; Lass uns dem Wahnsinn ihres Willens gehorchen; Dann stirb und überlasse uns unserem Kummer als Beute! –Crabbe.

Eine große Leidenschaft hat keinen Partner. – LAVATER .

Wenn die Zunge oder der Stift im Rausch der Leidenschaft losgelassen werden, ist es der Mann und nicht das Thema, das erschöpft ist. – THOMAS PAINE .

Wer leidenschaftlich und hastig ist, ist im Allgemeinen ehrlich. Es ist Ihr kühler, heuchlerischer Heuchler, vor dem Sie sich hüten sollten. – LAVATER .

Die Leidenschaften sind wie Feuer, auf tausend Arten nützlich und nur auf eine Weise gefährlich, nämlich durch ihr Übermaß. – BOVEE .

Es ist nicht die Abwesenheit, sondern die Beherrschung unserer Leidenschaften, die uns glücklich macht. – FRAU. DE MAINTENON .

Vergangenheit. – Die Vergangenheit ist ihren Anbetern gegenüber völlig gleichgültig. – WILLIAM WINTER .

Nicht zu wissen, was vor unserer Geburt passiert ist, bedeutet immer, ein Kind zu bleiben; Zu wissen und dieses Wissen blind als implizite Lebensregel zu übernehmen, bedeutet niemals, ein Mann zu sein. – CHATFIELD .

Kein Zeiger kann dafür sorgen, dass die Uhr für mich die verstrichenen Stunden schlägt. – BYRON .

Die Gegenwart ist nur im Licht der Vergangenheit verständlich. – TRENCH .

Studieren Sie die Vergangenheit, wenn Sie die Zukunft erraten möchten. – KONFUZIUS .

Der beste Prophet der Zukunft ist die Vergangenheit. – BYRON .

Viele Klassen preisen immer die vergangene Zeit, denn es ist natürlich, dass die Alten die Tage ihrer Jugend preisen; die Schwachen, der Bereich ihrer Stärke; die Kranken, die Zeit ihrer Kraft; und die Enttäuschten, der Aufschwung ihrer Hoffnungen! – C. BINGHAM .

Manche sind so fleißig darin, zu lernen, was die Alten getan haben, dass sie nicht wissen, wie sie mit den Modernen leben sollen. – WILLIAM PENN .

Vergangenheit und Zukunft sind verschleiert; aber die Vergangenheit trägt den Schleier der Witwe; die Zukunft, die der Jungfrau. – RICHTER .

Geduld. – Wer Geduld haben kann, kann haben, was er will. – FRANKLIN .

Geduld! warum, es ist die Seele des Friedens; Von allen Tugenden ist sie dem Himmel am nächsten verwandt; es lässt Männer wie Götter aussehen. Der beste Mensch, der jemals Erde um sich trug , war ein Leidender – ein sanfter, sanftmütiger, geduldiger, demütiger, ruhiger Geist; der erste wahre Gentleman, der jemals atmete. – DECKER .

Unser wahrer Segen erscheint uns oft in Form von Schmerz, Verlust und Enttäuschung; aber lasst uns Geduld haben, und wir werden sie bald in ihren richtigen Figuren sehen. – ADDISON .

Wenn wir ein wenig Geduld hätten, würden wir viel Demütigung vermeiden; Die Zeit nimmt so viel weg, wie sie gibt . – MADAME DE SÉVIGNÉ .

Denken Sie niemals, dass Gottes Verzögerungen Gottes Leugnungen sind. Festhalten; festhalten; aushalten. Geduld ist Genie. – BUFFON .

Es gibt jedoch eine Grenze, ab der Nachsicht keine Tugend mehr ist. – BURKE .

Normalerweise lernen wir erst dann zu warten, wenn wir nichts mehr haben, worauf wir warten können. – Marie EBNER-ESCHENBACH .

Keine Schule ist für Kinder notwendiger als Geduld, denn entweder muss der Wille in der Kindheit gebrochen werden oder das Herz im Alter. – RICHTER .

Wir müssen nur geduldig sein, beten und Seinen Willen entsprechend unserem gegenwärtigen Licht und unserer Kraft tun, und das Wachstum der Seele wird weitergehen. Die Pflanze wächst im Nebel und unter Wolken ebenso wahr wie unter Sonnenschein; Das gilt auch für das himmlische Prinzip im Inneren . – CHANNING .

Wer einen Weizenkuchen haben will, muss das Mahlen unbedingt verzögern. – SHAKESPEARE .

Geduld ist eine edlere Bewegung als jede Tat. – CA BARTOL .

Geduld ist der Hüter des Glaubens, der Bewahrer des Friedens, der Hüter der Liebe, der Lehrer der Demut; Geduld regiert das Fleisch, stärkt den Geist, mildert das Temperament, unterdrückt den Zorn, löscht den Neid aus, unterdrückt den Stolz; sie zügelt die Zunge, hält die Hand zurück, tritt auf Versuchungen herum, erträgt Verfolgungen, vollbringt das Martyrium; Geduld schafft Einheit in der Kirche, Loyalität im Staat, Harmonie in Familien und Gesellschaften; sie tröstet die Armen und mildert die Reichen; sie macht uns demütig im Wohlstand, fröhlich in der Not, unbewegt von Verleumdung und Vorwurf; Sie lehrt uns, denen zu vergeben, die uns verletzt haben, und die Ersten zu sein, die diejenigen um Vergebung bitten, die wir verletzt haben. sie erfreut die Gläubigen und lädt die Ungläubigen ein; sie schmückt die Frau und billigt den Mann; wird von einem Kind geliebt, von einem jungen Mann gelobt, von einem alten Mann bewundert; Sie ist bei beiden Geschlechtern und in jedem Alter wunderschön. – BISCHOF HORNE .

Geduld ist der Ballast der Seele, der sie davor bewahrt, in den größten Stürmen zu rollen und zu stürzen; und wer sich ohne dies hinauswagt, um ruhig und stabil segeln zu können, wird mit Sicherheit Schiffbruch erleiden und erst in den Sorgen und Nöten dieser Welt und dann im Verderben ertrinken . – BISCHOF HOPKINS .

Für den Mann, der bewusst und ohne übermäßige Eile voranschreitet, ist kein Weg zu lang; Für den Mann, der sich mit Geduld darauf vorbereitet, sind keine Ehrungen zu weit entfernt . – LA BRUYÈRE .

Geduld ist die Stütze der Schwäche; Ungeduld ist der Ruin der Stärke. – COLTON .

Wenn die Bösen gedeihen und du leidest, sei nicht entmutigt. Sie sind zur Zerstörung gemästet; Du hast eine Diät für deine Gesundheit gemacht. – FULLER .

Geduld ist die Rettung des Kummers. – CHURCHILL .

Patriotismus. – Er dient seiner Partei am besten, wer dem Land am besten dient. – RUTHERFORD B. HAYES .

Dies ist eine Maxime, die ich durch erbliche Überlieferung nicht nur von meinem Vater, sondern auch von meinem Großvater und seinen Vorfahren erhalten habe, dass nach dem, was ich Gott schulde, nichts teurer oder heiliger sein sollte als die Liebe und der Respekt, die ich schulde in mein Land. – DE THOU .

Sei gerecht und fürchte dich nicht; Lass alle Ziele, die du anstrebst , die deines Landes, deines Gottes und der Wahrheit sein . –Shakespeare.

Das ist die Prahlerei des Patrioten, wo immer wir umherstreifen: Sein erstes, bestes Land überhaupt ist zu Hause. -Goldschmied.

Ich liebe das Wohl meines Landes mit einem Respekt, der zärtlicher, heiliger und tiefer ist als mein eigenes Leben . – SHAKESPEARE .

Heil, Columbia! glückliches Land! Sei gegrüßt , ihr Helden! himmlisch geborene Band! Der für die Sache der Freiheit gekämpft und geblutet hat , der für die Sache der Freiheit gekämpft und geblutet hat , und als der Sturm des Krieges vorüber war, den Frieden genossen hat , den deine Tapferkeit gewonnen hat. Mögen wir uns der Unabhängigkeit rühmen, immer im Hinterkopf, was es kostet; Immer dankbar für den Preis, lass seinen Altar den Himmel erreichen! –Joseph Hopkinson.

Streik – für deine Altäre und deine Feuer; Streik – für die grünen Gräber deiner Väter; Gott und dein Heimatland! —Fitz-Greene Halleck.

Eine Flagge, ein Land, ein Herz, eine Hand, eine Nation für immer! – Holmes.

Wenn jemand versucht, die amerikanische Flagge einzuholen, erschießen Sie ihn sofort. – John A. DIX .

Das edelste Motiv ist das Gemeinwohl . – VIRGIL .

Die Vereinigung der Seen, die Vereinigung der Länder, die Vereinigung der Staaten, die niemand trennen kann, die Vereinigung der Herzen, die Vereinigung der Hände und die Flagge unserer Union für immer! –George P. Morris.

Ich wurde als Amerikaner geboren; Ich lebe als Amerikaner; Ich werde als Amerikaner sterben. – DANIEL WEBSTER .

Unser Land – ob es durch die St. John's und die Sabine begrenzt wird oder wie auch immer es anders begrenzt oder beschrieben wird, und sei mehr oder weniger das Maß – ist immer noch unser Land, das wir in unserem ganzen Herzen schätzen und mit all unseren Händen verteidigen müssen. – ROBERT C. WINTHROP .

Unsere Herzen, unsere Hoffnungen sind alle bei dir, unsere Herzen, unsere Hoffnungen, unsere Gebete, unsere Tränen, unser Glaube triumphiert über unsere Ängste, wir sind alle bei dir – wir sind alle bei dir! – Longfellow.

Ich bin an die Sprache der Laudatio nicht gewöhnt; Ich habe die Kunst, Frauen Komplimente zu machen, nie studiert; aber ich muss sagen, wenn alles, was Redner und Dichter seit der Erschaffung der Welt zum Lob der Frau gesagt haben, auf die Frauen Amerikas angewendet würde, würde es ihnen für ihr Verhalten während dieses Krieges nicht gerecht werden. – ABRAHAM LINCOLN .

Wie teuer ist das Vaterland allen edlen Herzen! – VOLTAIRE .

Unser Ziel sei unser Land, unser ganzes Land und nichts als unser Land. Und möge dieses Land selbst durch den Segen Gottes zu einem riesigen und prächtigen Denkmal werden, nicht der Unterdrückung und des Terrors, sondern der Weisheit, des Friedens und der Freiheit, auf das die Welt für immer mit Bewunderung blicken kann. – Daniel WEBSTER .

Frieden. – Selig sind die Friedensstifter; denn sie werden Kinder Gottes genannt werden. – MATTHÄUS 5:9 .

Ich könnte nicht in Frieden leben, wenn ich den Schatten einer vorsätzlichen Sünde zwischen mich und Gott schieben würde. – GEORGE ELIOT.

Mit uns leben fünf große Feinde des Friedens: Geiz, Ehrgeiz, Neid, Zorn und Stolz; Wenn diese verbannt würden, würden wir unfehlbar ewigen Frieden genießen. – PETRARCA.

Es gibt nichts, das so viel Frieden schafft, wie gut vorbereitet zu sein, um dem Feind zu begegnen. – WASHINGTON.

Sie werden ihre Schwerter zu Pflugscharen schmieden und ihre Speere zu Winzermessern. Kein Volk wird das Schwert gegen das andere erheben, und sie werden den Krieg nicht mehr lernen. – JESAJA 2:4.

Ich habe Krieg nie befürwortet, außer als Mittel zum Frieden. – US GRANT.

Es gibt Interessen, mit deren Aufopferung der Frieden zu teuer erkauft wird. Man sollte niemals mit der Schande seiner eigenen Seele zufrieden sein – mit der Verletzung seiner Integrität oder seiner Treue zu Gott. – CHAPIN.

Frieden ist vor allem zu wünschen; aber manchmal muss Blut vergossen werden, um es zu gleichberechtigten und dauerhaften Bedingungen zu erhalten. – ANDREW JACKSON.

Ausdauer. – Der Granitblock, der ein Hindernis auf dem Weg der Schwachen war, wird zum Trittstein auf dem Weg der Starken. – CARLYLE.

Es ist schön und gut, mir zu sagen, dass sich ein junger Mann durch eine brillante erste Rede hervorgetan hat. Er kann weitermachen oder sich mit seinem ersten Triumph zufrieden geben; Aber zeigen Sie mir einen jungen Mann, der zunächst keinen Erfolg hatte und dennoch weitergemacht hat, und ich werde diesen jungen Mann dabei unterstützen, es besser zu machen als die meisten, denen es beim ersten Versuch gelungen ist. – CHARLES JAMES FOX.

Ich vertrete eine Lehre, der ich zwar nicht viel zu verdanken habe, aber all das Wenige, was ich je hatte, nämlich, dass mit gewöhnlichem Talent und außergewöhnlicher Beharrlichkeit alle Dinge erreichbar sind. – SIR TF BUXTON.

Wer in einem gewählten Beruf ein bestimmtes Maß an Exzellenz erreichen möchte, muss dafür arbeiten, und zwar hart, ob Prinz oder Bauer. – BAYARD TAYLOR.

Alle Leistungen menschlicher Kunst, die wir mit Lob oder Staunen betrachten, sind Beispiele für die unwiderstehliche Kraft der Beharrlichkeit; Dadurch wird der Steinbruch zu einer Pyramide und entfernte Länder werden durch Kanäle verbunden. Wenn jemand die Wirkung eines einzelnen

Schlags einer Spitzhacke oder eines einzelnen Spatenschlags mit dem allgemeinen Zweck und Endergebnis vergleichen würde, würde er von dem Gefühl ihres Missverhältnisses überwältigt werden; Doch diese unbedeutenden Operationen, die ununterbrochen fortgesetzt werden, überwinden mit der Zeit die größten Schwierigkeiten, und Berge werden eingeebnet und Ozeane begrenzt, durch die schlanke Kraft der Menschen. – Dr. JOHNSON .

Sogar im gesellschaftlichen Leben ist es Beharrlichkeit, die Vertrauen weckt, mehr als Talente und Erfolge . – WHIPPLE .

Ein fallender Tropfen wird endlich einen Stein schnitzen. – LUCRETIUS .

Versuchen Sie das Ende und zweifeln Sie niemals ; Nichts ist so schwer, aber die Suche wird es herausfinden. – Lovelace.

Es ist interessant zu beobachten, wie manche Geister sich fast selbst zu erschaffen scheinen, unter jedem Nachteil auftauchen und sich ihren einsamen, aber unwiderstehlichen Weg durch tausend Hindernisse bahnen. – WASHINGTON IRVING .

Drücken Sie weiter! ein besseres Schicksal erwartet dich. – VICTOR HUGO .

Philosophie. – Wahre Philosophie ist das, was uns selbst und alle anderen, die uns umgeben, besser und gleichzeitig zufriedener, geduldiger, ruhiger und bereiter für alles anständige und reine Vergnügen macht. – LAVATER .

Es gibt mehr Philosophie als Philosophen und mehr Gelehrte als gebildete Männer . – WB CLULOW .

Der Weg zur wahren Philosophie ist genau derselbe wie der, der zur wahren Religion führt; und sowohl von dem einen als auch vom anderen müssen wir damit rechnen, völlig ausgeschlossen zu werden, es sei denn, wir würden als kleine Kinder eintreten. – BACON .

Entfernung treffen kann. – SENECA .

Ein wenig Philosophie neigt den Geist der Menschen zum Atheismus; aber Tiefe in der Philosophie bringt den Geist der Menschen zur Religion. – BACON .

Woher? wohin? Warum? Wie? – Diese Fragen decken die gesamte Philosophie ab. – JOUBERT .

Physiognomie. —— Kinder sind wunderbar und intuitiv korrekte Physiognomiker. Die jüngsten von ihnen weisen dieses Merkmal auf. – BARTOL .

Da die Sprache des Gesichts universell ist, ist sie auch sehr umfassend; kein Lakonismus kann es erreichen; Das ist die Abkürzung des Geistes und drängt sich in einem kleinen Raum sehr zusammen. – JEREMY COLLIER .

Trotz Lavater sind Gesichter oft große Lügen. Sie sind das Papiergeld der Gesellschaft, für das sich auf Nachfrage häufig herausstellt, dass es kein Gold in der menschlichen Kasse gibt. – FG TRAFFORD .

Der Umfang eines Intellekts lässt sich nicht mit einem Band messen oder mit einem Zeichen, das aus der Form oder Länge einer Nase entziffert wird. – BOVEE .

Die Meinung der Menschen über sich selbst ist in ihren Gesichtern ablesbar. – JEREMY COLLIER .

Frömmigkeit. – Wahre Frömmigkeit hat nichts Schwaches, nichts Trauriges, nichts Zwanghaftes in sich. Es vergrößert das Herz; es ist einfach, kostenlos und attraktiv. – FÉNELON .

Durch die Praxis können wir auf Erden Dinge lernen, die uns im Himmel von Nutzen sein werden. Frömmigkeit, unaufdringliche Frömmigkeit, ist nie fehl am Platz . – CHAPIN .

Frömmigkeit bedeutet nicht, dass ein Mann über Dinge ein schlechtes Gesicht macht und sich weigert, in Maßen zu genießen, was sein Schöpfer gegeben hat. – CARLYLE .

Frömmigkeit erhebt und stärkt den Geist für schwierige Anlässe und schmerzhafte Ereignisse. Wenn unser Land von Gefahren bedroht und von Schwierigkeiten bedrängt wird, wer sind die besten Bollwerke seiner Verteidigung ? Nicht die Söhne der Verschwendung und Torheit, nicht die glattzüngigen Speichellecker eines Hofes, noch Skeptiker und Lästerer aus der Schule der Untreue; sondern der Mann, dessen moralisches Verhalten durch die Lehren und Tröstungen der Religion beseelt und gestützt wird. Glücklich ist das Land, in dem der Patriotismus durch Frömmigkeit gestützt und geheiligt wird; wo die Autorität die Freiheit respektiert und beschützt und die Freiheit die legitime Autorität verehrt und liebt; Wo Wahrheit und Barmherzigkeit zusammentreffen, umarmen sich Gerechtigkeit und Frieden. – TON .

Für den Geist, der nicht gänzlich ohne Frömmigkeit ist, ist es unmöglich, das Erhabene, das Schreckliche, die erstaunlichen Werke der Schöpfung und der Vorsehung zu betrachten; der Himmel mit seinen Lichtern, die Berge, der Ozean, der Sturm, das Erdbeben und der Vulkan; der Kreislauf der Jahreszeiten und die Revolutionen der Reiche; ohne in ihnen die mächtige Hand Gottes zu erkennen und starke Gefühle der Ehrfurcht gegenüber dem Autor dieser erstaunlichen Werke zu verspüren. – DWIGHT .

den Menschen ein zu großes Glück sei, hier in einer Kutsche zu fahren und danach in den Himmel zu kommen . – BEECHER .

Wir sind von Motiven der Frömmigkeit und Hingabe umgeben, wenn wir uns nur darum kümmern würden. Die Armen sollen unsere Liberalität anregen; das Elende, unser Mitleid; die Kranken, unsere Hilfe; die Unwissenden, unsere Anweisung; die Gefallenen, unsere helfende Hand. In denen, die eitel sind, sehen wir die Eitelkeit der Welt; in denen, die böse sind, unsere eigene Schwäche. Wenn wir sehen, dass gute Männer belohnt werden, bestätigt das unsere Hoffnung; und wenn böse Menschen bestraft werden, erregt das unsere Angst. – BISCHOF WILSON .

Mitleid. – Mitleid mag zwar oft Linderung verschaffen, ist aber bestenfalls eine kurzlebige Leidenschaft und bietet selten mehr Kummer als vorübergehende Hilfe; Bei manchen dauert es kaum vom ersten Impuls an, bis die Hand in die Tasche gesteckt werden kann . – GOLDSCHMIED .

Wir haben bei anderen nur Mitleid mit den Übeln, die wir selbst erlebt haben. – ROUSSEAU .

Kein Tier ist so wild, aber es kennt einen Hauch von Mitleid. – SHAKESPEARE .

Mitleid und Nachsicht, Langmut und gerechte Interpretation, unseren Bruder zu entschuldigen, ihn im besten Sinne anzunehmen und das sanfteste Urteil zu fällen, sind ebenso gewiss unsere Pflicht und schulden jeder Person, die beleidigt und bereuen kann, unsere Pflicht wie unsere Berufung Rechnungen können dem Gesetz geschuldet sein und müssen zuerst bezahlt werden; und wer das nicht tut, ist ein ungerechter Mensch . – JEREMY TAYLOR .

O, Bruder Mann! Schließe deinen Bruder an dein Herz, wo Mitleid wohnt, dort ist der Friede Gottes . – WHITTIER .

Die Welt ist voller Liebe und Mitleid. Hätte es weniger Leid gegeben, hätte es weniger Freundlichkeit gegeben. – THACKERAY .

Mitleid bringt den Geist dazu, zu lieben. – DRYDEN .

Vergnügen. – Würden Sie über die Rechtmäßigkeit oder Unrechtmäßigkeit von Freuden urteilen, befolgen Sie diese Regel: – Was auch immer Ihren Verstand schwächt, die Zärtlichkeit Ihres Gewissens beeinträchtigt, Ihren Sinn für Gott verdunkelt oder Ihnen die Freude an geistlichen Dingen nimmt; Kurz gesagt: Was auch immer die Stärke und Autorität Ihres Körpers über Ihren Geist erhöht, das Ding ist für Sie Sünde, so unschuldig es an sich auch sein mag. – SOUTHEY .

Lassen Sie den Genuss der Freuden, die jetzt in Ihrer Reichweite sind, nicht so weit gehen, dass Sie sich nicht mehr auf zukünftige Wiederholungen einlassen können. – SENECA .

Die innere Freude, Freude zu vermitteln – das ist die erlesenste von allen . – HAWTHORNE .

Wer jederzeit Vergnügen der Pflicht opfern kann, nähert sich der Erhabenheit. – LAVATER .

Das Ziel des Vergnügens besteht darin, die Aufgaben des Lebens zu unterstützen, die Strapazen des Geschäfts zu lindern, regelmäßiges Handeln zu belohnen und das Fortbestehen zu fördern. – JEREMY COLLIER .

Wählen Sie solche Freuden, die viel nachbilden und wenig kosten. – FULLER .

Die Freuden der Welt sind trügerisch; Sie versprechen mehr als sie geben. Sie beunruhigen uns bei der Suche nach ihnen, sie befriedigen uns nicht, wenn sie sie besitzen, und sie lassen uns verzweifeln, wenn wir sie verlieren . – MADAME DE LAMBERT .

Wenn Ihnen der Gedanke an ein Vergnügen in den Sinn kommt, berechnen Sie gerecht die Dauer des Vergnügens und die Reue, die wahrscheinlich darauf folgt. – EPIKTET .

Die Saat der Reue wird in der Jugend durch Vergnügen gesät, aber die Ernte wird im Alter durch Schmerz geerntet. – COLTON .

Vergnügen ist das einzige edle Ziel , dem alle menschlichen Kräfte zustreben sollten; Und die Tugend schenkt ihr himmlische Weisheit, aber um das Vergnügen noch mehr zu erfreuen ! Weisheit und sie waren beide dazu bestimmt , die Sinne zu verfeinern , damit der Mann frei von Übertreibungen schwelgen kann , dann ist der meiste ein Weiser, wenn er am meisten genießt! – Moore.

Vergnügen oder falsch oder richtig verstanden, unser größtes Übel oder unser größtes Gut. -Papst.

Die Menschen sollten vor der Versuchung ungesetzlicher Vergnügungen geschützt werden, indem man ihnen die Mittel unschuldiger Menschen verschafft. In jeder Gemeinschaft muss es Vergnügen, Entspannung und Möglichkeiten angenehmer Aufregung geben; und wenn keine Unschuldigen zur Rechenschaft gezogen werden, muss auf Verbrecher zurückgegriffen werden. Der Mensch wurde dazu geschaffen, sowohl Freude zu haben als auch zu arbeiten, und der Zustand der Gesellschaft sollte an dieses Prinzip der menschlichen Natur angepasst werden. – CHANNING .

Geistige Freuden sind nie übertrieben; Im Gegensatz zu denen des Körpers werden sie durch Wiederholung gesteigert, durch Nachdenken bestätigt und durch Genuss gestärkt. – COLTON .

Ich würde mich freuen, wenn meine Freuden Gott genauso gefallen würden wie mir selbst. – Marguerite DE VALOIS .

Wir werden müde von den Freuden, die wir nehmen, aber nie von denen, die wir geben . – J. PETIT- SENN .

Kein Fehler. Diese Freuden stören nicht die Ruhe und Gelassenheit Ihres Lebens . – JEREMY TAYLOR .

Poesie. – Wahre Poesie entspringt wie die religiösen Impulse selbst der emotionalen Seite der komplexen Natur eines Menschen und steht immer im Einklang mit seinen höchsten Intuitionen und Bestrebungen. – EPES SARGENT .

Dann erhob sich die Muse im Licht der Aurora und rief sie an: „Setz dich, um zu schreiben." Auslöschen , Korrigieren, Einfügen, Verfeinern, Vergrößern , Verkleinern, Zwischenzeilen; Seien Sie vorsichtig, wenn die Erfindung scheitert, dass Sie sich am Kopf kratzen und an den Nägeln kauen. -Schnell.

Es ist uninspirierte Inspiration. – HENRY REED .

Poesie ist die Blüte und der Duft allen menschlichen Wissens, aller menschlichen Gedanken, menschlichen Leidenschaften, Emotionen und der Sprache . – COLERIDGE .

Segen sei mit ihnen und ewiges Lob, die uns edlere Liebe und edlere Sorgen geschenkt haben, die Dichter, die uns auf Erden durch himmlische Lieder zu Erben der Wahrheit und reinen Freude gemacht haben ! – Wordsworth.

Poesie ist die Musik des Denkens, die uns in der Musik der Sprache vermittelt wird. – CHATFIELD .

Leben noch nie eine Verszeile verfasst hat. – MADAME DUDEVANT .

Poesie ist Begeisterung mit Feuerflügeln; Es ist der Engel der hohen Gedanken, der uns mit der Kraft des Opfers inspiriert. – MAZZINI .

Poesie ist die Aufzeichnung der besten und glücklichsten Momente der glücklichsten und besten Köpfe . – SHELLEY .

Poesie ist ungefallene Rede. Das Paradies kannte kein anderes, denn kein anderes würde ausreichen, um die Bedürfnisse dieser ekstatischen Tage der Unschuld zu befriedigen. – ABRAHAM COLES .

Poesie ist von einem so subtilen Geist, dass sie sich beim Übergießen einer Sprache in eine andere verflüchtigt. – DENHAM .

Poesie ist das Kind der Begeisterung. – SIGMA .

Die Kunst der Poesie besteht darin, die Leidenschaften zu berühren, und ihre Pflicht ist es, sie auf die Seite der Tugend zu führen. – COWPER .

Die Poesie war für mich eine überaus große Belohnung; Es hat mir den Wunsch vermittelt, das Gute und Schöne in allem zu entdecken, was mir begegnet und mich umgibt. – ST COLERIDGE .

Wenn der göttliche Künstler ein Gedicht verfassen würde, pflanzt er einen Keim davon in eine menschliche Seele, und aus dieser Seele entspringt und wächst das Gedicht wie aus dem Rosenstrauch die Rose . – JAMES A. GARFIELD .

Wer in einer aufgeklärten und literarischen Gesellschaft ein großer Dichter werden möchte, muss zunächst ein kleines Kind werden. – MACAULAY .

Poesie ist die Musik der Seele und vor allem der großen und fühlenden Seelen . – VOLTAIRE .

Es gibt einen ebenso großen Unterschied zwischen guter Poesie und schönen Versen wie zwischen dem Duft eines Blumengartens und dem eines Parfümladens. – HASE .

Die Welt ist voller Poesie. Die Luft lebt mit ihrem Geist; und die Wellen tanzen zur Musik ihrer Melodien und funkeln in ihrer Helligkeit. – PERCIVAL .

Sie werden nirgendwo Poesie finden, es sei denn, Sie bringen welche mit. – JOUBERT .

Poesie ist das Gewand, das königliche Gewand, in dem die Wahrheit ihren göttlichen Ursprung behauptet. – BEECHER .

Der Dichter mag sagen oder singen, nicht so, wie die Dinge waren, sondern so, wie sie hätten sein sollen; aber der Historiker muss sie niederschreiben, nicht so, wie sie hätten sein sollen, sondern so, wie sie wirklich waren . – CERVANTES .

Höflichkeit. — Wahre Höflichkeit ist vollkommene Leichtigkeit und Freiheit. Es besteht einfach darin, andere so zu behandeln, wie man selbst gerne behandelt wird. – CHESTERFIELD .

Höflichkeit wurde als künstliche Gutmütigkeit definiert; aber wir können mit viel größerem Anstand behaupten, dass Gutmütigkeit natürliche Höflichkeit ist. – STANISLAUS .

Das Christentum soll verfeinern und mildern; um das Herz aus Stein wegzunehmen und uns Herzen aus Fleisch zu geben; um die Unhöflichkeit und Arroganz unserer Manieren und Gemüter zu beseitigen; und um uns tadellos und harmlos zu machen, die Söhne Gottes, ohne Tadel . – JAY .

Höflichkeit ist für die Güte das, was Worte für Gedanken sind. – JOUBERT .

Vermeiden Sie jede Eile; Ruhe ist ein wesentlicher Bestandteil der Höflichkeit . – ALPHONSE KARR .

Es gibt keine Politik wie Höflichkeit; und ein gutes Benehmen ist das Beste auf der Welt, entweder um sich einen guten Namen zu verschaffen oder um den Mangel daran zu stillen. – LYTTON .

Es gibt keine Errungenschaft, die so leicht zu erlangen ist wie Höflichkeit, und keine, die profitabler ist . – HW SHAW .

Gute Manieren sind wie persönliche Schönheit – überall ein Kreditbrief. – BARTOL .

Wahre Höflichkeit ist der Geist des Wohlwollens, der sich auf raffinierte Weise zeigt. Es ist der Ausdruck von Wohlwollen und Freundlichkeit. Es fördert sowohl die Schönheit des Mannes, der es besitzt, als auch das Glück derjenigen, die ihn umgeben. Es ist eine religiöse Pflicht und sollte Teil der religiösen Ausbildung sein. – BEECHER .

Höflichkeit weckt Moral. Gelassenheit der Manieren erfordert Gelassenheit des Geistes . – JULIA WARD HOWE .

Um die seltene Qualität der Höflichkeit zu erlangen, ist so viel aufgeklärtes Verständnis notwendig, dass ich nicht umhin kann, jedes Buch in jeder Wissenschaft, das dazu neigt, uns weiser und natürlich bessere Menschen zu machen, als eine Abhandlung über ein erweitertes System zu betrachten der Höflichkeit . – MONRO .

Verbeugungen, zeremonielle, formelle Komplimente, steife Höflichkeiten werden niemals Höflichkeit sein; das muss einfach, natürlich und unerforscht sein; Und was kann dies bewirken, wenn nicht ein wohlwollender und aufmerksamer Geist, der in Kleinigkeiten diese liebenswürdige Einstellung gegenüber allem zeigt, mit dem man sich unterhält und mit dem man zusammenlebt? – CHATHAM .

So wie die Nächstenliebe eine Vielzahl von Sünden vor Gott deckt, gilt dies auch für die Höflichkeit gegenüber den Menschen . – GREVILLE .

Die Höflichkeit jedes Landes scheint nur einen Charakter zu haben. Ein Gentleman aus Schweden unterscheidet sich bis auf Kleinigkeiten kaum von einem Gentleman aus irgendeinem anderen Land. Unter den Vulgären finden wir die Unterscheidungen, die ein Volk charakterisieren. – GOLDSMITH .

Als sich zwei Ziegen auf einer Brücke trafen, die zu schmal war, um entweder passieren oder zurückkehren zu können, war die Ziege, die sich hinlegte, damit die andere darüber gehen konnte, ein feinerer Herr als Lord Chesterfield . – CECIL .

Gute Erziehung beschränkt sich nicht auf Äußerlichkeiten, geschweige denn auf eine bestimmte Kleidung oder Haltung des Körpers; Es ist die Kunst, denjenigen, mit denen man sich unterhält , zu gefallen oder so viel wie möglich zur Leichtigkeit und zum Glück beizutragen. – FIELDING .

Popularität. – Vermeiden Sie Popularität, wenn Sie Frieden haben möchten. – ABRAHAM LINCOLN .

Vermeiden Sie Popularität, es birgt viele Fallstricke und keinen wirklichen Nutzen . – WILLIAM PENN .

Wehe dir, wenn alle Menschen gut über dich reden ! – LUKAS 6:26 .

Suche nicht die Gunst der Menge; es wird selten mit ehrlichen und rechtmäßigen Mitteln erreicht. Aber suche das Zeugnis weniger; und zähle nicht die Stimmen, sondern wiege sie ab. – KANT .

Die Männer, die von allen gelobt werden, müssen sehr außergewöhnliche Männer sein; oder, was wahrscheinlicher ist, sehr unbedeutende Männer . – LORD GREVILLE .

Armut. – Ohne Sparsamkeit kann niemand reich sein, und damit wären nur sehr wenige arm. – DR. JOHNSON .

In einer wichtigen Hinsicht hat ein Mann das Glück, arm zu sein. Umso geringer ist seine Verantwortung gegenüber Gott. – BOVEE .

Moral und Religion sind für den, der in Dachrinnen nach den Mitteln zum Lebensunterhalt fischt und sich hinter Fässern auf der Straße versteckt, um Schutz vor den schneidenden Windböen einer Winternacht zu suchen, nur Worte. – Horace GREELEY .

anderen teilt. – RICHTER .

Wir sollten unsere Armut nicht so sehr als Unglück betrachten, wenn die Welt sie nicht so sehr als Verbrechen behandeln würde. – BOVEE .

Armut ist die Prüfung der Höflichkeit und der Prüfstein der Freundschaft . – HAZLITT .

Es gibt keinen so gewaltigen Unterschied zwischen Arm und Reich, wie manche Menschen es sich vorstellen; An Prunk, Prunk und Meinung gibt es viel, aber wenig an den Freuden und Befriedigungen des Lebens: Sie genießen dieselbe Erde, Luft und Himmel; Hunger und Durst machen das Essen und Trinken des armen Mannes ebenso angenehm und köstlich wie alle Sorten, die den Tisch des reichen Mannes decken; und die Arbeit eines armen Mannes ist gesünder und auch um ein Vielfaches angenehmer als die Leichtigkeit und Sanftmut des Reichen. – SHERLOCK .

Mangel ist ein bitteres und hasserfülltes Gut, weil seine Tugenden nicht verstanden werden; Doch viele Dinge, die man nicht denken kann, wurden durch die Not zur völligen Vollkommenheit gebracht. Daraus entspringt der Wagemut der Seele , die Schärfe des Witzes und der aktive Fleiß; Besonnenheit und Standhaftigkeit zugleich ; Und wenn man Geduld an den Tag legt, verbessert es unser Leben. – Dryden.

Wenige Dinge auf dieser Welt beunruhigen die Menschen mehr als Armut oder die Angst vor Armut; und tatsächlich ist es ein schlimmes Leiden; Aber wie alle anderen Übel, die das Fleisch hervorruft, hat es sein Gegenmittel, sein zuverlässiges Heilmittel. Der umsichtige Einsatz von Fleiß, Klugheit und Mäßigung ist ein sicheres Heilmittel . – HOSEA BALLOU .

Dieser Mann gilt als arm, egal welchen Ranges er hat, und erleidet die Schmerzen der Armut, deren Ausgaben seine Ressourcen übersteigen; und niemand ist im eigentlichen Sinne arm außer ihm . – PALEY .

Dass einige der Bedürftigen unter uns an knapper Nahrung sterben, ist zweifellos wahr; Aber in dieser Gemeinschaft sterben wesentlich mehr Menschen, weil sie zu viel essen, als weil sie zu wenig essen. – CHANNING .

sie tragen können. – RICHTER .

Leistung. – Macht wird die besten Herzen berauschen, wie Wein die stärksten Köpfe. Kein Mensch ist weise genug oder gut genug, ihm unbegrenzte Macht anzuvertrauen. – COLTON .

Der Wunsch nach übermäßiger Macht führte dazu, dass die Engel fielen. – BACON .

Sogar im Krieg besteht die moralische Macht aus drei von vier Teilen zur physischen. – NAPOLEON .

Je weniger Macht ein Mann hat, desto lieber nutzt er sie. – J. PETIT- SENN .

Je mächtiger ein Mensch ist als andere, desto mehr sollte er sie an Tugend übertreffen. Niemand sollte regieren, der nicht besser ist als der Regierte . – PUBLIUS SYRUS .

Es ist eine ebenso berechtigte wie weit verbreitete Beobachtung, dass es keinen stärkeren Prüfstein für den wahren Charakter eines Menschen gibt als Macht und Autorität, die jede Leidenschaft erregen und jedes verborgene Laster entdecken. – PLUTARCH .

Lob. — Lobende Worte sind in der Tat fast genauso notwendig, um ein Kind in ein freundliches Leben zu führen, wie freundliche und liebevolle Taten. Vernünftiges Lob ist für Kinder das, was die Sonne für Blumen ist. – BOVEE .

Ein anderer soll dich preisen und nicht dein eigener Mund; ein Fremder und nicht deine eigenen Lippen. – SPRÜCHE 27:2 .

Denn wenn das Gute nicht mehr gelobt würde als das Böse, würde sich niemand aus freien Stücken für das Gute entscheiden . –Spenser.

Lob hat unterschiedliche Wirkungen, je nachdem, auf welchen Geist es trifft; Es macht einen weisen Mann bescheiden, aber einen Narren arroganter und macht sein schwaches Gehirn schwindlig. – FELTHAM .

Massiver Pudding gegen leeres Lob. – PAPST .

Es wird immer als das größte Unheil angesehen, das ein Mann denjenigen antun kann, die er liebt, indem er die Erwartungen der Menschen an sie durch unangemessene und unverschämte Belobigungen zu hoch steigert. – SPROTTE .

Sprich niemandem ins Gesicht und tadele niemanden hinter seinem Rücken. aber wenn du etwas Gutes über ihn weißt , erzähle es anderen; Wenn etwas Schlimmes passiert, sagen Sie es sich vertraulich und mit Bedacht. – BURKITT .

Wie der Grieche sagte: „Viele Männer wissen, wie man schmeichelt, aber nur wenige wissen, wie man lobt." – WENDELL PHILLIPS .

Es ist merkwürdig, wie ungeduldig Menschen sind, wenn sie andere zu sehr loben, und wie geduldig sie sind, wenn sie sich selbst zu sehr loben. und doch fügt ihnen das eine keinen Schaden zu, während das andere ihr Ruin bedeuten könnte. – LOWELL .

Gute Dinge sollten gelobt werden. – SHAKESPEARE .

lobt, tut mir am meisten weh. – CHURCHILL .

Die Liebe zum Lob, wie auch immer sie von der Kunst verdeckt wird, herrscht mehr oder weniger und glüht in jedem Herzen. -Jung.

Lob verdankt seinen Wert wie Gold und Diamanten nur seiner Knappheit. Je vulgärer es wird, desto billiger wird es, und es wird keine Erwartungen mehr wecken oder Unternehmungen anregen. – Dr. JOHNSON .

Es ist das größtmögliche Lob, von einem Mann gelobt zu werden, der selbst Lob verdient. – AUS DEM LATEINISCHEN .

Er, der dich für das lobt, was du nicht hast, möchte dir nehmen, was du hast. – MANUEL .

schreibst, bist du vielleicht verschwenderischer mit Lob, als wenn du in Gegenwart sprichst . – FULLER .

Wer nach Lob gierig ist, beweist, dass er arm an Verdiensten ist. – PLUTARCH .

Was eine Person lobt, ist vielleicht sogar ein sichererer Maßstab für ihren eigenen Charakter, ihre Informationen und Fähigkeiten als das, was sie verurteilt. – HARE .

Erlaube keinem Mann, so freizügig mit dir zu sein, dass er dich ins Gesicht lobt. – STEELE .

Alles, was Odem hat, lobe den Herrn. – PSALM 150:6 .

Wann immer Sie loben, geben Sie Ihre Gründe dafür an; Das ist es, was die Anerkennung eines vernünftigen Mannes von der Schmeichelei von Speichelleckern und der Bewunderung von Narren unterscheidet. – STEELE .

Gebet. – Die erste Bitte, die wir an den allmächtigen Gott richten müssen, ist für ein gutes Gewissen, die nächste für die Gesundheit des Geistes und dann des Körpers. – SENECA .

Gebete werden im Himmel ganz im Verhältnis zu unserem Glauben erhört. Dem kleinen Glauben werden sehr große Gnaden zuteil, dem großen Glauben aber noch mehr . – SPURGEON .

Wenn wir um irgendeine Tugend beten, sollten wir die Tugend sowohl kultivieren als auch dafür beten; Die Form Ihrer Gebete sollte die Regel Ihres Lebens sein; Jede Bitte an Gott ist eine Vorschrift für den Menschen. Betrachten Sie Ihre Gebete daher nicht nur als eine kurze Methode der Pflichterfüllung und Erlösung, sondern als eine ständige Mahnung zur Pflicht; Anhand dessen, was wir von Gott verlangen, erkennen wir, was er von uns verlangt. – JEREMY TAYLOR .

Wie glücklich ist es, mit der unerschütterlichen Gewissheit zu glauben, dass unsere Bitten schon dann erhört werden, wenn wir sie vorbringen; und wie erfreulich ist es, in der wirksamen und tatsächlichen Gewährung einen Beweis dafür zu finden. – COWPER .

Wir haben die Gewissheit, dass wir in dem, was wir beten, erhört werden, weil wir zu dem Gott beten, der Gebete hört und der Belohner aller ist, die zu ihm kommen; und in seinem Namen, dem Gott nichts verweigert ; und daher werden wir, auch wenn wir derzeit nicht immer oder in der gleichen Art und Weise beantwortet werden, wie wir es wünschen, früher oder später mit Sicherheit mehr erhalten, als wir fragen oder denken können, wenn wir weiterhin klagen zu ihm nach seinem Willen. – ERZBISCHOF USHER .

Die beste Antwort auf alle Einwände gegen das Gebet ist die Tatsache, dass der Mensch nicht anders kann, als zu beten; denn wir können sicher sein, dass das, was in der menschlichen Natur so spontan und unausrottbar ist, seine passenden Ziele und Methoden in den Arrangements einer grenzenlosen Vorsehung hat. – CHAPIN .

Ein Großteil unseres Lebens ist himmlisch und göttlich, da wir es mit der Ausübung des Gebets verbringen. – HOOKER .

Höre nicht auf, zu Gott zu beten. Denn entweder wird das Beten dazu führen, dass du aufhörst zu sündigen. oder wenn du in der Sünde bleibst, wirst du vom Beten absehen. – FULLER .

Lasst unsere Gebete, wie die alten Opfer, morgens und abends aufsteigen; Lass unsere Tage mit Gott beginnen und enden. – CHANNING .

Wunsch der Seele , geäußert oder unausgesprochen, die Bewegung eines verborgenen Feuers , das in der Brust zittert. –Montgomery.

Wenn Er betete, der ohne Sünde war, um wie viel mehr steht es einem Sünder zu, zu beten! – HL. CYPRIAN .

Kein Mensch hat jemals herzlich gebetet, ohne etwas zu lernen. – EMERSON .

Derjenige , der alle großen und kleinen Dinge am meisten liebt , betet am besten. – Coleridge.

Gebet werden mehr Dinge bewirkt , als sich diese Welt erträumt. – Tennyson.

Es ist für ein abhängiges Geschöpf ebenso natürlich und vernünftig, seinen Schöpfer um das zu bitten, was es braucht, wie für ein Kind, das auf diese Weise die Hilfe eines Elternteils erbittet, von dem man annimmt, dass er die

Veranlagung und Fähigkeit hat, ihm zu geben, was es braucht. – ARCHIBALD ALEXANDER .

Das Gebet ist der erste Atemzug des göttlichen Lebens; es ist der Pulsschlag der gläubigen Seele; – durch das Gebet „schöpfen wir mit Freude Wasser aus den Quellen des Heils"; Durch das Gebet entfaltet der Glaube seine Energie, indem er die versprochenen Segnungen erfasst und vom Erlöser die Fülle empfängt. indem wir uns auf seinen allmächtigen Arm stützten und seinen Namen zu unserem starken Turm machten; und in der Überwindung der Welt, des Fleisches und des Teufels. – T. SCOTT .

Kein Mensch kann unsere privaten Ansprachen an Gott behindern; Jeder Mensch kann in seiner Brust eine Kapelle bauen, er selbst ist der Priester, sein Herz das Opfer und die Erde, die er auf dem Altar betritt. – JEREMY TAYLOR .

Wenn du betest , geh in deine Kammer, und wenn du deine Tür geschlossen hast, bete zu deinem Vater, der im Verborgenen ist; und dein Vater, der das Verborgene sieht , wird es dir offen vergelten. – MATTHÄUS 6:6 .

Das Gebet bewegt die Hand, die das Universum bewegt.

Heiliger Beginn einer heiligen Sache, wenn Helden, gerüstet für den Kampf der Freiheit, vor dem hohen Himmel innehalten und, demütig in ihrer Macht, seinen Segen für den bevorstehenden Kampf herabrufen . – Moore.

Es ist für einen Menschen so natürlich, zu beten, dass ihn keine Theorie davon abhalten kann. – James FREEMAN CLARKE .

Das Vaterunser enthält die Summe von Religion und Moral. – WELLINGTON .

Es erleichtert den Schlag, um sich Ihm zu nähern, der die Rute führt. – WASHINGTON IRVING .

Ich wünsche mir keinen anderen Beweis für die Wahrheit des Christentums als das Vaterunser. – Madame DE STAEL .

Im Gebet ist es besser, ein Herz ohne Worte zu haben, als Worte ohne Herz. – BUNYAN .

Zwischen dem demütigen und zerknirschten Herzen und der Majestät des Himmels gibt es keine Barrieren. Das einzige Passwort ist das Gebet. – HOSEA BALLOU .

Das Gebet ist der Frieden unseres Geistes, die Stille unserer Gedanken, die Gleichmäßigkeit der Erinnerung, der Sitz der Meditation, der Rest unserer Sorgen und die Ruhe unseres Sturms: Gebet ist das Ergebnis eines ruhigen

Geistes, unbekümmerter Gedanken; es ist die Tochter der Nächstenliebe und die Schwester der Sanftmut . – JEREMY TAYLOR .

Unser Gebet und Gottes Barmherzigkeit sind wie zwei Eimer in einem Brunnen; während der eine aufsteigt, steigt der andere ab. – BISCHOF HOPKINS .

Das Gebet ist die Stimme des Glaubens. – HORNE .

Wir sollten mit der gleichen Ernsthaftigkeit beten wie diejenigen, die alles von Gott erwarten; Wir sollten mit der gleichen Energie handeln wie diejenigen, die alles von sich selbst erwarten. – COLTON .

Predigt. – Das ist nicht die beste Predigt, die die Zuhörer dazu bringt, wegzugehen, miteinander zu reden und den Redner zu loben, sondern die sie nachdenklich und ernst gehen lässt und sich beeilt, allein zu sein. – BURNET .

Seien Sie bei allen religiösen Übungen kurz. Es ist besser, die Menschen sehnsüchtig als verabscheuen zu lassen. – NATHANIEL EMMONS .

Ein guter Diskurs ist der, aus dem man nichts nehmen kann, ohne das Leben zu nehmen. – FÉNELON .

Wir müssen religiöse Bewegungen nicht nach den Männern beurteilen, die sie hervorbringen, sondern nach den Männern, die sie hervorbringen . – JOSEPH COOK .

Die Welt schaut von der Kanzel aus auf Geistliche, um zu wissen, was sie meinen, wenn sie auf der Kanzel sitzen. – CECIL .

Ich predigte, als wäre ich mir nie sicher, noch einmal zu predigen , und wie ein sterbender Mann zu sterbenden Männern. –Baxter.

Lassen Sie alle Ihre Predigten auf die einfachste und klarste Weise erfolgen; Schaut nicht auf den Fürsten, sondern auf das schlichte, einfache, grobe, ungebildete Volk, aus dessen Stoff auch der Fürst selbst besteht. Wenn ich bei meinen Predigten Rücksicht auf Philipp Melanchthon und andere gelehrte Ärzte nehmen würde , würde ich nur wenig Gutes bewirken. Ich predige den Ungeschickten auf einfachste Weise, und das gibt allen Inhalt. Hebräisch, Griechisch und Latein erspare ich mir, bis wir gelernte zusammenkommen. – LUTHER .

Es erfordert ebenso viel Überlegung und Weisheit, um zu wissen, was nicht in eine Predigt aufgenommen werden darf, wie was. – CECIL .

Zu versuchen, Hörer, die sich in Alter, Geschlecht, Stellung und Bildung unterscheiden, durch denselben Diskurs zu bewegen, bedeutet zu versuchen, alle Schlösser mit demselben Schlüssel zu öffnen. – J. PETIT- SENN .

Männer Gottes sind immer von Zeit zu Zeit unter Menschen gewandelt und haben ihren Auftrag im Herzen und in der Seele des gewöhnlichsten Zuhörers spürbar gemacht. – EMERSON .

Ich möchte nicht, dass Prediger ihre Zuhörer quälen und sie mit langen und ermüdenden Predigten aufhalten. – LUTHER .

Ich liebe einen ernsthaften Prediger, der für mich spricht und nicht für sich selbst; der mein Heil sucht und nicht seine eigene Eitelkeit. Am meisten verdient es, gehört zu werden, wer die Sprache nur nutzt, um seine Gedanken zu kleiden, und seine Gedanken nur, um Wahrheit und Tugend zu fördern. – MASSILLON .

Gebot. — Gebote sind die Regeln, nach denen wir unser Leben ausrichten sollten. Wenn sie zu Sätzen zusammengefasst werden, treffen sie die Zuneigung; wohingegen Ermahnung nur das Blasen der Kohle ist. – SENECA .

Wer Vorschriften für die Leitung unseres Lebens und die Beherrschung unserer Leidenschaften festlegt, verpflichtet die menschliche Natur, nicht nur in der Gegenwart, sondern in allen nachfolgenden Generationen . – SENECA .

Gebote oder Maximen haben großes Gewicht; und ein paar nützliche Bände tragen mehr zu einem glücklichen Leben bei als ganze Bände, von denen wir nicht wissen, wo wir sie finden können . – SENECA .

Gebot muss auf Gebot folgen. – JESAJA 28:10 .

Vorurteil. – Vorurteile sind das Kind der Unwissenheit. – HAZLITT .

So wie diejenigen, die an die Sichtbarkeit von Geistern glauben, sie leicht erkennen können, ist es immer leicht, abstoßende Eigenschaften in denen zu erkennen, die wir verachten und hassen . – FREDERICK DOUGLASS .

Vorurteile blinzeln, wenn sie aussehen, und lügen, wenn sie reden. – HERZOGIN D'ABRANTES .

Die menschliche Natur ist so beschaffen, dass jeder die Angelegenheiten anderer Menschen besser sehen und beurteilen kann als ihre eigenen . – TERENCE .

In jeder Hinsicht ist derjenige, der seine Augen nicht öffnen will, vorerst genauso blind wie der, der es nicht kann. – SÜDEN .

Die Vorurteile der Unwissenheit lassen sich leichter beseitigen als die Vorurteile des Interesses; Die ersten werden alle blind übernommen, die zweiten werden absichtlich bevorzugt. – BANCROFT .

Vorurteile können als ständiges falsches Mittel zur Betrachtung von Dingen angesehen werden, denn voreingenommene Menschen sprechen nicht nur nie gut über diejenigen, die sie nicht mögen, sondern denken auch nie gut über sie, und der gesamte Charakter und das gesamte Verhalten werden mit Blick auf die besondere Sache betrachtet, die sie haben beleidigt sie . – BUTLER .

Vorurteile sind der Zwilling der Illiberalität. – GD PRENTICE .

Denken Sie daran: Wenn das Urteil schwach ist, sind die Vorurteile stark. – KANE O'HARA .

Vorurteile und Selbstgenügsamkeit resultieren natürlich aus der Unerfahrenheit der Welt und der Unkenntnis der Menschheit . – ADDISON .

Wie unermesslich erscheinen uns die Sünden, die wir nicht begangen haben. – MADAME NECKER .

Gegenwärtig. – Beschäftigen Sie sich nicht damit, sich auf die Ereignisse von morgen zu freuen; aber was auch immer die Tage der Zeit sein mögen, die Vorsehung kann Ihnen dennoch Versäumnisse auferlegen, sie nicht zum Vorteil zu nutzen. – HORAZ .

Nutze die Zeit, wenn du die Ewigkeit liebst ; Wisse, gestern kann man sich nicht erinnern, morgen kann man nicht sicher sein: Der heutige Tag gehört nur dir ; was du verlierst, wenn du es aufschiebst ; Was verloren ist, ist für immer verloren: Eins heute ist morgen zwei wert. – Quarles .

Wer den gegenwärtigen Augenblick vernachlässigt, wirft alles weg, was er hat . – SCHILLER .

Beschränken Sie Ihre Hoffnungen entsprechend der Kürze des menschlichen Lebens. Denn während wir uns unterhalten, vergehen die Stunden, als wären wir neidisch auf unser Vergnügen. Genießen Sie daher die gegenwärtige Zeit und vertrauen Sie nicht zu sehr auf das, was der morgige Tag bringen wird. – HORACE .

Wenn wir in den Öffnungen des gegenwärtigen Augenblicks stehen und die gesamte Länge und Breite unserer Fähigkeiten selbstlos an das anpassen, was er offenbart, sind wir in der besten Verfassung, das zu empfangen, was Gott immer bereit ist, uns mitzuteilen. – TC UPHAM .

Männer verbringen ihr Leben mit Vorfreude und dem Entschluss, irgendwann, wenn sie Zeit haben, überaus glücklich zu sein. Aber die Gegenwart hat gegenüber jeder anderen einen Vorteil: Sie gehört uns.

Vergangene Chancen sind vorbei, die Zukunft ist nicht gekommen . – COLTON .

Versuchen Sie, in diesem gegenwärtigen Moment glücklich zu sein, und schieben Sie es nicht auf eine kommende Zeit auf – als ob diese Zeit anders aussehen sollte als diese, die bereits gekommen ist und uns gehört. – FULLER .

Kümmern wir uns um die Gegenwart, und was die Zukunft angeht, werden wir wissen, wie wir damit umgehen müssen, wenn die Gelegenheit kommt . – CORNEILLE .

Wir können unsere Zukunft gestalten, indem wir die Gegenwart bestmöglich nutzen. Es gibt keinen Moment wie diesen . – MISS EDGEWORTH .

Nutzen Sie den größtmöglichen Nutzen aus dem, was Ihnen das Geschenk bietet. Es ist die einzige Zeit, die uns gehört. Das Gestern ist für immer begraben, und morgen sehen wir es vielleicht nie wieder. – VICTOR HUGO .

Jeder Tag ist ein Geschenk, das ich vom Himmel erhalte. lasst uns heute genießen, was es mir schenkt. Es gehört nicht mehr der Jugend als mir, und morgen gehört niemandem. – MANCROIX .

Eine der Illusionen besteht darin, dass die gegenwärtige Stunde nicht die kritische, entscheidende Stunde ist. Schreiben Sie es auf Ihr Herz, dass jeder Tag der beste Tag im Jahr ist. Kein Mensch hat etwas richtig gelernt, bis er weiß, dass jeder Tag der Tag des Jüngsten Gerichts ist. – EMERSON .

Was für uns wirklich bedeutsam und überaus wichtig ist, ist die Gegenwart, durch die die Zukunft geformt und gefärbt wird. – WHITTIER .

Drücken Sie. – Im langen, erbitterten Kampf um die Meinungsfreiheit zählte die Presse ebenso wie die Kirche ihre Märtyrer zu Tausenden . – JAMES A. GARFIELD .

Die Produkte der Presse verbreiten sich, so schnell wie Dampf sie herstellen und transportieren kann, durch das ganze Land, lautlos wie Schneeflocken, aber kraftvoll wie Donner. Es ist eine zusätzliche Zunge aus Dampf und Blitz, mit der ein Mann an einem Tag seinen ersten Gedanken, seinen augenblicklichen Streit oder seine Beschwerde vor Millionen von Menschen äußert. – CHAPIN .

Lassen Sie sich in Ihren Geist einprägen, lassen Sie es Ihren Kindern beibringen, dass die Pressefreiheit das Palladium aller bürgerlichen, politischen und religiösen Rechte ist. – JUNIUS .

Die Pressefreiheit ist der wahre Maßstab aller anderen Freiheiten; denn jede Freiheit ohne dies muss nur nominell sein. – CHATFIELD .

Die Erfindung des Buchdrucks fügte der Rasse ein neues Machtelement hinzu. Von dieser Stunde an sollten in einem ganz besonderen Sinne das Gehirn und nicht der Arm, der Denker und nicht der Soldat, Bücher und nicht Könige die Welt regieren; und Waffen, im Geiste geschmiedet, scharfkantig und heller als der Sonnenstrahl, sollten das Schwert und die Streitaxt ersetzen. – WHIPPLE .

Anspruch. – Es ist erwähnenswert, dass diejenigen, die ein imposantes Auftreten annehmen und versuchen, sich für etwas auszugeben, das über das hinausgeht, was sie sind, von einigen nicht selten so sehr unterschätzt wie von anderen überbewertet werden. – WHATELY .

Wo viel Anspruch besteht, wurde auch viel geliehen: Die Natur gibt nie vor. – LAVATER .

Wenn Sie einen Mann mit viel Religion in seinem Schaufenster sehen, können Sie sich darauf verlassen, dass er nur einen sehr kleinen Vorrat davon aufbewahrt. – SPURGEON .

Wahrer Ruhm schlägt Wurzeln und breitet sich sogar aus; alle falschen Ansprüche fallen ebenso wie Blumen, und auch nichts Vorgetäuschtes kann von Dauer sein. – CICERO .

Es ist keine Schande, nicht alles tun zu können; aber etwas zu unternehmen oder so zu tun, als wäre man nicht geschaffen, ist nicht nur beschämend, sondern auch äußerst lästig und ärgerlich. – PLUTARCH .

Wer sich wichtig macht, zeigt das Zeichen der Impotenz. – LAVATER .

Der Wunsch, klug zu wirken, verhindert oft, dass wir es werden. – LA ROCHEFOUCAULD .

Je ehrlicher ein Mann ist, desto weniger wirkt er wie ein Heiliger. – LAVATER .

Stolz. – Ohne den souveränen Einfluss der außergewöhnlichen und unmittelbaren Gnade Gottes legen die Menschen sehr selten alle Insignien ihres Stolzes ab, bis diejenigen, die um sie herum sind, ihr Wickeltuch anziehen. – CLARENDON .

Stolz und Schwäche sind siamesische Zwillinge . – LOWELL .

Von allen Ursachen, die dazu beitragen, das falsche Urteil des Menschen zu blenden und den Geist in die Irre zu führen, ist Stolz, das niemals versagende Laster der Narren , das, was der schwache Kopf mit der stärksten Voreingenommenheit regiert . -Papst.

Nachbarn unterschätzen. – CLARENDON .

Die Sünde des Stolzes ist die Sünde der Sünden; in dem alle nachfolgenden
Sünden wie in ihrem Keim enthalten sind; Sie sind nur die Entfaltung dieses
Buches . – ERZBISCHOF TRENCH .

Manche Menschen sind stolz auf ihre Bescheidenheit. – BEECHER .

das Glück seines Hüters. – COLTON .

Stolz, von allen anderen der gefährlichste Fehler, entsteht aus Mangel an
Sinn oder Gedanken. – Roscommon.

Wenn ein Mann das Recht hat, auf etwas stolz zu sein, dann auf eine gute
Tat, die so getan wird, wie sie sein sollte, ohne dass dahinter ein niedriges
Interesse lauert. – STERNE .

Es gibt dieses Paradoxon im Stolz: Er macht einige Männer lächerlich, hält
andere jedoch davon ab, es zu werden. – COLTON .

In Wirklichkeit gibt es vielleicht keine unserer natürlichen Leidenschaften,
die so schwer zu unterdrücken ist wie der Stolz. Verkleide es, kämpfe damit,
ersticke es, demütige es so sehr du willst, es ist immer noch am Leben und
wird hin und wieder herausschauen und sich zeigen. – FRANKLIN .

Die Menschen sagen: „Aus Stolz fielen die Engel vom Himmel." Durch Stolz
erreichten sie einen Ort, von dem sie fielen! – JOAQUIN MILLER .

Stolz frühstückte mit Überfluss, speiste mit Armut und speiste mit Schande.
– FRANKLIN .

Stolz geht vor der Zerstörung und ein hochmütiger Geist vor dem Fall . –
SPRÜCHE 16:18 .

Wenn er nur sehen könnte, wie klein die Lücke sein Tod hinterlassen würde,
würde der stolze Mann weniger an den Platz denken, den er in seinem Leben
einnimmt. – LEGOUVÉ .

Ich denke, dass die Hälfte der Probleme, für die Menschen im Gebet zu Gott
brüten, auf ihren unerträglichen Stolz zurückzuführen ist. Viele unserer
Sorgen sind nur eine krankhafte Sicht auf unsere Privilegien. Wir lassen
unsere Segnungen schimmeln und nennen sie dann Flüche. – BEECHER .

Wenn Stolz und Anmaßung vorherrschen, folgen Scham und Verlust sehr
dicht . – LUDWIG XI .

Wie kann ein zerknirschtes Herz stolz sein? Demut ist die früheste Frucht
der Religion. – HOSEA BALLOU .

Wenn Sie zu Beginn der Welt nicht auf Schritt und Tritt geärgert werden wollen, falten Sie Ihren Stolz sorgfältig zusammen, verschließen Sie ihn und lassen Sie ihn nur bei großen Anlässen an die Luft. Stolz ist ein Kleidungsstück, das außen ganz aus steifem Brokat besteht und an der Seite neben der Haut ganz aus reibendem Sackstoff besteht. – LYTTON.

Stolz ist ein Laster, und jeder Mensch neigt dazu, Stolz bei anderen zu finden und bei sich selbst zu übersehen. – DR. JOHNSON.

Ein rächender Gott folgt den Hochmütigen. – SENECA.

Wohltätigkeit ernährt die Armen, Stolz auch; Wohltätigkeit baut ein Krankenhaus, Stolz auch. Darin unterscheiden sie sich: Die Nächstenliebe verherrlicht Gott; Stolz nimmt dem Mann seinen Ruhm. – QUARLES.

Der stolze Mann ist von Gott verlassen. – PLATON.

Prokrastination. – Der Glaube an morgen statt an Christus ist Satans Amme für das Verderben des Menschen. – REV. DR. CHEEVER.

Immer die Absicht haben, ein neues Leben zu führen, aber nie die Zeit finden, es in Angriff zu nehmen; Das ist, als ob ein Mann von einem Tag und einer Nacht auf das Essen, Trinken und Schlafen verzichten sollte, bis er verhungert und zugrunde geht. – TILLOTSON.

Durch die Straßen von „By and By" gelangt man zum Haus von „Never" – CERVANTES.

Mit einer Verzögerung nach der anderen verwirren sie ihr ganzes Leben, bis es keine Zukunft mehr für sie gibt. – L'ESTRANGE.

Aufschub ist der Dieb der Zeit. – YOUNG.

gestern war einmal morgen. – PERSIUS.

Verschieben Sie das niemals auf morgen, das können Sie heute tun. – FRANKLIN.

Gönnen Sie sich den Aufschub, und mit der Zeit werden Sie zu dem Schluss kommen, dass Sie etwas nicht tun können, weil es getan werden sollte. – CHARLES BUXTON.

Fortschritt. – Er schreitet im Leben nur voran, dessen Herz weicher wird, dessen Blut wärmer wird, dessen Gehirn schneller wird, dessen Geist in lebendigen Frieden eintritt. – RUSKIN.

„Kann aus Nazareth etwas Gutes kommen?" Dies ist immer die Frage der Weisen und der Wissenden. Aber das Gute, das Neue kommt genau von dort, wo man es nicht sucht, und ist immer etwas anderes als erwartet. Alles

Neue wird mit Verachtung aufgenommen, denn es beginnt im Dunkeln. Es wird zur unbeobachteten Macht . – FEUERBACH .

Schauen Sie nach oben und nicht nach unten; schau nach vorne und nicht zurück; schau nach draußen und nicht nach innen; und helfen Sie mit . – EE HALE .

Ich muss etwas tun, damit meine Gedanken frisch und wachsend bleiben. Nichts fürchtet mich so sehr, wie ins Stocken zu geraten und das Gefühl zu haben, ein Fossil zu werden. – JAMES A. GARFIELD .

Insgesamt schreitet die Menschheit voran und die Philanthropie blickt hoffnungsvoll in die Zukunft. – HOSEA BALLOU .

Menschliche Verbesserung geschieht von innen nach außen . – FROUDE .

Ein origineller Satz, ein Schritt vorwärts, ist mehr wert als alle Jahrhunderte . – EMERSON .

Lassen Sie uns an diesem immer größeren Verständnis der Wahrheit arbeiten, an dieser immer gründlicheren Ablehnung von Irrtümern, die die Geschichte der Menschheit zu einer Reihe aufsteigender Entwicklungen machen wird. – HORACE MANN .

Wir können unsere Existenz fast bis zu einem bestimmten Punkt zurückverfolgen. Die frühere Zeit präsentiert uns Gedankengänge, die sich nach und nach in Nichts auflösen. Aber unsere Vorstellungen von der Zukunft erweitern sich ständig. Unsere Wünsche und Hoffnungen scheinen nach der Unermesslichkeit zu greifen, auch wenn sie durch unsere Ängste verändert werden. Dies allein würde ausreichen, um die Fortschrittlichkeit unserer Natur zu beweisen und zu beweisen, dass diese kleine Erde nur ein Punkt ist, von dem aus wir auf dem Weg zur Vollkommenheit des Seins beginnen. – SIR HUMPHRY DAVY .

Durch die Veranlagung einer erstaunlichen Weisheit, die die große geheimnisvolle Verkörperung der Menschheit formt , ist das Ganze niemals einmal alt, mittelalt oder jung; aber in einem Zustand unveränderlicher Beständigkeit bewegt es sich weiter durch den abwechslungsreichen Tenor des fortwährenden Verfalls, Niedergangs, der Erneuerung und des Fortschritts . – BURKE .

Wir machen ständig entweder Fortschritte oder Rückschritte; So etwas wie Stillstand gibt es in diesem Leben nicht. – JAMES FREEMAN CLARKE .

Es ist wunderbar, wie schnell ein Klavier in eine Blockhütte an der Grenze gelangt. Man könnte meinen, sie hätten es unter einem Kiefernstumpf gefunden. Dazu gehört eine lateinische Grammatik, und einer dieser zweischöpfigen Jungs hat am Sonntag eine Hymne geschrieben. Jetzt sollen die Hochschulen und die Senate aufpassen! denn hier ist jemand, der diese feinen Geschmäcker auf der Grundlage der eisernen Konstitution des Pioniers erschließt und all ihre Lorbeeren in seine starken Hände einsammelt. – EMERSON .

Ein frischer Geist hält den Körper frisch. Nehmen Sie die Ideen des Tages auf und lassen Sie die von gestern aus. – LYTTON .

Der weiseste Mann kann heute klüger sein als gestern und morgen als heute. Völlige Freiheit von Veränderungen würde völlige Freiheit von Fehlern bedeuten; aber das ist allein das Vorrecht der Allwissenheit. – COLTON .

Wohlstand. – Achten Sie darauf, dass der Wohlstand nicht die Großzügigkeit zerstört. – BEECHER .

Wohlstand scheint kaum sicher zu sein, es sei denn, er wird mit ein wenig Widrigkeit vermischt. – HOSEA BALLOU .

Die Steigerung des Wohlstands einer großen Zahl von Bürgern ist ein notwendiges Element für die Sicherheit und sogar für die Existenz eines zivilisierten Volkes . – BURET .

Wohlstand ist der Prüfstein der Tugend; denn es ist weniger schwer, Unglück zu ertragen, als vom Vergnügen unverdorben zu bleiben . – TACITUS .

Wohlstand erfordert von uns mehr Besonnenheit und Mäßigung als Widrigkeiten . – CICERO .

Wir müssen zwischen Glückseligkeit und Wohlstand unterscheiden; denn Wohlstand führt oft zu Ehrgeiz und Ehrgeiz zu Enttäuschung. – LANDOR .

Wer im Wohlstand wächst, wird in der Not mit Sicherheit schrumpfen. – COLTON .

Wohlstand kann neben den anderen Gütern, mit denen er ein Individuum ausstattet, sehr wahrscheinlich Stolz hervorrufen; dann ist der Wohlstand zu teuer. – HOSEA BALLOU .

Angesichts unserer korrupten Neigung, die Segnungen des allmächtigen Gottes zu missbrauchen, erweist sich Wohlstand als etwas, das für die Seele des Menschen gefährlich ist. – HOOKER .

Es ist eine der schlimmsten Auswirkungen des Wohlstands, einen Menschen zu einem Strudel statt zu einer Quelle zu machen; so dass er lernt, statt wegzuwerfen, nur hineinzuziehen. – BEECHER .

Wohlstand macht einige Freunde und viele Feinde. – VAUVENARGUES .

Wer weich und warm in einem reichen Anwesen liegt, kommt selten, um sich am Altar zu wärmen. – SÜDEN .

Achten Sie darauf, im Wohlstand ein Ökonom zu sein: Sie müssen sich keine Sorgen machen, dass Sie auch in Widrigkeiten einer sein könnten. – ZIMMERMAN .

Vorsehung. – Die Vorsehung Gottes ist der große Beschützer unseres Lebens und unserer Nützlichkeit, und unter der göttlichen Fürsorge sind wir vor Gefahren vollkommen sicher. – SPURGEON .

Ich weiß nicht, wo Seine Inseln Ihre wedeligen Palmen in die Luft strecken ; Ich weiß nur, dass ich nicht über seine Liebe und Fürsorge hinausgehen kann. – Whittier.

Die Dekrete der Vorsehung sind unergründlich. Trotz der kurzsichtigen Bemühungen des Menschen, die Ereignisse nach seinen eigenen Wünschen und Absichten zu regeln, gibt es eine Intelligenz jenseits seiner Vernunft, die die Waage der Gerechtigkeit hält und trotz seiner kümmerlichen Bemühungen sein Wohlergehen fördert .- MORIER .

Die göttliche Vorsehung mildert seine Segnungen, um ihre bessere Wirkung sicherzustellen. Er hält unsere Freuden und unsere Ängste im Gleichgewicht, damit wir weder vermessen noch verzweifeln. Durch solche Kompositionen möchte Gott sowohl unsere Kreuze erträglicher als auch unsere Freuden gesünder und sicherer machen. – W. WOGAN .

Wer das Tosen des Meeres beherrscht , weiß auch, wie er die Absichten der Gottlosen aufhalten kann. Ich unterwerfe mich voller Ehrfurcht Seinem Heiligen Willen. O Abner, ich fürchte meinen Gott, und ich fürchte niemanden außer Ihm. – RACINE .

Pflichten liegen bei uns; Ereignisse sind Gottes. Dies nimmt einem elenden, versuchten, sterbenden Geschöpf eine unendliche Last von den Schultern. Nur bei dieser Überlegung kann er seinen Kopf sicher niederlegen und die Augen schließen. – CECIL .

Ja, du bist allgegenwärtig, höchste Macht! Nicht durch die Zeit begrenzt, noch an den Raum gebunden , An Altäre gebunden , noch an Tempel gebunden. In Reichtum, in Not, in Freiheit oder in Ketten, in Kerkern oder auf Thronen finden dich die Gläubigen! –Hannah More.

Wir müssen der Vorsehung folgen und sie nicht zwingen. – SHAKESPEARE .

Geh, bemerke das unvergleichliche Wirken der Kraft , die im Samen die zukünftige Blüte einschließt; Diese Angebote zeichnen sich durch ihre elegante Form aus. In der Farbe erfreuen diese und jene den Geruch;

Sendet die Natur, die Tochter des Himmels, aus, um auf der Erde zu tanzen und alle menschlichen Augen zu bezaubern. – Kupfer.

Des Menschen Herz ersinnt seinen Weg; aber der Herr lenkt seine Schritte. – SPRÜCHE 16:9 .

Klugheit. – Männer werden mit zwei Augen, aber mit einer Zunge geboren, damit sie doppelt so viel sehen, wie sie sagen. – COLTON .

Ort richtig zu tun ist. – MILTON .

Wenn du einen großen Plan vorhast, denke über die Mittel, die Art und Weise und das Ziel nach. –Sir J. Denham.

Die Klugheit der besten Köpfe wird oft von der Zärtlichkeit der besten Herzen besiegt. – FIELDING .

Besonnenheit ist ein notwendiger Bestandteil aller Tugenden, ohne die sie in Torheit und Übermaß verkommen. – JEREMY COLLIER .

Es bedarf keines weiteren Schutzes, vorausgesetzt, Sie stehen unter der Führung der Klugheit. – JUVENAL .

Klugheit steht nicht nur an erster Stelle der politischen und moralischen Tugenden, sondern sie ist auch die Leiterin und Regulatorin, der Maßstab von allen. – BURKE .

Die Regeln der Klugheit sind ebenso wie die Gesetze der Steintafeln größtenteils unerschwinglich. „Du sollst nicht" ist ihre charakteristische Formel. – COLERIDGE .

Pünktlichkeit. – Ich gebe es als meine bewusste und feierliche Überzeugung zum Ausdruck, dass die Person, die gewöhnlich zu spät zu einem Termin kommt, niemals respektiert oder im Leben erfolgreich sein wird. – REV. W. FISK .

Ich war meiner Zeit immer eine Viertelstunde voraus, und das hat mich zu einem Mann gemacht. – LORD NELSON .

Untreue bei der Einhaltung eines Termins ist ein Akt offensichtlicher Unehrlichkeit. Man kann sich genauso gut das Geld einer Person wie ihre Zeit leihen. – HORACE MANN .

Es nützt nichts zu laufen; Rechtzeitig aufzubrechen ist der Hauptpunkt. – La FONTAINE .

Ich könnte nie gut über den intellektuellen oder moralischen Charakter eines Mannes denken, wenn er seinen Ernennungen ständig untreu wäre. – EMMONS .

Reinheit. – Reinheit in Person und Moral ist wahre Frömmigkeit. – HOSEA BALLOU .

Selig sind die, die reinen Herzens sind, denn sie werden Gott sehen. – MATTHÄUS 5:8 .

Gott sei Dank gibt es einige auf der Welt, an deren Herzen die Seepocken nicht haften bleiben . – JG HOLLAND .

Während unsere Herzen rein sind, ist unser Leben glücklich und unser Frieden ist sicher. –William Winter.

Reinheit lebt und bezieht ihr Leben einzig und allein aus dem Geist Gottes. – COLTON .

innerlich schön sein möge. – SOKRATES .

Streitigkeiten. – Streitigkeiten würden nie lange dauern, wenn der Fehler nur auf einer Seite wäre. – LA ROCHEFOUCAULD .

Die Streitigkeiten der Liebenden sind wie Sommerstürme; Alles ist schöner, wenn sie vorbei sind. – MADAME NECKER .

Ich werde lieber tausend Unrecht erleiden, als eines anzubieten. Ich habe immer festgestellt, dass es schädlich ist, mit einem Vorgesetzten zu streiten; mit einem gleichwertigen, zweifelhaften; mit einer minderwertigen, schmutzigen und niederträchtigen; mit jedem, voller Unruhe. – BISHOP HALL .

Wer in Streitigkeiten, mit denen er nichts zu tun hat, die Kohlen verbrennt, hat kein Recht, sich zu beschweren, wenn ihm die Funken ins Gesicht fliegen. – FRANKLIN .

Wer sich in einen Streit einmischt, muss sich oft die blutige Nase wischen. - Fröhlich.

Dreimal ist der bewaffnet , der seinen Streit gerecht hat; Und er ist nur nackt, obwohl in Stahl eingesperrt , dessen Gewissen durch Ungerechtigkeit verdorben ist. –Shakespeare.

Lektüre. – Nehmen Sie sich vor, jeden Tag ein wenig zu lesen, wenn es nur ein einziger Satz ist. Wenn Sie täglich fünfzehn Minuten gewinnen, wird sich das am Ende des Jahres bemerkbar machen. – HORACE MANN .

Wir lesen nie ohne Gewinn, wenn wir mit der Feder oder dem Bleistift in unserer Hand Ideen markieren, die uns durch ihre Neuheit auffallen, oder diejenigen korrigieren, die wir bereits haben . – ZIMMERMANN .

Wenn das, was Sie lesen, Ihren Geist erhebt und Sie mit edlen Bestrebungen erfüllt, suchen Sie nach keiner anderen Regel, nach der Sie ein Buch beurteilen können. es ist gut und das Werk einer Meisterhand. – LA BRUYÈRE .

Wenn wir beim Lesen auf eine Maxime stoßen, die von Nutzen sein könnte, sollten wir sie für unsere eigene nehmen und sofort anwenden, so wie wir es mit dem Rat eines Freundes tun würden, den wir absichtlich konsultiert haben. – COLTON .

Wir sollten den Geist daran gewöhnen, die beste Gesellschaft zu leisten, indem wir ihn nur mit den besten Büchern bekannt machen. – SYDNEY SMITH .

Wenn ich um einen Geschmack beten würde, der mir unter allen möglichen Umständen zur Seite steht und mir im Leben eine Quelle des Glücks und der Fröhlichkeit und ein Schutzschild gegen seine Übel wäre, wie auch immer die Dinge schief gehen und die Welt die Stirn runzeln könnte Für mich wäre es eine Lust am Lesen. – SIR JOHN HERSCHEL .

Lesen macht einen vollen Mann, Konferenzen einen bereiten Mann und Schreiben einen genauen Mann ... Geschichten machen Menschen weise; Dichter, witzig; die Mathematik, subtil ; Naturphilosophie, tiefgründig; moralisch, ernst; Logik und Rhetorik, konkurrenzfähig. – BACON .

Tatsächlich hat nichts eine solche Tendenz, nicht nur die Erfindungskraft, sondern die intellektuellen Kräfte im Allgemeinen zu schwächen, als die Gewohnheit, ausgiebig und abwechslungsreich zu lesen, ohne darüber nachzudenken . – DUGALD STEWART .

Herr Johnson war nach eigenen Angaben nie ein enger Schüler gewesen und riet jungen Leuten, nie ohne ein Buch in der Tasche zu sein, damit sie es in den Pausen, wenn sie nichts anderes zu tun hatten, lesen konnten. „Auf diese Weise", sagte er eines Tages zu einem Jungen in unserem Haus, „habe ich mein gesamtes Wissen erworben, mit Ausnahme dessen, was ich gelernt habe, indem ich mit meinem beobachtungsbereiten Verstand und meiner Zunge durch die Welt gerannt bin." bereit zu reden." – FRAU PIOZZI .

Zweckloses Lesen ist ein Herumschlendern, kein Sport. Aus einem Buch, bei dem sich der Gedanke auf ein bestimmtes Wissensziel konzentriert, lässt sich mehr herausholen als aus Bibliotheken, die von einem wandernden Auge überflogen werden. Eine Hüttenblume gibt der Biene Honig, ein Königsgarten keinen dem Schmetterling. – LYTTON .

Lesen, markieren, lernen und innerlich verdauen . – SAMMELN .

Viel Lesen ist wie viel Essen – ohne Verdauung völlig nutzlos. – SÜDEN .

Grund. – Die Vernunft ist die Herrlichkeit der menschlichen Natur und eine der wichtigsten Vorzüge, durch die wir uns in dieser niederen Welt über die Tiere erheben. – DR. WATTS .

Lassen Sie unsere Vernunft und nicht unsere Sinne die Regel unseres Verhaltens sein; denn die Vernunft wird uns lehren, weise zu denken, umsichtig zu sprechen und uns würdig zu verhalten. – KONFUZIUS .

Auch wenn man sich nicht auf die Vernunft verlassen kann, die allgemein ausreicht, um uns zu sagen, was wir tun sollen, so ist doch im Allgemeinen auf sie zu vertrauen und ihr zu gehorchen, wenn sie uns sagt, was wir nicht tun sollen . – SÜDEN .

Wer nicht argumentieren will, ist ein Fanatiker, wer nicht argumentieren kann, ist ein Narr, und wer es nicht wagt, vernünftig zu argumentieren, ist ein Sklave . – SIR W. DRUMMOND .

Weise Männer werden durch Vernunft unterrichtet; Männer mit weniger Verständnis, aus Erfahrung; der Unwissendste zwangsläufig; und Tiere von Natur aus. – CICERO .

Wenn ein Mann keinen guten Grund hat, etwas zu tun, hat er einen guten Grund, es in Ruhe zu lassen. – WALTER SCOTT .

Man kann nicht oft genug wiederholen, dass die Vernunft, wie sie im Menschen existiert, nur unser intellektuelles Auge ist und dass sie, wie das Auge, zum Sehen Licht braucht , – um klar und weit zu sehen, das Licht des Himmels braucht.

Die Sprache der Vernunft hinterlässt ohne Freundlichkeit oft keinen Eindruck; es hat keine Wirkung auf den Verstand, weil es das Herz nicht berührt. Die Sprache der Freundlichkeit, die nichts mit Vernunft zu tun hat, wird häufig nicht in der Lage sein, zu überzeugen; denn obwohl es die Zuneigung gewinnen mag, will es das Notwendige, um das Urteil zu überzeugen. Aber lassen Sie Vernunft und Freundlichkeit in einem Diskurs vereint sein, und selbst Stolz oder Vorurteil werden es selten leicht haben, zu widerstehen . – GISBORNE .

Gute Gründe müssen zwangsläufig den besseren weichen. – SHAKESPEARE .

Es gibt ein gerechtes lateinisches Axiom, dass derjenige, der für alles einen Grund sucht, den Verstand untergräbt. – EPES SARGENT .

Tadel. – Achten Sie bei allen Vorwürfen darauf, eher Ihre Liebe als Ihren Zorn auszudrücken; und versuche eher zu überzeugen als zu verärgern. Wenn die Angelegenheit jedoch eine besondere Empörung erfordert, lass es eher als den Eifer eines unzufriedenen Freundes erscheinen, als als die Leidenschaft eines provozierten Feindes. – FULLER .

Versöhnung. – Wodurch ist es für uns, böse und gottlose Geschöpfe, möglich, gerechtfertigt zu werden, außer durch den einzigen Sohn Gottes? O süße Versöhnung! O unauffindbarer Dienst! O unerwarteter Segen! dass die Bosheit vieler in einem gottesfürchtigen und gerechten Mann verborgen sein sollte und die Gerechtigkeit eines einzigen eine Schar von Sündern rechtfertigen sollte! – JUSTIN MÄRTYRER .

Gott verzeiht wie eine Mutter, die die Beleidigung in ewiges Vergessen verwandelt. – BEECHER .

Als wir am Abend durch das Land gingen, Und gepflückt das Reife Ohren, wir haben uns gestritten, meine Frau und ich, wir haben uns gestritten, ich weiß nicht warum, und noch einmal mit Tränen geküsst .

Und Segen für den Streit , der uns umso mehr erfreut, wenn wir uns mit denen, die wir lieben, streiten und uns erneut unter Tränen küssen!

Denn als wir kamen, wo liegt das Kind , das wir in anderen Jahren verloren haben, dort über dem kleinen Grab, oh , dort über dem kleinen Grab, wir noch einmal mit Tränen geküsst . – Tennyson.

Oh, meine lieben Freunde, ihr, die ihr elende Missverständnisse von Jahr zu Jahr weitergehen lässt, mit der Absicht, sie eines Tages aufzuklären, – wenn ihr nur wissen und sehen und fühlen könntet, dass die Zeit knapp ist, wie würde das den Bann brechen? ! Wie Sie sofort loslegen und das tun würden, wozu Sie vielleicht nie wieder eine Chance haben würden ! – PHILLIPS BROOKS .

Raffinesse. – Raffinesse ist der zarte Duft des Christentums. – CHARLOTTE M. YONGE .

Das allein kann als wahre Verfeinerung bezeichnet werden, die die Seele des Menschen erhebt und die Manieren durch Verbesserung des Intellekts reinigt. – HOSEA BALLOU .

Vornehmheit, die uns von unseren Mitmenschen wegführt, ist nicht Gottes Vornehmheit . – BEECHER .

Wenn verfeinerter Sinn und erhöhter Sinn nicht so nützlich sind wie der gesunde Menschenverstand, bilden ihre Seltenheit, ihre Neuheit und die Noblesse ihrer Gegenstände einen gewissen Ausgleich und machen sie zur Bewunderung der Menschheit . – HUME .

Weitaus besser und fröhlicher könnte ich auf einen Teil der absoluten Notwendigkeiten des Lebens verzichten, als auf bestimmte Umstände der Eleganz und Anstand in den täglichen Gewohnheiten, sie zu benutzen. – DE QUINCEY .

Reform. – Wer sich selbst reformiert, hat mehr zur Reformierung der Öffentlichkeit beigetragen als eine Menge lauter, ohnmächtiger Patrioten. – LAVATER .

Wer in seiner Konstitution genug Energie hat, um ein Laster auszurotten, sollte noch ein wenig weiter gehen und versuchen, an seiner Stelle eine Tugend zu pflanzen; andernfalls wird er seine Arbeit erneuern müssen. Ein starker Boden, der Unkraut hervorgebracht hat, kann mit weitaus weniger Schwierigkeiten dazu gebracht werden, Weizen zu produzieren, als es kosten würde, ihn nichts produzieren zu lassen. – COLTON .

wieder in die guten Gedanken der Welt versetzen können. – SHAKESPEARE .

Jedes Jahr wird eine bösartige Angewohnheit ausgerottet, die mit der Zeit den schlechtesten Mann zum Guten machen könnte. – FRANKLIN .

Reformen müssen wie Wohltätigkeitsorganisationen zu Hause beginnen. – CARLYLE .

Was auch immer Sie an einer anderen Person nicht mögen, achten Sie darauf, es an sich selbst zu korrigieren. – SPROTTE .

Wer reformiert, dem hilft Gott. – CERVANTES .

Regeneration. – Begnügen Sie sich nicht mit der bloßen Duldung der Sünde, solange sich Ihr Herz, Ihr Wille und Ihre Gefühle nicht ändern. sondern strebe danach, ein neuer Mensch zu werden, durch die Erneuerung deines Geistes verwandelt zu werden, die Sünde zu hassen, Gott zu lieben, gegen deine geheimen Verderbtheiten zu kämpfen, Freude an heiligen Pflichten zu haben, deinen Verstand, deinen Willen und deine Gefühle zu unterwerfen , zum Gehorsam des Glaubens und der Frömmigkeit. – BP. SANDERSON .

Wer einmal „aus Gott geboren" ist, wird die Welt überwinden, und zwar auch der Fürst dieser Welt, durch die Kraft Gottes in ihm. Heiligkeit ist keine einsame, vernachlässigte Sache; es hat stärkere Bündnisse, größere Bündnisse als Sünde und Bosheit. Es steht im Bunde mit Gott und dem Universum; die ganze Schöpfung lächelt darauf; Darin steckt etwas von Gott, und deshalb muss es notwendigerweise ein siegreiches und triumphierendes Ding sein. – CUDWORTH .

Regeneration ist die Ausplünderung der Seele, die Abkehr eines Menschen von sich selbst, das Zerfallen des alten Menschen in Stücke und seine Neuformung in eine andere Gestalt; Es ist die Verwandlung von Steinen in Kinder und eine Zeichnung des lebendigen Porträts von Jesus Christus auf genau diesem Tisch, der zuvor nur das Bild des Teufels darstellte ... Bist du so verändert? Ist alles Alte weggetan und alles in dir neu geworden? Hast du ein neues Herz und erneuerte Zuneigung? Und dienst du Gott in neuem Leben und Gespräch? Wenn nicht, was hast du mit den Hoffnungen auf den Himmel zu tun? Du bist noch ohne Christus und daher ohne Hoffnung. – BISCHOF HOPKINS .

Reue. – Eine falsche Tat, gefolgt von bloßem Bedauern und sorgfältiger Vorsicht, ähnliche Fehler zu vermeiden, macht einen Mann besser, als er es gewesen wäre, wenn er nie gefallen wäre. – HORATIO SEYMOUR .

Die Aufgabe des Lebens besteht darin, voranzukommen; Wer das Böse in Aussicht sieht, begegnet ihm auf seine Weise, aber wer es im Nachhinein erkennt, kehrt um, um es zu finden. Das, was gefürchtet wird, kann manchmal vermieden werden, aber das, was heute bereut wird, kann morgen wieder bereut werden. – Dr. JOHNSON .

Ein Gefühl von Traurigkeit und Sehnsucht , das nicht mit Schmerz zu vergleichen ist, sondern lediglich Trauer ähnelt, so wie der Nebel dem Regen ähnelt. – Longfellow.

Nur die Gegenwart ist der Besitz eines Menschen; Die Vergangenheit ist völlig und unwiderruflich aus seiner Hand verschwunden. Er kann darunter leiden, daraus lernen , vielleicht in gewissem Maße dafür büßen; aber darüber nachzudenken ist völliger Wahnsinn. – MISS MULOCK .

Von allen traurigen Worten der Zunge oder der Feder sind diese die traurigsten: „Es hätte sein können!" – Whittier.

Religion. – Eine Religion, die niemals ausreicht, um einen Menschen zu regieren, wird niemals ausreichen, um ihn zu retten; Was jemanden nicht ausreichend von einer bösen Welt unterscheidet, wird ihn niemals von einer untergehenden Welt unterscheiden. – HOWE .

Die Religion krönt den Staatsmann und den Mann, die einzige Quelle des öffentlichen und privaten Friedens. -Jung.

Ein echter religiöser Instinkt hat den Menschen nie einer einzigen Freude beraubt; Traurige Gesichter und ein düsteres Aussehen sind die herkömmlichen Affekte des Schwachsinnigen . – HOSEA BALLOU .

Die Quelle allen Guten und allen Trostes. – BURKE .

Sie können sich darauf verlassen, Religion ist ihrem Wesen nach die vornehmste Sache der Welt. Es wird *allein* gentilize , wenn nicht mit Cant vermischt; und ich kenne nichts anderes, das es *allein schaffen würde* . – ST COLERIDGE .

Wenn wir die Welt bereisen, ist es möglich, Städte ohne Mauern, ohne Buchstaben, ohne Könige, ohne Reichtum, ohne Münzen, ohne Schulen und Theater zu finden; aber eine Stadt ohne Tempel oder in der weder Anbetung noch Gebete und dergleichen praktiziert werden , hat niemand jemals gesehen . – PLUTARCH .

muss , wenn sie in himmlische Wahrheiten gekleidet ist, nur gesehen werden, um bewundert zu werden. – Kupfer.

Ah! Was für eine göttliche Religion könnte man herausfinden, wenn man statt des Glaubens wirklich Nächstenliebe zu ihrem Prinzip machen würde. – SHELLEY .

Überlassen Sie die Religionsfrage dem Familienaltar, der Kirche und der Privatschule, die ausschließlich durch private Beiträge finanziert werden; Halten Sie die Kirche und den Staat für immer getrennt . – US GRANT .

Religion ist der Mörtel, der die Gesellschaft zusammenhält; der Granitsockel der Freiheit; das starke Rückgrat des sozialen Systems . – GUTHRIE .

Jeder Glaube, der nicht glücklicher, freier, liebevoller, aktiver, ruhiger macht, ist, fürchte ich, ein falscher und abergläubischer Glaube . – LAVATER .

Vertraue niemals jemandem, der keine gesunde Religion hat, denn wer Gott gegenüber falsch ist, kann den Menschen niemals treu sein. – LORD BURLEIGH .

Ein Mann ohne Religion ist wie ein Pferd ohne Zaum . – AUS DEM LATEINISCHEN .

Es ist eine große Schande für die Religion, sich vorzustellen, dass sie ein Feind von Fröhlichkeit und Fröhlichkeit ist und ein strenger Verfechter nachdenklicher Blicke und ernster Gesichter . – WALTER SCOTT .

Nirgendwo gäbe es Trost, wenn es die Religion nicht gäbe. – JACOBI .

Ein Mann ohne Sinn für religiöse Pflichten ist derjenige, den die Heilige Schrift in so knapper, aber schrecklicher Sprache als einen Menschen beschreibt, der „ohne Gott in der Welt“ lebt. Ein solcher Mann befindet sich außerhalb seines eigentlichen Wesens, außerhalb des Kreises all seiner

Pflichten, außerhalb des Kreises all seines Glücks und weit, weit entfernt von den Zielen seiner Schöpfung . – WEBSTER .

Alle, die ohne das Christentum großartig und gut gewesen wären, wären damit viel größer und besser gewesen . – COLTON .

Es gibt viele fromme Menschen, die genauso auf ihre Religion achten wie auf ihr bestes Porzellan und es nur zu heiligen Anlässen verwenden, aus Angst, dass es im Alltagskleidung absplittert oder fehlerhaft wird. – DOUGLAS JERROLD .

Wunderbar! dass die christliche Religion, die kein anderes Ziel zu haben scheint als die Glückseligkeit eines anderen Lebens, auch das Glück dieses Lebens ausmachen sollte . – MONTESQUIEU .

Gießen Sie den Balsam des Evangeliums in die Wunden blutender Nationen. Pflanzen Sie den Baum des Lebens in jeden Boden, damit leidende Königreiche in seinem Schatten ruhen und die Kraft seiner heilenden Blätter spüren können, bis alle Geschlechter der Menschheitsfamilie durch ein gemeinsames Band der Freundschaft und Liebe und des Kriegers miteinander verbunden sind soll ein Charakter sein, der noch unbekannt ist, aber in die Geschichte eingegangen ist. – THOMAS RAFFLES .

Es gibt drei Arten, die Übel des Lebens zu ertragen; durch Gleichgültigkeit, was am häufigsten vorkommt; durch die Philosophie, die am protzigsten ist; und durch die Religion, die am wirksamsten ist. – COLTON .

Ein Haus ohne Familiengottesdienst hat weder ein Fundament noch eine Decke. – MASON .

Religion ist die beste Rüstung der Welt, aber der schlechteste Umhang. – BUNYAN .

Ein guter Name ist besser als kostbare Salbe. – PREDIGER 7:1 .

Ich habe lange genug gelebt, um zu wissen, was ich einst nicht glaubte – dass keine Gesellschaft in Glück und Ehre ohne das Gefühl der Religion aufrechterhalten werden kann. – LA PLACE .

Von allen Gesinnungen und Gewohnheiten, die zu politischem Wohlstand führen, sind Religion und Moral unverzichtbare Stützen. Vergebens würde der Mann den Tribut des Patriotismus beanspruchen, der daran arbeiten sollte, diese großen Säulen des menschlichen Glücks, diese festesten Stützen der Pflichten von Menschen und Bürgern, zu untergraben. Und lassen Sie uns mit Vorsicht der Annahme nachgehen, dass die Moral ohne Religion aufrechterhalten werden kann. Was auch immer man dem Einfluss verfeinerter Bildung auf Geister mit besonderer Struktur zugestehen mag, Vernunft und Erfahrung verbieten uns die Annahme, dass sich die nationale

Moral unter Ausschluss religiöser Prinzipien durchsetzen kann. –
WASHINGTON .

„Als ich jung war, war ich mir vieler Dinge sicher; es gibt nur zwei Dinge,
bei denen ich mir jetzt sicher bin: das eine ist, dass ich ein elender Sünder
bin, und das andere, dass Jesus Christus ein alles Genügender ist Retter .“
Wer diese beiden Lektionen bekommt, ist gut unterrichtet. – JOHN NEWTON
.

Wenn wir Religion zu unserer Aufgabe machen, wird Gott sie zu unserem
Segen machen. – HGJ ADAM .

Der Ruf zur Religion ist kein Aufruf, besser zu sein als deine Mitmenschen,
sondern besser zu sein als du selbst. Religion ist relativ zum Individuum. –
BEECHER .

Erinnerung. – Erinnerung ist das einzige Paradies, aus dem wir nicht
vertrieben werden können. – RICHTER .

Man kann die Erinnerung nicht aus dem Kopf verbannen; und ein Unrecht,
das gestern ein Unrecht war, muss morgen ein Unrecht sein. – THACKERAY
.

Ich kann mich nur an solche Dinge erinnern, die mir am wertvollsten
waren . –Shakespeare.

Gewissensbisse. —— Reue ist die Strafe für ein Verbrechen; Reue, ihre
Sühne. Ersteres bezieht sich auf ein gequältes Gewissen; Letzteres zu einer
zum Besseren veränderten Seele. – JOUBERT .

Reue, das verhängnisvolle Ei der Lust , das in jeden Busen gelegt wird, wo
ihr Nest ist , ausgebrütet von den Strahlen der Wahrheit, verweigert ihm
die Ruhe und erweist sich als wütender Skorpion in seiner Brust. – Kupfer.

Wir können uns in den Staub werfen, wenn wir einen Fehler begangen haben,
aber es ist nicht das Beste, dort zu bleiben. – CHATEAUBRIAND .

Es gibt keinen Menschen, der wissentlich böse ist, sich aber selbst schuldig
macht; und es gibt keinen Mann, der Schuldgefühle trägt, ohne dass er einen
Stich in seine Seele bekommt. – TILLOTSON .

Buße. – Reue ohne Besserung ist wie ständiges Pumpen, ohne das Leck zu
reparieren. – DILWYN .

Reue ist nur ein anderer Name für Streben. – BEECHER .

Wenn du gut sein möchtest, glaube zuerst, dass du schlecht bist. – EPIKTET
.

Die Reue ist eine Göttin und die Bewahrerin derer, die sich geirrt haben. – JULIAN .

Einige wohlmeinende Christen zittern um ihre Erlösung, weil sie noch nie durch das Tal der Tränen und des Kummers gegangen sind, das sie als eine Tortur betrachten, die sie durchstehen müssen, bevor sie zur Erneuerung gelangen können. Um solche Gemüter zu befriedigen, kann man beobachten, dass die geringste Trauer über die Sünde ausreicht, wenn sie zu einer Besserung führt, und dass die größte nicht ausreicht, wenn sie nicht zu einer Besserung führt. – COLTON .

Lasst uns unsere Verletzungen schnell bereuen, solange Reue kein fruchtloser Schmerz ist. – DR. JOHNSON .

Unsere Herzen müssen nicht nur vor Kummer, sondern auch vor Sünde gebrochen sein, um Reue darzustellen. – DEWEY .

Unser größter Ruhm besteht nicht darin, niemals zu fallen, sondern darin, jedes Mal wieder aufzustehen, wenn wir fallen. – GOLDSMITH .

Ich werde es morgen tun, das werde ich tun, ich werde es sicher tun; Der Morgen kommt, der Morgen geht, und dennoch wirst du es tun . Somit wird die Reue noch aufgeschoben. Von einem Tag zum anderen: Bis der Tag des Todes gekommen ist und das Gericht der andere ist. — Drexelius .

So wie es nie zu früh ist, gut zu sein, so ist es auch nie zu spät, etwas zu ändern: Ich werde daher weder die gegenwärtige Zeit vernachlässigen noch an der vergangenen Zeit verzweifeln. Wenn ich früher gut gewesen wäre, wäre ich vielleicht besser gewesen; Wenn es mir länger schlecht geht, wird es mir sicher schlechter gehen. – ARTHUR WARWICK .

Reue ist Herzensschmerz und daraus folgt ein klares Leben. – SHAKESPEARE .

Ruhe. – Die Macht liegt in der Ruhe . – CECIL .

Wussten Sie, wie Sie Ihre Manieren beherrschen? Sie haben viel mehr getan als der, der Bücher geschrieben hat. Wussten Sie, wie man zur Ruhe kommt? Sie haben mehr getan als der, der Städte und Reiche eingenommen hat. – MONTAIGNE .

Ruhe ohne Stagnation ist der Zustand, der dem Glück am meisten zuträglich ist. „Das große Glück des Lebens“, sagt Seneca, „besteht darin, ohne Störungen zu sein.“ – BOVEE .

Es gibt keinen Sterblichen, der gleichzeitig wirklich weise und unruhig ist; Weisheit ist die Ruhe des Geistes. – LAVATER .

Tadel. — Wenn Sie auf Kosten Ihres Freundes einen Vorstoß ausführen müssen, tun Sie dies mit Anstand, es ist umso effektiver. Jemand sagt, der Vorwurf, der mit dem Hut in der Hand vorgebracht wird, sei der aufschlussreichste. – HALIBURTON .

Die schwerste Strafe, die ein sensibler Geist für eine einem anderen zugefügte Verletzung erleidet, ist das Bewusstsein, es getan zu haben. – HOSEA BALLOU .

Kein Vorwurf ist so gut, dass wir uns mit einem Lächeln kleiden und uns mit einer Verbeugung präsentieren. – LYTTON .

Tadel ist eine Medizin wie Quecksilber oder Opium; Wenn es unsachgemäß verabreicht wird, schadet es, statt dass es nützt. – HORACE MANN .

Er hatte eine so sanfte Methode, ihre Fehler zu tadeln, dass sie nicht so sehr Angst hatten, sondern sich schämten, sie zu wiederholen. – ATTERBURY .

Weise deinen Freund privat zurecht; lobe ihn öffentlich. – SOLON .

Ruf. – Der Weg, einen guten Ruf zu erlangen, besteht darin, sich zu bemühen, das zu sein, was man erscheinen möchte. – SOKRATES .

Wie viele Menschen leben von dem Ruf, den sie sich vielleicht erworben haben! – HOLMES .

O, Ruf! Teuerer als das Leben, Du kostbarer Balsam, lieblich, süßer Duft, dessen herzliche Tropfen einst von einer unüberlegten Hand verschüttet wurden, Nicht die ganze Sorgfalt des Besitzers, noch die reuige Mühe des unhöflichen Verschütters kann ihn jemals zu seiner ursprünglichen Reinheit und natürlichen Süße zurückbringen . – Sewell.

Man mag besser sein als sein Ruf oder sein Verhalten, aber niemals besser als seine Prinzipien . – LATÉNA .

Reputation ist das, was Männer und Frauen über uns denken; Charakter ist das, was Gott und Engel über uns wissen. – THOMAS PAINE .

Wenn ein Mensch nur einen Tag lang in der Welt tätig sein würde und nie Gelegenheit hätte, mehr mit der Menschheit zu sprechen, nie mehr ihre gute Meinung oder ihr gutes Wort bräuchte, dann wäre das keine große Sache (in Bezug auf die Belange dieser Welt).), wenn ein Mann seinen Ruf auf einmal verschwendete und es auf einen Schlag riskierte; aber wenn er in der Welt bleiben will und während seines Aufenthaltes in der Welt Gespräche führen möchte, möge er in all seinen Worten und Taten Wahrheit und Aufrichtigkeit an den Tag legen; denn nichts anderes wird bis zum Ende Bestand haben. – TILLOTSON .

Rücktritt. – Resignation ist der Mut christlichen Leids. – PROFESSOR VINET .

Wenn Gott dir ein Kreuz sendet, nimm es bereitwillig auf dich und folge ihm. Setzen Sie es mit Bedacht ein, damit es nicht unrentabel wird. Ertragen Sie es geduldig, damit es nicht unerträglich wird. Wenn es hell ist, beschwere es nicht. Wenn es schwer ist, murre nicht. Nach dem Kreuz ist die Krone. – QUARLES .

„Mein Wille geschehe, nicht Deiner", verwandelte das Paradies in eine Wüste. „Dein Wille geschehe, nicht meiner", verwandelte die Wüste in ein Paradies und machte Gethsemane zum Tor des Himmels . – PRESSENSÉ .

Mit einem Seufzer über das, was wir nicht haben, müssen wir dankbar sein für das, was wir haben, und die tieferen Probleme der menschlichen Seele und ihrer Disziplin jemandem überlassen, der weiser ist als wir selbst. – GLADSTONE .

Der Herr hat gegeben, und der Herr hat genommen; Gepriesen sei der Name des Herrn. – HIOB 1:21 .

Wagen Sie es, zu Gott aufzublicken und zu sagen: „Behandle in Zukunft mit mir, wie du willst. Ich bin der gleichen Meinung wie du; ich gehöre dir. Ich lehne nichts ab, was dir gefällt. Führe mich, wohin du willst; ziehe mich an." Welches Kleid du wählst ." – EPIKTET .

Keine Wolke kann einen wahren Christen überschatten, aber sein Glaube wird darin einen Regenbogen erkennen. – Bischof HORNE .

Lass Gott mit mir tun, was Er will, alles, was Er will; und was auch immer es sein mag, es wird entweder der Himmel selbst oder ein Anfang davon sein. – MOUNTFORD .

Ist es vernünftig, es schlecht zu finden, dass irgendjemand von uns das verlangt, was ihm gehört? Alles, was wir haben, ist das des Allmächtigen; und sollte Gott nicht sein eigenes haben, wenn er danach ruft ? – WILLIAM PENN .

Auflösung. – Er ist nur ein gut gemachter Mann, der einen guten Abschluss hat. – EMERSON .

Verzichten Sie nicht für eine einzige Abwehr auf den Zweck , den Sie sich vorgenommen haben. –Shakespeare.

Ausruhen. — Ruhe ist eine gute Medizin. Lasst eure Mägen ruhen, ihr Dyspeptiker; Lasst eure Gedanken ruhen, ihr müden und besorgten Geschäftsleute; Lasst eure Glieder ruhen, ihr Kinder der Arbeit! – CARLYLE .

Abwesenheit von Beschäftigung ist keine Ruhe. Ein völlig leerer Geist ist
ein verzweifelter Geist . – Kupfer.

Gott schenkt endlich Ruhe. – WHITTIER .

den Gaben unseres liebevollen Vaters frage ich mich oft, welches das beste
ist, und rufe: Lieber Gott, der unsere Seele aus der Müdigkeit zur Ruhe
erhebt , der Rest der Stille – das ist das Beste. –Mary Clemmer.

Das Wort „Ruhe" kommt nicht in meinem Wortschatz vor. – HORACE
GREELEY .

Ruhestand. – Wie sehr irren sich diejenigen, die blind für ihre eigenen
Interessen den ruhigen Frieden missachten, der aus dem Ruhestand strömt!
– FRAU TIGHE .

Die Natur werde ich in ihrer Beschlagnahmung umwerben spukt, durch
Berge, Wiesen, Bäche, Wäldchen oder Zellen; Wo der ausgeglichene Lerche
sein Abendlied singt, Und Gesundheit, Frieden und Besinnung wohnen. –
Smollett.

Oh, gesegneter Ruhestand! Freund des Niedergangs des Lebens – Wie
gesegnet ist der, der in Schattierungen wie diesen einen jungen Mann der
Arbeit mit einem Zeitalter der Leichtigkeit krönt! -Goldschmied.

So manche Blume wird geboren , um unsichtbar zu erröten und ihre Süße
an die Wüstenluft zu verschwenden. -Grau.

Verlassen Sie die Straße und begeben Sie sich auf ein umzäuntes Gelände.
denn es ist schwer für einen Baum, der am Wegesrand steht, seine Früchte
zu behalten, bis sie reif sind. – HL. CHRYSOSTOMUS .

Setzen Sie Ihre Talente ein und zeichnen Sie sich aus. Denken Sie nicht
daran, sich aus der Welt zurückzuziehen, bis die Welt es bereuen wird, dass
Sie in den Ruhestand gehen. Ich hasse einen Kerl, den Stolz, Feigheit oder
Faulheit in die Enge treiben und der nichts anderes tut, als da zu sitzen und
zu knurren. Lassen Sie ihn herauskommen, wie ich es tue, und bellen. – DR.
JOHNSON .

Der Staatsmann, Anwalt, Kaufmann und Handelsmann suchte Zuflucht in
einem ländlichen Schatten, wo all seine langen Ängste inmitten des
Charmes einer Sequestrierung vergessen wurden Oder er erinnert sich nur,

um ihn zu vergolden und dem , was zuvor süß war, ein Lächeln hinzuzufügen. Er mag die Freuden besitzen, die er zu sehen glaubt, sein Alter in den Schoß der Bequemlichkeit legen und den Rest seiner verschwendeten Lebensspanne verbessern . Und nachdem du eine Kleinigkeit gelebt hast, stirb als Mann. – Kupfer.

Aber was sind die Voraussetzungen für ein Leben im Ruhestand? Ein Mann kann der Strapazen und Qualen des Geschäfts überdrüssig sein und dennoch für den ruhigen Rückzugsort völlig ungeeignet sein. Ohne Literatur, Freundschaft und Religion ist der Ruhestand in den meisten Fällen eine tote, flache Ebene, eine öde Einöde und eine leere Leere. Weder der Körper noch die Seele können in einem Vakuum Gesundheit und Leben genießen. – RUSTICUS .

Reichtümer. – Reichtum schließt nur eine Unannehmlichkeit aus, nämlich Armut. – DR. JOHNSON .

Kein Mensch kann großen Reichtum an Reichtümern sammeln und behalten, ohne Sünde zu sündigen. – ERASMUS .

Reichtum, Ehre und Vergnügen sind die Süßigkeiten, die den Appetit des Geistes auf seine himmlische Nahrung zerstören; Armut, Schande und Schmerz sind die Bitterstoffe, die es wiederherstellen. – BISCHOF HORNE .

Der wahre Reichtum eines Menschen ist das Gute, das er in dieser Welt tut. – MOHAMMED .

Überfluss kommt um Haaresbreite schneller, aber Kompetenz lebt länger . – SHAKESPEARE .

Wer reich ist, dessen Einkommen höher ist als seine Ausgaben; und er ist arm, dessen Ausgaben sein Einkommen übersteigen. – LA BRUYÈRE .

Niemand kann anhand seines Hauptbuchs erkennen, ob er reich oder arm ist. Es ist das Herz, das einen Mann reich macht. Er ist reich oder arm, je nachdem, was er ist, nicht danach, was er hat . – BEECHER .

Reichtum gehört nicht dem, der ihn hat, sondern dem, der ihn genießt. – FRANKLIN .

Wer sich beeilt, reich zu werden, wird nicht unschuldig sein. – SPRÜCHE 28:20 .

Reichtum ohne Almosen ist nichts wert. Sie sind nur für den ein Segen, der sie für andere zu einem Segen macht. – FIELDING .

Sabbat. — Der Sonntag ist der Kern unserer Zivilisation, der dem Denken und der Ehrfurcht gewidmet ist. Es lädt zur edelsten Einsamkeit und zur edelsten Gesellschaft ein. – EMERSON .

Studenten jeden Alters und jeder Art, hüten Sie sich vor weltlichen Studien am Tag des Herrn. – PROFESSOR MILLER .

Eine Welt ohne Sabbat wäre wie ein Mann ohne Lächeln, wie ein Sommer ohne Blumen und wie ein Gehöft ohne Garten. Es ist der freudige Tag der ganzen Woche . – BEECHER .

Er, der den Sabbat festgesetzt hat, liebte die Armen. – OW HOLMES .

Skandal. – Wenn es eine Person gibt, die Sie nicht mögen, dann ist es die Person, über die Sie niemals sprechen sollten. – CECIL .

Es gibt eine Lust im Menschen, die kein Zauber zähmen kann, die Schande seines Nächsten lautstark zu verkünden ; – Auf den Flügeln des Adlers fliegen unsterbliche Skandale, während tugendhafte Taten nur geboren werden und sterben. –Ella Louisa Hervey.

Niemand erzählt gerne von Skandalen, außer dem, der es liebt, es zu hören. Lernen Sie also, die abfällige Zunge zu tadeln und einzudämmen, indem Sie zeigen, dass Sie ihr nicht gerne zuhören. – Hl . HIERONYMUS .

Alle Bitterkeit, jeder Zorn, jeder Zorn, jedes Geschrei und jedes böse Reden soll von euch genommen werden, samt aller Bosheit . – EPHESER 4:31 .

Skepsis . — Der Skeptizismus hat niemals Imperien gegründet, Prinzipien etabliert oder das Herz der Welt verändert. Die großen Macher der Geschichte waren schon immer Männer des Glaubens. – CHAPIN .

Skeptizismus ist eine karge Küste ohne Hafen oder Leuchtturm . – BEECHER .

Freidenker sind im Allgemeinen diejenigen, die überhaupt nicht denken. – STERNE .

Ich kenne kein so großes Verbrechen, das ein Mann begehen könnte, als würde es die Quellen der ewigen Wahrheit vergiften. – DR. JOHNSON .

Geheimhaltung. – Das Geheimnis, das zwei kennen, ist kein Geheimnis mehr. – NINON DE LENCLOS .

Geheimhaltung wird zu Recht als die Seele aller großartigen Designs bezeichnet. Vielleicht hat die Verheimlichung unserer eigenen Absichten mehr bewirkt als die Entdeckung der Absichten unseres Feindes. Aber großen Männern gelingt beides.

Eine Frau kann ein Geheimnis bewahren , das Geheimnis ihres Alters. – VOLTAIRE .

Die eigenen Geheimnisse zu verraten ist im Allgemeinen Torheit, aber diese Torheit ist ohne Schuld; Die Kommunikation mit denen, die uns anvertraut sind, ist immer Verrat, und Verrat ist größtenteils mit Torheit verbunden. – DR. JOHNSON .

Sein Geheimnis zu bewahren ist Weisheit; aber von anderen zu erwarten, dass sie es behalten, ist Torheit. – HOLMES .

Wem du dein Geheimnis verrätst, dem verkaufst du deine Freiheit. – FRANKLIN .

Wer seinem Diener ein Geheimnis anvertraut, macht seinen eigenen Mann zu seinem Herrn. – DRYDEN .

Selbstkontrolle . – Wer seinen Geist regiert, ist besser als wer eine Stadt einnimmt. – SPRÜCHE 16:32 .

Welche ist die beste Regierung? Das, was uns lehrt, uns selbst zu regieren. – GOETHE .

Wer in sich selbst herrscht und Leidenschaften, Wünsche und Ängste beherrscht, ist mehr als ein König . – MILTON .

Wahrer Ruhm entspringt der stillen Eroberung unserer selbst . – THOMSON .

Er ist ein Narr, der nicht wütend sein kann; aber er ist ein weiser Mann, der es nicht will. – ENGLISCHES SPRICHWORT .

Selbstverleugnung . – Selbstverleugnung ist die Eigenschaft, die Jesus Christus uns als Beispiel gegeben hat. – ARY SCHEFFER .

Nur die Seele, die sich mit einem überwältigenden Impuls und vollkommenem Vertrauen für immer dem Leben anderer Menschen hingibt, findet die Freude und den Frieden, die eine solche völlige Selbsthingabe geben muss. – Phillips BROOKS .

Selbstverleugnung ist eine Tugend von höchster Qualität, und wer sie nicht besitzt und nicht danach strebt, sie zu erwerben, wird in nichts übertreffen. – CONYBEARE .

Je mehr ein Mensch sich selbst verleugnet, desto mehr wird er von Gott erhalten. – HORAZ .

Die schlechteste Erziehung, die Selbstverleugnung lehrt, ist besser als die beste, die alles andere lehrt, und nicht das. – JOHN STERLING .

Selbstsucht. – Egoismus ist das abscheuliche Laster, das niemand anderen verzeihen wird, und ohne das niemand in sich selbst ist. – BEECHER .

allein dorthin gehen möchte. – FELTHAM .

Wenn wir den Egoismus aus dieser Welt verbannen, gäbe es mehr Glück, als wir wissen sollten, was wir damit anfangen sollen. – HW SHAW.

Wir errichten das Idol-Selbst und möchten nicht nur, dass andere es anbeten, sondern auch uns selbst. – CECIL.

Schweigen. – Schweigen Sie oder sagen Sie etwas Besseres als Schweigen. – PYTHAGORAS.

Gottes Dichter ist Stille! Sein Lied ist unausgesprochen, Und doch so tiefgründig, so laut und so weit, Es erfüllt dich, es begeistert dich mit ungebrochenen Maßen, Und so sanft und so schön und so weit wie ein Stern. –Joaquin Miller.

sich selbst misstraut. – LA ROCHEFOUCAULD.

Mund hältst. – QUARLES.

So wie wir für jedes leere Wort Rechenschaft ablegen müssen, müssen wir auch für jedes leere Schweigen Rechenschaft ablegen. – FRANKLIN.

Lerne, den Mund zu halten. Fünf Worte kosteten Zacharias vierzig Wochen Schweigen. – FULLER.

Schweigen ist eine Tugend für diejenigen, denen es an Verständnis mangelt. – BOUHOURS.

Schweigen, wenn nichts gesagt werden muss, ist die Beredsamkeit der Diskretion. – BOVEE.

Schweigen bedeutet nicht immer Weisheit. – ST COLERIDGE.

Sogar ein Narr gilt als weise, wenn er schweigt. – SPRÜCHE 17:28.

Sünde. – Erleiden Sie alles vom Menschen, anstatt gegen Gott zu sündigen. – SIR HENRY VANE.

Wer die Zähne der Schlange sät, soll nicht auf eine freudige Ernte hoffen. Jedes Verbrechen hat im Moment seiner Begehung seinen eigenen Racheengel – dunkle Befürchtungen im tiefsten Herzen. – SCHILLER.

Ich könnte nicht in Frieden leben, wenn ich den Schatten einer vorsätzlichen Sünde zwischen mich und Gott schieben würde. – GEORGE ELIOT.

Niemand soll sich vorstellen, dass er mit bösen Mitteln ein gutes Ziel erreichen kann, ohne gegen seine eigene Seele zu sündigen! Jedes andere Problem ist zweifelhaft; Die böse Wirkung auf ihn selbst ist sicher. – SOUTHEY.

Viele Leiden werden den Seelenfrieden nicht so sehr trüben und behindern wie eine einzige Sünde: Wenn du also fröhlich wandeln möchtest, achte sehr darauf, heilig zu wandeln. Alle Winde rund um die Erde verursachen kein Erdbeben, sondern nur das im Inneren . – ERZBISCHOF LEIGHTON .

Denken Sie nicht daran, dass Unrecht wie dieses ungegeißelt weiterlebt ; Möget ihr noch lange sündigen, und möge der Himmel noch lange vergeben; Aber wenn ihr es am wenigsten erwartet, wird die Rache am Tag des Kummers wegen der Verzögerung schwerer fallen . -Churchill.

Die Sünde bleibt niemals bestehen; wenn wir uns nicht davon zurückziehen, werden wir darin vorankommen; und je weiter wir gehen, desto mehr müssen wir zurückkommen. – BARROW .

Die Sünden anderer Menschen liegen vor unseren Augen, unsere eigenen liegen hinter unserem Rücken . – SENECA .

Nimm beständig eine Sünde, die vor dir hervorzustechen scheint, an, um sie durch Gottes Gnade auszurotten, und zwar mit jeder Faser davon. Nehmen Sie sich fest vor, durch die Gnade und Kraft Gottes, diese Sünde oder sündige Neigung ganz der Liebe Gottes zu opfern und sie nicht zu verschonen, bis Sie nichts davon übrig lassen, weder Wurzel noch Zweig . – EB PUSEY .

Vertreibe deinen Jona – jede schlafende und sichere Sünde, die einen Sturm auf dein Schiff und Ärger für deinen Geist bringt. – REYNOLDS .

Benutze die Sünde, wie sie dich gebrauchen wird; verschone es nicht, denn es wird dich nicht verschonen; Es ist dein Mörder und der Mörder der ganzen Welt. Benutze es deshalb, wie ein Mörder benutzt werden sollte; töte es, bevor es dich tötet; und obwohl es dich ins Grab bringt, so wie es deinen Kopf getan hat, wird es dich dort nicht festhalten können. Du liebst nicht den Tod; Liebe ist nicht die Todesursache. – BAXTER .

Aufrichtigkeit. – Ich denke, Sie werden feststellen, dass Menschen, die ehrlich meinen, wahr zu sein, viel seltener sich selbst widersprechen als diejenigen, die versuchen, „konsequent" zu sein. – HOLMES .

Wenn die Zurschaustellung einer Sache für irgendetwas gut ist , bin ich sicher, dass Aufrichtigkeit besser ist; Denn warum verstellt sich jemand oder scheint etwas zu sein, was er nicht ist, wenn nicht, weil er es für gut hält, eine solche Eigenschaft zu haben, die er vorgibt ? – TILLOTSON .

Der einzige schlüssige Beweis für die Aufrichtigkeit eines Menschen ist, dass er sich für ein Prinzip einsetzt. Worte, Geld und alles andere sind vergleichsweise leicht zu verschenken; Aber wenn ein Mann sein tägliches

Leben und seine Praxis schenkt, ist es klar, dass die Wahrheit, was auch immer sie sein mag, Besitz von ihm ergriffen hat. – LOWELL .

Private Aufrichtigkeit ist ein Gemeinwohl. – BARTOL .

Ich hoffe, dass ich immer die nötige Festigkeit und Tugend besitzen werde, um den meiner Meinung nach beneidenswertesten aller Titel zu behalten: den Charakter eines „ehrlichen Mannes". – WASHINGTON .

Aufrichtigkeit bedeutet, so zu sprechen, wie wir denken, zu tun, was wir vorgeben und bekennen, zu tun und einzulösen, was wir versprechen, und wirklich das zu sein, was wir zu sein scheinen und zu sein scheinen. – TILLOTSON .

Lasst uns also sein, was wir sind, und sagen, was wir denken, und in allen Dingen der Wahrheit und den heiligen Bekenntnissen der Freundschaft treu bleiben. – LONGFELLOW .

Verleumdung. — Wann werden Redner davon absehen, böse zu reden? Wenn Zuhörer davon absehen, böse zu hören . – HASE .

Werfen Sie niemals Schlamm. Sie können Ihr Ziel verfehlen, aber Sie müssen schmutzige Hände haben. – JOSEPH PARKER .

Stein werfen kann. – HOSEA BALLOU .

Verleumdung, deren Schneide schärfer ist als das Schwert; dessen Zunge alle Würmer des Nils vergiftet ; dessen Atem auf den wehenden Winden reitet und alle Ecken der Welt Lügen straft : Könige, Königinnen und Staaten, Dienstmädchen , Matronen, ja, die Geheimnisse des Grabes . Diese viperische Verleumdung dringt ein. –Shakespeare.

Sie trauen auch nicht allein ihrer Zunge, sondern sprechen ihre eigene Sprache ; Kann ein Nicken, ein Schulterzucken, einen Blick lesen. Weitaus besser als ein gedrucktes Buch; Verbreiten Sie eine Verleumdung mit einem Stirnrunzeln und verunglimpfen Sie Ihren Ruf . Oder beschreiben Sie durch das Werfen des Fächers die Dame und den Mann. -Schnell.

Die Männer, die Anschuldigungen mit sich herumtragen und ihnen zuhören, sollten alle gehängt werden, wenn das so wäre, könnte es meine Entscheidung sein – die Überbringer an ihrer Zunge, die Zuhörer an ihren Ohren . – PLAUTUS .

Oh! Manch ein Pfeil, zufällig verschickt, Funde markieren den Bogenschützen wenig gemeint; Und so manches Wort kann, ganz zufällig gesprochen, ein gebrochenes Herz beruhigen oder verletzen . –Walter Scott.

Schlafen. – Eine Stunde Schlaf vor Mitternacht ist zwei Stunden danach wert. – FIELDING .

Gott gibt den Bösen Schlaf, damit die Guten ungestört sind. – SAADI .

Lege deine Sorgen mit deinen Kleidern ab; so wird deine Ruhe deine Arbeit stärken; und so wird deine Arbeit deine Ruhe versüßen. – QUARLES .

Wir schlafen, aber der Webstuhl des Lebens hört nie auf; und das Muster, das sich webte, als die Sonne unterging, wird auch weben, wenn es morgen aufgeht. – BEECHER .

Der Himmel putzt unsere Lampen, während wir schlafen. – ALCOTT .

Es gibt viele Möglichkeiten, den Schlaf herbeizuführen: der Gedanke an plätschernde Bäche oder wogende Wälder; Rechnen mit Zahlen; Kot von einem nassen Schwamm, der über einer Messingpfanne usw. befestigt ist. Aber Mäßigkeit und Bewegung sind viel besser geeignet als alle diese Succedaneums . – STERNE .

Der Schlaf ist ein großzügiger Dieb; er gibt der Kraft, was er von der Zeit nimmt . – ELISABETH, KÖNIGIN VON RUMÄNIEN .

O schlaf! Es ist eine sanfte Sache, Geliebte von Pol zu Pol. – Coleridge.

Gesellschaft. – Die Gesellschaft ist immer bereit, den Erfolg anzubeten, verzeiht aber selten Misserfolge. – FRAU. ROLAND .

Die Gesellschaft ist eine Truppe von Denkern, und die besten Köpfe unter ihnen nehmen die besten Plätze ein. – EMERSON .

Die Gesellschaft ist wie ein Rasen, auf dem jede Unebenheit geglättet, jedes Brombeergestrüpp ausgerottet ist und das Auge sich an der lächelnden Grünfläche einer samtenen Oberfläche erfreut. – WASHINGTON IRVING .

Der Himmel formt einander zur Abhängigkeit, ein Herr, ein Diener oder ein Freund bittet einander um Hilfe , bis die Schwäche eines Menschen zur Stärke aller wächst. Wünsche , Schwächen, Leidenschaften, enger noch Verbündeter Das gemeinsame Interesse, oder die Bindung lieben. Diesen verdanken wir wahre Freundschaft, aufrichtige Liebe, jede heimatliche Freude, die das Leben hier erbt. -Papst.

dort aufgenommen wird. – HAZLITT .

Der Empfang eines Mannes hängt von seinem Mantel ab; seine Entlassung aufgrund des Witzes, den er zeigt. – BERANGER .

Der Mensch in der Gesellschaft ist wie eine Blume, verweht in ihrem natürlichen Bett. Es ist dort allein , wo seine Fähigkeiten in voller Blüte entfaltet werden und erst dort ihren richtigen Gebrauch finden. – Kupfer.

In der Vorsehung gibt es eine Art Sparsamkeit, nach der einer übertreffen soll, wo ein anderer mangelhaft ist, um die Menschen einander nützlicher zu machen und sie in die Gesellschaft einzubinden. – ADDISON .

Die Gesellschaft besteht aus zwei großen Klassen: diejenigen, die mehr zu Abend essen als Appetit haben, und diejenigen, die mehr Appetit als Abendessen haben . – CHAMFORT .

Erfolg. – Für den Menschen, der wollen kann, ist nichts unmöglich. Ist das notwendig? Das soll sein. Dies ist das einzige Gesetz des Erfolgs. – MIRABEAU .

Nichts gelingt so gut wie der Erfolg. – TALLEYRAND .

Zu wissen, wie man wartet, ist das große Erfolgsgeheimnis. – DE MAISTRE .

Der Weg zum geschäftlichen Erfolg ist immer der Weg des gesunden Menschenverstandes. Trotz allem, was über „Glückstreffer" gesagt wird, ist der beste Erfolg im Leben eines jeden Menschen nicht der Zufall. Die einzige „gute Zeit", auf die wir hoffen dürfen, ist die, die wir selbst schaffen können. – SAMUEL SMILES .

Das Talent zum Erfolg besteht in nichts anderem als darin, das zu tun, was man gut kann, und alles, was man kann, gut zu machen, ohne an Ruhm zu denken. Wenn es überhaupt kommt, wird es kommen, weil es verdient ist, nicht weil es begehrt ist. – LONGFELLOW .

Der sicherste Weg, nicht zu scheitern, ist der Entschluss, erfolgreich zu sein. – SHERIDAN .

Der große Weg des menschlichen Wohlergehens liegt entlang der alten Straße des unerschütterlichen Wohlergehens; und diejenigen, die am beharrlichsten sind und im wahrsten Sinne des Wortes arbeiten, werden ausnahmslos die erfolgreichsten sein; Der Erfolg folgt jeder richtigen Anstrengung . – SAMUEL SMILES .

Es ist möglich, den bloßen Erfolg zu sehr zu verachten, was häufig mit allen praktischen Vorteilen des Verdienstes selbst und mit mehreren Vorteilen einhergeht, die Verdienst allein niemals bieten kann. – WB CLULOW .

Es liegt nicht an den Sterblichen, Erfolg zu haben, aber wir werden mehr tun, Sempronius ; wir werden es verdienen. – Addison.

Wenn das Glück einen Mann wertvoll machen will, schenkt es ihm Tugenden; Wenn sie ihm Ansehen verschaffen will, schenkt sie ihm Erfolg . – JOUBERT .

Erfolgreiche Köpfe arbeiten wie ein Bohrer – bis zu einem einzigen Punkt. – BOVEE .

Wenn Sie Erfolg im Leben wünschen, machen Sie Beharrlichkeit zu Ihrem besten Freund, erleben Sie Ihren weisen Ratgeber, warnen Sie Ihren älteren Bruder und hoffen Sie, dass Ihr Beschützer genial ist . – ADDISON .

Erfolg besteht nicht darin, niemals Fehler zu machen, sondern darin, niemals denselben Fehler ein zweites Mal zu machen. – HW SHAW .

Selbstmord. – Bieten Sie Abscheu, es um die Welt zu zischen. – YOUNG .

Gott hat uns zu Kapitänen dieser unsere körperlichen Festung ernannt, die, ohne diese Majestät zu verraten, niemals ausgeliefert werden dürfen, bis sie gefordert werden. – SIR P. SIDNEY .

Zu sterben, um den Schmerzen der Armut, der Liebe oder allem Unangenehmen zu entgehen, gehört nicht zu einem tapferen Mann, sondern zu einem Feigling . – ARISTOTELES .

Unsere Zeit steht fest ; und alle unsere Tage sind gezählt; Wie lange, wie kurz, wissen wir nicht: Das wissen wir. Die Pflicht erfordert, dass wir ruhig auf die Vorladung warten Wagen Sie es, sich zu rühren, bis der Himmel die Erlaubnis gibt . Wie Wachposten, die ihren vorgesehenen Stand halten und die festgelegte Stunde abwarten müssen, bis sie abgelöst werden. Nur die Tapferen sind es , die ihren Standpunkt behaupten und ihn bis zum Letzten behalten. – Blair.

Selbstmord ist kein Heilmittel. – JAMES A. GARFIELD .

Hüten Sie sich vor verzweifelten Schritten. Der dunkelste Tag, Lebe bis morgen, wird vergangen sein . – Kupfer.

Der Feigling schleicht sich zu Tode; Die Mutigen leben weiter. – DR. GEORGE SEWELL .

Aberglaube. – Ich denke, wir können den Aberglauben, der die Gesellschaft stört, nicht stark genug angreifen; noch zu großen Respekt vor der echten Religion, die ihre Stütze ist. – ROUSSEAU .

Es gibt nur eine Sache, die einen Menschen vom Aberglauben befreien kann, und das ist der Glaube. Die ganze Geschichte beweist es. Die Skeptischsten waren jemals die Leichtgläubigsten. – GEORGE MACDONALD .

Aberglaube! Dieser schreckliche Incubus, der in der Dunkelheit lebte und das Licht mit all seinen Gestellen, Giftkelchen und faulen Schlaftrunken scheute, vergeht ohne Wiederkehr. Religion kann nicht vergehen. Das Verbrennen von etwas Stroh kann die Sterne am Himmel verbergen; aber die Sterne sind da und werden wieder auftauchen . – CARLYLE .

Die Religion verehrt Gott, während der Aberglaube diese Anbetung entweiht. – SENECA .

Aberglaube ist die einzige Religion, zu der niedrige Seelen fähig sind. – JOUBERT .

Aberglaube weckt immer die Kleinheit, die Religion immer die Größe des Geistes; Der Abergläubische erhebt Wesen, die ihm unterlegen sind, zu Gottheiten . – LAVATER .

Das Kind, dem beigebracht wird, zu glauben, dass jedes Ereignis ein gutes oder böses Omen ist, oder dass ein Tag in der Woche Glück bringt, hat einen großen Einfluss auf die Solidität seines Verständnisses gehabt. – DR. WATTS .

Aberglaube ist eine sinnlose Furcht vor Gott; Religion, die fromme Anbetung Gottes . – CICERO .

Aberglaube macht einen Menschen zum Narren und Skeptizismus macht ihn verrückt. – FIELDING .

Ich sterbe, indem ich Gott anbete, meine Freunde liebe, meine Feinde nicht hasse und den Aberglauben verabscheue. – VOLTAIRE .

Sympathie. — Mitgefühl ist die erste große Lektion, die der Mensch lernen sollte. Es wird ihm schaden, wenn er nicht weitergeht; wenn seine Gefühle nur erregt sind, um auf sein Herz zurückzurollen und in luxuriöser Stille gepflegt zu werden. Aber wenn er nicht lernt, für Dinge zu empfinden, an denen er kein persönliches Interesse hat, kann er nichts Großzügiges oder Edles erreichen . – TALFOURD .

Mitleid zu haben ist manchmal mehr als zu geben; denn Geld ist außerhalb des Selbst eines Menschen, aber wer Mitgefühl schenkt, teilt seine eigene Seele mit. – MOUNTFORD .

Ein helfendes Wort für jemanden, der in Schwierigkeiten ist, ist oft wie eine Weiche auf einer Eisenbahnstrecke – nur einen Zentimeter zwischen dem Scheitern und dem sanften Wohlstand. – BEECHER .

Die größten Freuden, für die der menschliche Geist empfänglich ist, sind die Freuden des Bewusstseins und des Mitgefühls . – PARKE GODWIN .

Welcher Edelstein ist von seiner Kette gefallen und funkelt ? Die heiligste Träne, die für den Schmerz anderer vergossen wird . Sie beginnt sofort – hell – rein – aus dem Mitleid, das mir gehört poliert von der göttlichen Hand. –Byron.

Mitgefühl ist vor allem eine christliche Pflicht . – SPURGEON .

Takt. – Gewähren Sie gnädig, was Sie nicht sicher ablehnen können, und versöhnen Sie diejenigen, die Sie nicht besiegen können. – COLTON .

Ein wenig Management kann oft dem Widerstand entgehen, den eine große Macht vergeblich zu überwinden versucht.

Talent. – Talent von höchster Qualität, das Bewunderung hervorrufen soll, kann neben Weisheit existieren. – ROBERT HALL .

Was auch immer Sie von Natur aus sind, bleiben Sie dabei; Geben Sie niemals Ihre eigene Talentlinie auf. Seien Sie, wofür die Natur Sie vorgesehen hat, und Sie werden Erfolg haben. Sei alles andere, und du wirst zehntausendmal schlimmer sein als nichts. – SYDNEY SMITH .

Talent ohne Takt ist nur halbes Talent. – HORACE GREELEY .

Reden. — Obwohl wir zwei Augen haben, verfügen wir nur über eine Zunge. Zeichnen Sie Ihre eigene Moral. – ALPHONSE KARR .

Noch nie hat auf dieser Welt ein großer Redner etwas Großartiges getan. – OUIDA .

Wenn Sie auf einen unverschämten Redner stoßen, der Ihnen bis zur Enttäuschung wichtiger Anlässe wie ein Klette anhaftet, gehen Sie frei mit ihm um, brechen Sie den Diskurs ab und gehen Sie Ihrem Geschäft nach. – PLUTARCH .

Was du bei dir behältst, kannst du ändern und verbessern; Aber einmal gesprochene Worte kann man sich nie wieder merken. – Roscommon.

So wie deine Worte sind, so werden deine Zuneigungen geschätzt werden; und deine Taten werden so sein wie deine Zuneigungen und dein Leben so wie deine Taten . – SOKRATES .

Aber weitaus zahlreicher war die Herde derer , die zu wenig denken und zu viel reden. – Dryden.

Wer sich der Meinungsfreiheit hingibt, wird im Gegenzug Dinge hören, die ihm nicht gefallen. – TERENCE .

Die Zunge ist das Instrument des größten Guten und des größten Übels, das auf der Welt getan wird. – SIR WALTER RALEIGH .

Wer selten spricht und mit einem ruhigen, gut getimten Wort den Geschwätzigen zum Schweigen bringen kann, ist ein Genie oder ein Held . – LAVATER .

Ein weiser Mann denkt nach, bevor er spricht; Ein Narr spricht und denkt dann über das nach, was er geäußert hat . – AUS DEM FRANZÖSISCHEN .

Wer sich nur um wenige Angelegenheiten kümmern muss, ist ein großartiger Redner. Je weniger Menschen denken, desto mehr reden sie. – MONTESQUIEU .

Viel zu reden ist ein Zeichen von Eitelkeit; Denn wer in seinen Worten verschwenderisch ist, ist in seinen Taten ein Geizhals. – SIR WALTER RALEIGH .

Tränen. – Freudentränen sind der Tau, in dem sich die Sonne der Gerechtigkeit spiegelt. – RICHTER .

In Tränen liegt eine Heiligkeit. Sie sind nicht das Zeichen von Schwäche, sondern von Macht. Sie sprechen beredter als zehntausend Zungen. Sie sind die Botschafter überwältigender Trauer, tiefer Reue und unaussprechlicher Liebe . – WASHINGTON IRVING .

Tränenfluss über die Wange der Kindheit ist wie der Tautropfen auf der Rose; Wenn das nächste Mal die Sommerbrise vorbeikommt und den Busch weht, ist die Blume trocken. –Walter Scott.

Schande über diese steinernen Brüste, die nicht in der sanften Annahme des Kummers eines anderen schmelzen können. – AARON HILL .

Tränen können die Wunden lindern, die sie nicht heilen können. – THOMAS PAINE .

Verstecke deine Tränen nicht; Weine kühn und sei stolz darauf, der fließenden Tugend einen männlichen Weg zu geben; Es ist ein Zeichen der Natur, ein ehrliches Herz zu haben. – Aaron HILL .

Tränen sind eine gute Alternative, aber eine schlechte Ernährung . – HW SHAW .

Wer mit Tränen sät, wird mit Freude ernten. – PSALM 126:5 .

Jede Träne ist ein Vers und jedes Herz ist ein Gedicht. – MARC ANDRÉ .

Das Weinen mag eine Nacht lang anhalten, aber am Morgen kommt Freude. – PSALM 30:5 .

Temperament. – Das Glück und das Elend der Menschen hängen nicht weniger vom Temperament als vom Glück ab. – LA ROCHEFOUCAULD .

Vergebens versucht er, andere zu unterdrücken, der nicht zuerst gelernt hat , sich selbst zu unterwerfen. –Spenser.

Mit „Sanftmut" in seinem eigenen Charakter, „Behaglichkeit" in seinem Haus und „guter Laune" in seiner Frau ist die irdische Glückseligkeit des Menschen vollkommen . – AUS DEM DEUTSCHEN .

Nichts führt direkter zum Verstoß gegen die Nächstenliebe und zur Verletzung und Belästigung unserer Mitgeschöpfe als das Nachgeben einer schlechten Laune . – BLAIR .

Zu viele haben keine Ahnung davon, dass ihr Temperament dem Einfluss der Religion unterworfen ist, und doch was ändert sich, wenn das Temperament nicht verändert wird? Wenn ein Mann nach seiner Bekehrung genauso leidenschaftlich, böswillig, nachtragend, mürrisch, launisch oder mürrisch ist wie davor, wovon oder wozu bekehrt er sich dann ? – JOHN ANGELL JAMES .

Wenn wir sicher, bequem und ruhig leben wollen, sollten wir uns mit allen ehrlichen Mitteln bemühen, den guten Willen aller Menschen zu erkaufen und niemanden unnötig Feindschaft zu provozieren; denn die Liebe eines jeden Menschen kann nützlich sein, und der Hass eines jeden Menschen ist gefährlich . – ISAAC BARROW .

Ein sonniges Temperament vergoldet die Ränder der schwärzesten Wolke des Lebens. – GUTHRIE .

Mäßigkeit. – Mäßigkeit bringt Holz ins Feuer, Mehl in das Fass, Mehl in die Wanne, Geld in die Handtasche, Kredit auf dem Land, Zufriedenheit im Haus, Kleidung auf den Rücken und Kraft im Körper. – FRANKLIN .

Narren! nicht zu wissen, wie weit ein bescheidenes Los durch Ungerechtigkeit den Überfluss übersteigt ; Wie Gesundheit und Mäßigkeit die Landsfrau segnen , während Luxus ihr verwöhntes Gefolge zerstört. – Hesiod.

Männer leben am besten mit mäßigen Mitteln: Die Natur hat allen Menschen das Nötigste gegeben, um glücklich zu sein, wenn die Menschheit nur wüsste, wie sie ihre Gaben zu nutzen hat. – CLAUDIAN .

Mäßigkeit ist eine Tugend, die der Person, in der sie steckt, den wahrsten Glanz verleiht und den allgemeinsten Einfluss auf alle anderen besonderen Tugenden aller Tugenden hat, zu denen die Seele des Menschen fähig ist. in der Tat so allgemein, dass es kaum eine edle Qualität oder Begabung des Geistes gibt, sondern Mäßigkeit besitzen muss, sei es als Eltern oder als Amme; Es stärkt und klärt die Vernunft am stärksten und bereitet sie am besten auf die Religion vor, die Schwester der Klugheit und die Dienerin der Hingabe. – DEAN SOUTH .

Es ist völliger Unsinn, dass man ohne Bier, Apfelwein und vergorene Spirituosen nicht arbeiten kann. Trinken Löwen und Karrenpferde Bier? – SYDNEY SMITH .

Mäßigkeit ist ein Zaum aus Gold; Wer es richtig nutzt, gleicht eher einem Gott als einem Menschen . – BURTON .

Sofern Sie nicht den Wunsch haben, Ihr Ende zu beschleunigen, betrachten Sie dies als allgemeine Regel, dass Sie Ihrem Körper niemals künstliche Wärme durch Wein oder Gewürze hinzufügen. – SIR WALTER RALEIGH .

Wassertrinken macht einen Mann weder krank noch in Schulden, noch macht seine Frau eine Witwe . – JOHN NEAL .

Mäßigung ist die seidene Schnur, die sich durch die Perlenkette aller Tugenden zieht. – FULLER .

Wenn Sie den Geist klar und den Körper gesund halten möchten, verzichten Sie auf alle fermentierten Getränke . – SYDNEY SMITH .

Obwohl ich alt aussehe, bin ich dennoch stark und lustvoll, denn in meiner Jugend habe ich nie heiße und rebellische Spirituosen in mein Blut getaucht. – SHAKESPEARE .

Verlockung. – Es ist eine Sache, in Versuchung zu geraten, und eine andere, zu fallen. – SHAKESPEARE .

Manche Versuchungen treffen den Fleißigen, aber alle Versuchungen greifen den Müßiggänger an. – SPURGEON .

Wenn die Menschen nur Versuchungen zu großen Sünden hätten, wären sie immer gut; aber der tägliche Kampf mit den Kleinen gewöhnt sie daran, zu besiegen. – RICHTER .

Es ist besser, den Köder zu meiden, als in der Schlinge zu kämpfen. – DRYDEN .

Gott näher zu kommen. – JQ ADAMS .

Wenn ein Mann sich der Sünde nur aus menschlichen Motiven widersetzt, wird er nicht lange durchhalten. – BISCHOF WILSON .

Wir dürfen uns nicht absichtlich der Gefahr aussetzen oder Versuchungen auf uns ziehen. Eine solche Vorwärtsgewandtheit ist keine Entschlossenheit, sondern Unbesonnenheit; es ist auch nicht die Frucht eines wohlgeordneten Glaubens, sondern ein übertriebener Wagemut Vermutung. – KÖNIG .

Aber Satan ist jetzt weiser als früher und versucht, indem er reich macht, nicht arm. -Papst.

Gott ist besser gedient, wenn man einer Versuchung zum Bösen widersteht, als mit vielen formellen Gebeten . – WILLIAM PENN .

Wacht und betet, dass ihr nicht in Versuchung gerät. – MATTHÄUS 26:41 .

Gedanke. – Das Denken ist die erste Fähigkeit des Menschen; es auszudrücken ist einer seiner ersten Wünsche; es zu verbreiten, sein größtes Privileg. – ABBÉ RAYNAL .

Diejenigen, die am Ende alle anderen zum Mitdenken gebracht haben, waren in der Regel diejenigen, die es zunächst wagten, mit sich selbst zu denken. – COLTON .

Unser Gehirn ist eine Siebzig-Jahres -Uhr. Der Engel des Lebens zieht sie ein für alle Mal auf, schließt dann den Koffer und gibt den Schlüssel in die Hände des Engels der Auferstehung . – HOLMES .

Dank des menschlichen Herzens, von dem wir leben, Dank seiner Zärtlichkeit, seiner Freuden und Ängste; Für mich kann die gemeinste Blume, die weht, Gedanken hervorrufen , die oft zu tief für Tränen liegen. -Wordsworth.

In Gewissensfragen sind die ersten Gedanken am besten, in Fragen der Klugheit sind die letzten Gedanken am besten . – ROBERT HALL .

Der Mensch denkt und wird sofort zum Herrscher über die Wesen, die nicht denken. – BUFFON .

Pflegen Sie Ihren Geist mit großartigen Gedanken. An das Heroische zu glauben macht Helden. – DISRAELI .

Das Denken führt den Menschen zur Erkenntnis. Er kann sehen und hören, lesen und lernen, so viel er will; Er wird nie etwas davon erfahren, außer das, worüber er nachgedacht hat, das, was er durch Denken zum Eigentum seines Geistes gemacht hat. Ist es dann zu viel gesagt, wenn ich sage, dass der Mensch erst durch das Denken wahrer Mensch wird? Nehmen Sie die Gedanken aus dem Leben des Menschen, und was bleibt? – PESTALOZZI .

Ein Gedanke kann nicht erwachen, ohne andere zu erwecken. – MARIE EBNER-ESCHENBACH .

Der Gedanke ist der Wind, das Wissen das Segel und der Mensch das Schiff
. – HASE .

Ein Mann tut gut daran, einen Bleistift in der Tasche zu haben und die
Gedanken des Augenblicks aufzuschreiben. Diejenigen, die unversucht
bleiben, sind im Allgemeinen die wertvollsten und sollten gesichert werden,
da sie selten zurückkommen . – BACON .

Jeder reine Gedanke ist ein Blick auf Gott. – CA BARTOL .

Sprache ist äußeres Denken und gedachtes inneres Sprechen. – RIVAROL .

Lernen ohne Nachdenken ist verlorene Arbeit. – KONFUZIUS .

Die drei Grundlagen des Denkens: Klarheit, Weite und Gerechtigkeit. Die
drei Ornamente des Denkens: Klarheit, Korrektheit und Neuheit. –
CATHERALL .

Wie er in seinem Herzen denkt, so ist er. – SPRÜCHE 23:7 .

Zeit. — Zeit ist wie Geld; Je weniger wir davon übrig haben, desto weiter
schaffen wir es. – HW SHAW .

Die Jugend ist nicht reich an Zeit, sie kann arm sein; Geben Sie sich davon
wie vom Geld, sparsam; Zahlen Sie keinen Moment außer für den Kauf
seines Wertes; Und was es wert ist, fragen Sie Sterbebetten; sie können es
sagen. -Jung.

Erlöse die vergeudete Zeit, die vergangen ist, und lebe diesen Tag als
deinen letzten. –Ken.

Die Zeit, die Wiege der Hoffnung, aber auch das Grab des Ehrgeizes, ist die
strenge Zurechtweisung der Narren, aber auch der heilsame Ratgeber der
Weisen, indem sie dem einen alles bringt, was sie fürchten, und dem anderen
alles, was sie sich wünschen. – COLTON .

Die Zeit, die so unmerklich an unseren Köpfen vergeht, bewirkt die gleiche
allmähliche Veränderung in Gewohnheiten, Manieren und Charakter wie in
der persönlichen Erscheinung. Bei der Revolution alle fünf Jahre finden wir
uns anders und doch gleich ; es gibt einen Wandel in den Ansichten und
nicht weniger in dem Licht, in dem wir sie betrachten; eine Änderung der
Motive und des Handelns. – WALTER SCOTT .

letzter wäre. – SENECA .

Die große Regel moralischen Verhaltens besteht neben Gott darin, die Zeit
zu respektieren. – LAVATER .

Verloren, gestern, irgendwo zwischen Sonnenaufgang und Sonnenuntergang, zwei goldene Stunden, jeweils besetzt mit sechzig Diamantminuten. Es wird keine Belohnung angeboten, denn sie sind für immer verschwunden! – HORACE MANN .

So wertvoll wie jeder Goldfaden ist, so wertvoll ist auch jede Minute Zeit. – MASON .

Niemand wird Gelegenheit haben, sich über Zeitmangel zu beschweren, der niemals Zeit verliert. – Thomas JEFFERSON .

Nutze die Zeit, wenn du die Ewigkeit schätzt . Gestern kann man sich nicht mehr erinnern; morgen kann nicht garantiert werden; Nur heute gehört dir, was du verlierst , wenn du es zögerst ; Dieser Verlust ist für immer verloren. – JEREMY TAYLOR .

Er ist ein guter Zeitdiener, der die Gegenwart zur Ehre Gottes und zu seiner eigenen Erlösung verbessert. – THOMAS FULLER .

Unser Leben verbringen wir entweder damit, überhaupt nichts zu tun, oder nichts zweckdienliches zu tun, oder nichts zu tun, was wir tun sollten. Wir beschweren uns immer darüber, dass wir nur wenige Tage haben, und tun so, als würden sie kein Ende nehmen. – SENECA .

Uns wird Zeit geschenkt, damit wir für die Ewigkeit sorgen können; und die Ewigkeit wird nicht zu lange dauern, um den Verlust unserer Zeit zu bereuen, wenn wir sie falsch ausgegeben haben. – FÉNELON .

hinterlässt aber ihren Schatten. – HAWTHORNE .

Liebst du das Leben, dann verschwende keine Zeit, denn das ist der Stoff, aus dem das Leben gemacht ist. – FRANKLIN .

Duldung. – Lasst uns sehr sanft mit den Fehlern unserer Nachbarn umgehen und unseren Freunden ihre Schulden erlassen, so wie wir hoffen, dass uns selbst vergeben wird. – THACKERAY .

Mit Männern hat man nichts zu tun, als sie zu lieben; ihre Tugenden mit Bewunderung, ihre Fehler mit Mitleid und Nachsicht und ihre Verletzungen mit Vergebung zu betrachten. – DEWEY .

Toleranz ist der einzige wirkliche Test der Zivilisation . – ARTHUR HELPS .

Um unsere Cousins und Nachbarn als Mitglieder der himmlischen Familie zu lieben, bedarf es weitaus mehr der Zwänge der Liebe zu Christus, als zu spüren, wie warm das Herz für unsere leidenden Brüder in der Toskana und auf Madeira ist. – ELIZABETH CHARLES .

Wenn du dich nicht zu dem machen kannst, was du möchtest, wie kannst du dann erwarten, in allen Dingen einen anderen zu haben, der dir gefällt ? – THOMAS À KEMPIS .

dafür stirbt. – BEECHER .

Denken wir oft an unsere eigenen Gebrechen, und wir werden denen anderer gegenüber nachsichtig werden. – FÉNELON .

Hat Gott diese vielen Jahre nicht mit dir getragen? Seid tolerant gegenüber anderen. – HOSEA BALLOU .

Reisen. – Ein Reisender ohne Beobachtung ist ein Vogel ohne Flügel. – SAADI .

Wer sein Land nie verlässt, ist voller Vorurteile. – CARLO GOLDONI .

Reisen mit der Bahn ist überhaupt kein Reisen; Es wird lediglich an einen Ort geschickt und unterscheidet sich kaum davon, ein Paket zu werden. – RUSKIN .

Schwindelerregend umherstreifen und überall sein außer zu Hause, eine solche Freiheit wird zur Verbannung. – DONNE .

Der Nutzen des Reisens besteht darin, die Vorstellungskraft durch die Realität zu regulieren und statt darüber nachzudenken, wie die Dinge sein könnten, sie so zu sehen, wie sie sind . – DR. JOHNSON .

Wer im Dunkeln am sichersten reist, reist am leichtesten. – CORTES .

Normalerweise ist die schlechteste Person in Gesellschaft ein junger Reisender, der gerade aus dem Ausland zurückgekehrt ist. – SWIFT .

Vertrauen. – Ich denke, wir können getrost viel mehr vertrauen, als wir es tun. – THOREAU .

Vertrauen Sie mit einer kindlichen Abhängigkeit von Gott, und Sie werden nichts Böses fürchten, denn seien Sie versichert, dass selbst „wenn der Feind wie eine Flut hereinbricht", der Geist des Herrn ein Banner gegen ihn erheben wird. Auch in dieser schrecklichen Stunde, in der die Welt dir nicht helfen kann, in der alle Kräfte der Natur vergeblich sind, ja, in der dein Herz und dein Fleisch versagen, wirst du dennoch in der Lage sein, dich mit Frieden auf Ihn zu verlassen, der gesagt hat: „ Ich werde die Stärke deines Herzens und dein Teil für immer sein ." – H. BLUNT .

Vertrauen ist ein größeres Kompliment als geliebt zu werden. – GEORGE MACDONALD .

Wer auf den Herrn vertraut , der ist glücklich. – SPRÜCHE 16:20 .

Wahrheit. – Es gibt keinen richtigen Glauben daran, zu glauben, was wahr ist, es sei denn, wir glauben es, weil es wahr ist. – WAS ?

Die auf die Erde niedergeschlagene Wahrheit wird wieder auferstehen; Die ewigen Jahre Gottes gehören ihr; Aber der Irrtum, verwundet, windet sich vor Schmerz und stirbt unter seinen Anbetern. –Bryant.

Die Wahrheit ist einfach und erfordert weder Studium noch Kunst. – AMMIAN .

Und das ganze Volk schrie und sagte: Groß ist die Wahrheit und mächtig über alles. – ESDRAS .

Ich weiß nicht, wie ich der Welt erscheinen mag, aber für mich selbst kam es mir vor, als wäre ich nur wie ein Junge gewesen, der am Meeresufer spielte und sich ab und zu damit beschäftigte, einen glatten Kieselstein oder eine hübschere Muschel als gewöhnlich zu finden, während die … Ein großer Ozean der Wahrheit lag unentdeckt vor mir . – NEWTON .

Denn die Wahrheit hat ein solches Gesicht und eine solche Miene, dass man sie nur sehen muss, um geliebt zu werden. – Dryden.

Ohne Mut kann es keine Wahrheit geben, und ohne Wahrheit kann es keine andere Tugend geben. – WALTER SCOTT .

Die Wahrheit wird durch Falschheit verletzt, und sie kann ebenso durch Schweigen empört werden. – AMMIAN .

Die Wahrheit steht immer im Einklang mit sich selbst und braucht nichts, was ihr hilft. Es ist immer in unserer Nähe und sitzt auf unseren Lippen und ist bereit, herauszukommen, bevor wir es bemerken; wohingegen eine Lüge lästig ist und die Erfindung eines Mannes auf die Probe stellt; und ein Trick braucht noch viel mehr, um ihn gut zu machen. – TILLOTSON .

Sie müssen nicht die ganze Wahrheit sagen, es sei denn denen, die ein Recht darauf haben, sie zu erfahren; Aber lass alles, was du sagst, die Wahrheit sein. – HORACE MANN .

Kein Vergnügen ist vergleichbar mit dem Stehen auf dem Standpunkt der Wahrheit. – BACON .

Nichts aus Menschenhand, weder Gesetz noch Verfassung kann endgültig sein. Die Wahrheit allein ist endgültig. – CHARLES SUMNER .

Der größte Freund der Wahrheit ist die Zeit; ihr größter Feind sind Vorurteile; und ihr ständiger Begleiter ist Demut. – COLTON .

jemanden gekannt , der die Wahrheit in Kleinigkeiten aufgegeben hat, denen man in wichtigen Angelegenheiten vertrauen konnte. – PALEY .

Körper werden durch Wasser gereinigt; Der Geist wird durch die Wahrheit gereinigt. – HORACE MANN .

Die Suche nach der Wahrheit ist die edelste Beschäftigung des Menschen; seine Veröffentlichung, eine Pflicht. – FRAU. DE STAEL .

Die Wahrheit ist eine; Und in allen Ländern unter der Sonne kann jeder , der Augen zum Sehen hat, die Zeichen seiner Einheit sehen . – Whittier.

Die Wahrheit ist der kürzeste und nächste Weg zu unserem Ziel, der uns auf einer geraden Linie dorthin führt. – TILLOTSON .

Der Ausdruck der Wahrheit ist Einfachheit. – SENECA .

Was wir vom Bild Gottes in uns haben, ist die Liebe zur Wahrheit und Gerechtigkeit. – DEMOSTHENES .

Die Wahrheit sollte die erste Lektion des Kindes und das letzte Streben des Mannes sein; Denn es wurde mit Recht gesagt, dass das Erforschen der Wahrheit, also das Liebesspiel mit ihr, das Wissen der Wahrheit, das ihre Gegenwart ist, und der Glaube an die Wahrheit, das heißt, sie zu genießen, das höchste Gut sind der menschlichen Natur . – WHITTIER .

Der sicherste und edelste Grund, auf dem Menschen leben können, ist die Wahrheit; das Reale mit dem Realen; ein Grund, auf dem nichts angenommen wird, sondern auf dem sie sprechen und denken und tun, was sie müssen, weil sie so sind und nicht anders . – EMERSON .

Unglück. – Der unglücklichste aller Menschen ist der, der glaubt, so zu sein . – HENRY HOME .

Ein perverses Temperament und eine ärgerliche Veranlagung werden, wo auch immer sie vorherrschen, jeden Lebenszustand unglücklich machen. – CICERO .

Was meinen Menschen, wenn sie über Unglück sprechen? Es ist nicht so sehr das Unglück, sondern die Ungeduld, die die Menschen von Zeit zu Zeit befällt, und dann entscheiden sie sich dafür, sich selbst elend zu nennen. – GOETHE .

Eitelkeit. – Alle Menschen sind egoistisch, aber der eitle Mann ist in sich selbst verliebt. Er bewundert, wie der Liebhaber seine Angebetete, alles, was anderen gleichgültig ist. – AUERBACH .

Der Eitelkeit dieser Welt sind keine Grenzen gesetzt. Jede Speiche im Rad glaubt, dass die gesamte Stärke des Rades von ihr abhängt. – HW SHAW .

Jeder Mensch hat so viel Eitelkeit, wie er Verständnis wünscht. – PAPST .

Eitelkeit ist die natürliche Schwäche eines ehrgeizigen Mannes, die ihn der heimlichen Verachtung und dem Spott seiner Gesprächspartner aussetzt und dadurch den Charakter ruiniert, den er so eifrig weiterentwickeln möchte. – ADDISON .

Ein Egoist wird immer von sich selbst sprechen, sei es lobend oder tadelnd; aber ein bescheidener Mann scheut sich immer, sich selbst zum Gegenstand seines Gesprächs zu machen. – LA BRUYÈRE .

Eitelkeit ist die Grundlage der lächerlichsten und verabscheuungswürdigsten Laster – der Laster der Affektiertheit und der gewöhnlichen Lüge . – ADAM SMITH .

anderen in Ungnade sind. – SHAKESPEARE .

Es gibt keine Möglichkeit, die Zunge oder die Feder eines Mannes zurückzuhalten, wenn ihm ein wenig Eitelkeit vorgeworfen wird. – WASHINGTON .

Eitelkeit macht Männer lächerlich, Stolz abscheulich und Ehrgeiz schrecklich. – STEELE .

Es ist unsere eigene Eitelkeit, die die Eitelkeit anderer für uns unerträglich macht. – LA ROCHEFOUCAULD .

Eitelkeit ist eine seltsame Leidenschaft; Anstatt arbeitslos zu sein, prahlt es mit seinen Lastern . – HW SHAW .

Extreme Eitelkeit verbirgt sich manchmal unter dem Gewand äußerster Bescheidenheit . – MRS. JAMESON .

Glas zu genau studiert. – LAVATER .

Wahrlich, jeder Mensch in seinem besten Zustand ist völlige Eitelkeit. – PSALM 39:5 .

Vize. – Das Laster hat mehr Märtyrer als die Tugend; und es kommt oft vor, dass Männer mehr leiden, wenn sie verloren gehen, als gerettet zu werden. – COLTON .

Die Bösen gehorchen ihren Leidenschaften, wie Sklaven ihren Herren. – DIOGENES .

Ein paar Laster genügen, um viele Tugenden zu verdunkeln. – PLUTARCH .

Laster schmerzt uns, sogar in unseren Freuden, aber Tugend tröstet uns, sogar in unseren Schmerzen . – COLTON .

Eine Sünde provoziert die andere. – SHAKESPEARE .

Kinder großziehen. – FRANKLIN .

Laster und Tugend implizieren hauptsächlich die Beziehung unserer Handlungen zu den Menschen in dieser Welt; Sünde und Heiligkeit implizieren vielmehr ihre Beziehung zu Gott und der anderen Welt . – DR. WATTS .

Wer in seiner Konstitution genug Energie hat, um ein Laster auszurotten, sollte etwas weiter gehen und versuchen, an seiner Stelle eine Tugend einzubauen, sonst muss er seine Arbeit erneuern. – COLTON .

Vertraute Laster verzeihen wir, nur neue tadeln wir. – PUBLIUS SYRUS .

Das ist das wesentliche Übel des Lasters: Es erniedrigt einen Menschen . – CHAPIN .

Das Laster ist ein Monster von so furchtbarem Aussehen, dass man es nur sehen muss, um gehasst zu werden . Doch zu oft gesehen, vertraut mit ihrem Gesicht, ertragen wir es zuerst, dann bemitleiden wir es und umarmen uns dann. -Papst.

Bösartige Handlungen sind nicht schädlich, weil sie verboten sind, sondern verboten, weil sie verletzend sind. – FRANKLIN .

Tugend. – Tugend hat viele Prediger, aber wenige Märtyrer. – HELVETIUS .

Tugend allein ist eine süße Gesellschaft. Sie bewahrt den Schlüssel zu allen heldenhaften Herzen und eröffnet dir einen Willkommensgruß in ihnen allen. –Emerson.

Die Tugend eines Mannes sollte nicht an seinen außergewöhnlichen Anstrengungen gemessen werden, sondern an seinem alltäglichen Verhalten . – PASCAL .

Tugend besteht aus drei Teilen: Mäßigkeit, Standhaftigkeit und Gerechtigkeit. – EPIKUR .

Tugend macht die Menschen auf Erden berühmt, in ihren Gräbern berühmt, im Himmel unsterblich . – KIND .

Wenn wir um irgendeine Tugend beten, sollten wir die Tugend sowohl kultivieren als auch dafür beten; Die Form Ihrer Gebete sollte die Regel Ihres Lebens sein. – JEREMY TAYLOR .

Der Ehrgeiz nach wahrer Ehre, nach der wahren Herrlichkeit und Vollkommenheit unserer Natur ist das eigentliche Prinzip und der Ansporn der Tugend . – Sir P. Sidney .

Tugend ist überall gleich, weil sie von Gott kommt, während alles andere von Menschen kommt. – Voltaire .

O lasst uns noch an der geheimen Freude teilhaben, der Tugend zu folgen, selbst um der Tugend willen. -Papst.

Möge dein Herz die Wahrheiten glauben, die ich sage; Seine Tugend macht die Glückseligkeit, wo immer wir wohnen. –Collins.

Die einzige uneinnehmbare Zitadelle der Tugend ist die Religion; denn es gibt kein Bollwerk der bloßen Moral, das nicht durch eine Versuchung überwältigt oder untergraben und zerstört werden könnte. – Sir P. Sidney .

Tugend darf nicht im Lichte bloßer Unschuld oder der Vermeidung von Schaden betrachtet werden; sondern als die Anstrengung unserer Fähigkeiten, Gutes zu tun. – Bischof Butler .

Was nichts Irdisches gibt oder zerstören kann, der ruhige Sonnenschein der Seele und die herzliche Freude, ist der Preis der Tugend. -Papst.

Lebe tugendhaft, Mylord, und du kannst weder zu früh sterben noch zu lange leben. – Lady Rachel Russell .

Wenn es einem ohne Gesundheit gut gehen kann, kann man ohne Tugend glücklich sein. – Burke .

Empfehlen Sie Ihren Kindern die Tugend; Das allein kann glücklich machen, nicht Gold. – Beethoven .

Ich würde um meiner selbst willen tugendhaft sein, auch wenn es niemand wüsste; denn um meiner selbst willen wäre ich sauber, auch wenn mich niemand sehen würde. – Shaftesbury .

Erkenne also diese Wahrheit, genug, damit der Mensch weiß: Tugend allein ist unten Glück. -Papst.

Eine Anstrengung, die wir mit uns selbst zum Wohle anderer unternehmen, mit der Absicht, allein Gott zu gefallen. – Bernardin de St. Pierre .

Gesunder Menschenverstand, gute Gesundheit, gutes Gewissen und guter Ruf – all dies gehört zur Tugend und alle beweisen, dass Tugend einen Anspruch auf Ihre Liebe hat. – Cowper .

Unsere Tugenden leben von unserem Einkommen; Unsere Laster verschlingen unser Kapital. – J. PETIT- SENN .

Machen Sie sich keine Sorgen, weil Sie keine großen Tugenden haben. Gott machte eine Million Grasspeere, wo er einen Baum machte. Die Erde ist gesäumt und mit Teppichen bedeckt, nicht von Wäldern, sondern von Gräsern. Haben Sie nur genug von kleinen Tugenden und allgemeiner Treue, und Sie brauchen nicht zu trauern, weil Sie weder ein Held noch ein Heiliger sind. – BEECHER .

Wollen. – Wie gering sind unsere wirklichen Wünsche und wie groß sind unsere imaginären! – LAVATER .

Wir werden ruiniert, nicht durch das, was wir wirklich wollen, sondern durch das, was wir zu tun glauben; Gehen Sie deshalb niemals ins Ausland, um Ihre Wünsche zu erfüllen. wenn es echte Wünsche sind, werden sie auf der Suche nach dir nach Hause kommen; Denn wer kauft, was er nicht will, wird bald wollen, was er nicht kaufen kann. – COLTON .

Wo die Notwendigkeit aufhört, beginnt die Neugier; Und kaum sind wir mit allem ausgestattet, was die Natur uns bieten kann, machen wir uns auch schon daran, künstliche Gelüste zu entwickeln . – DR. JOHNSON .

Hunderte hätten nie Not erfahren, wenn sie nicht zuerst die Verschwendung kennengelernt hätten. – SPURGEON .

mehr zu haben. – THOMAS À KEMPIS .

Jeder ist umso ärmer, je mehr er braucht, und er zählt nicht, was er hat, sondern wünscht nur, was er nicht hat. – MANILIUS .

Wenn jemand sagt, dass er einen gerechten Mann gesehen hat, dem es an Brot mangelte, antworte ich, dass es an einem Ort war, wo es keinen anderen gerechten Mann gab. – ST. CLEMENS .

Unsere Wünsche leiten sich hauptsächlich nicht aus der Natur, sondern aus Erziehung und Gewohnheiten ab . – FIELDING .

Krieg. – Der Krieg wird niemals weichen, außer den Prinzipien der universellen Gerechtigkeit und Liebe; und diese haben keine sichere Wurzel außer in der Religion Jesu Christi . – CHANNING .

Die meisten Schulden Europas stellen kondensierte Blutstropfen dar. – BEECHER .

Schlachten bedeuten nie das Ende eines Krieges; denn die Toten müssen begraben und die Kosten des Konflikts müssen bezahlt werden. – JAMES A. GARFIELD .

Ein kluger Minister möchte lieber den Frieden bewahren, als einen Sieg zu erringen, denn er weiß, dass selbst der erfolgreichste Krieg die Nationen im Allgemeinen ärmer und immer verschwenderischer macht, als er sie vorgefunden hat. – COLTON .

Krieg ist ein Verbrechen, das alle anderen Verbrechen umfasst. – BROUGHAM .

Auf den Krieg vorbereitet zu sein ist eines der wirksamsten Mittel zur Wahrung des Friedens. – WASHINGTON .

Krieg ist ein schreckliches Geschäft; aber in der Sache, die gerecht ist, ist der Geruch von Pulver süß. – LONGFELLOW .

Obwohl ich von Beruf Soldat bin, habe ich nie eine Vorliebe für den Krieg empfunden und ihn nie außer als Mittel zum Frieden befürwortet. – US GRANT .

Ich ziehe die härtesten Friedensbedingungen dem gerechtesten Krieg vor. – CJ FOX .

Glauben Sie mir: Wenn Sie nur einen Tag lang Krieg gesehen hätten, würden Sie zum allmächtigen Gott beten, dass Sie so etwas nie wieder sehen würden. – WELLINGTON .

Krieg ist, selbst im besten Zustand einer Armee, mit allen Erleichterungen von Höflichkeit und Ehre, mit allen Korrektiven von Moral und Religion, dennoch ein so großes Übel, dass es ein Verbrechen der Menschheit ist, sich ohne klare Notwendigkeit auf ihn einzulassen schwärzester Farbstoff. Wenn die Notwendigkeit klar ist, wird es zu einem Verbrechen, davor zurückzuschrecken. – SOUTHEY .

Abfall. — Abfall lässt sich nicht genau sagen, obwohl wir uns dessen bewusst sind, wie zerstörerisch er ist. Einerseits Wirtschaftlichkeit, durch die ein bestimmtes Einkommen erzielt wird, um einen Mann vornehm zu ernähren; und Verschwendung hingegen, durch die ein anderer Mann mit dem gleichen Einkommen schäbig lebt, kann nicht definiert werden. Es ist eine sehr schöne Sache; Da ein Mann seinen Mantel viel früher auszieht als ein anderer, können wir nicht sagen, wie. – DR. JOHNSON .

Reichtum. – Reichtum ist schließlich eine relative Sache, denn wer wenig hat und weniger will, ist reicher als der, der viel hat, aber mehr will. – COLTON .

Reichtum wird mit Schmerz erworben, mit Sorgfalt bewahrt und mit Trauer verloren. Die Sorgen des Reichtums lasten schwerer auf einem guten Mann als die Unannehmlichkeiten einer ehrlichen Armut . – L'ESTRANGE .

Strebe nicht nach stolzem Reichtum; aber solche, die du gerecht bekommen, nüchtern verwenden, fröhlich verteilen und zufrieden gehen kannst. – BACON .

Gewissen und Reichtum sind nicht immer Nachbarn. – MASSINGER .

Wer zu seinen Lebzeiten nicht zulässt, dass sein Vermögen anderen etwas Gutes tut, verhindert, dass es ihm selbst Gutes tut, wenn er tot ist; und durch einen Egoismus, der selbstmörderisch ist und eine doppelte Schärfe hat, schneidet er sich von der wahrsten Freude hier und dem höchsten Glück danach ab. – COLTON .

Es ist weitaus einfacher, wie ein Schurke ein Vermögen zu erwerben, als es wie ein Gentleman auszugeben. – COLTON .

Auf der Kanzel und in der Presse gibt es viele Gemeinplätze, die den Durst nach Reichtum anprangern, aber wenn die Menschen diese Moralisten beim Wort nehmen und aufhören würden, reich zu werden, würden die Moralisten sich beeilen, um jeden Preis diese Liebe zur Macht im Volk wieder zu entfachen. Damit die Zivilisation nicht zerstört wird. – EMERSON .

Reichtum wird nicht, wie viele annehmen, durch glückliche Spekulationen und großartige Unternehmen erworben, sondern durch die tägliche Ausübung von Fleiß, Genügsamkeit und Sparsamkeit. Wer sich auf diese Mittel verlässt, wird selten mittellos sein, und wer sich auf andere verlässt, wird im Allgemeinen bankrott gehen. – WAYLAND .

Es liegt eine Last der Sorge darin, Reichtümer zu erlangen, Angst, sie zu behalten, Versuchung, sie zu nutzen, Schuldgefühle, wenn man sie missbraucht, Trauer, wenn man sie verliert, und eine Last der Rechenschaftspflicht, die man schließlich aufgeben muss. – Matthew HENRY .

Was bedeutet Kompetenz auf lange Sicht? Es bedeutet für alle vernünftigen Wesen Sauberkeit der Person, anständige Kleidung, höfliche Umgangsformen, Möglichkeiten zur Bildung, die Freuden der Freizeit und die Glückseligkeit des Gebens . – WHIPPLE .

Der Weg zum Wohlstand ist so einfach wie der Weg zum Markt. Es hängt hauptsächlich von zwei Worten ab: Fleiß und Genügsamkeit . – FRANKLIN .

Reichtum bringt edle Chancen mit sich, und Kompetenz ist ein geeignetes Ziel; Aber Reichtum und sogar Kompetenz können zu einem zu hohen Preis erkauft werden. Reichtum selbst hat keine moralische Eigenschaft. Nicht Geld, sondern die Liebe zum Geld ist die Wurzel allen Übels. Es ist die Beziehung zwischen Reichtum und dem Geist und dem Charakter seines Besitzers, die das Wesentliche ist. – HILLARD .

Neiden wir einige Männer nicht um ihre angehäuften Reichtümer; ihre Last wäre zu schwer für uns; Wir könnten nicht, wie sie es tun, Gesundheit, Ruhe, Ehre und Gewissen opfern, um sie zu erhalten: Um sie so teuer zu bezahlen, ist der Handel ein Verlust. – LA BRUYÈRE .

Erst wenn die Reichen krank sind, spüren sie die Ohnmacht des Reichtums voll und ganz. – COLTON .

Hat Gold die Macht, den Himmel zu kaufen ? Kann Gold die tödliche Stunde vertreiben? Kann man Liebe im Leben mit Gold kaufen ? Sollen die Freuden der Freundschaft verkauft werden? Nein , das ist alles einen Wunsch, einen Gedanken wert. Gerechte Tugend gibt ungebestcht, ungekauft. Höre dann damit auf, deine Hoffnungen zu vernichten , und lass deinen Geist von edleren Ansichten gelenkt werden. -DR. Johnson.

Gattin. – Die gute Frau gehört nicht zu unseren zierlichen Damen, die es lieben, jeden Tag aufs Neue in den verschiedensten Anzügen zu erscheinen; als würde ein gutes Gewand, wie eine Kriegslist, nur einmal verwendet werden. Aber unsere gute Frau setzt ein Segel nach dem Kiel des Besitzes ihres Mannes; und wenn sie von hoher Abstammung ist, erinnert sie sich nicht so sehr daran, was sie von Geburt an war, dass sie vergisst, was sie von Geburt an ist. – FULLER .

Alle anderen Güter werden durch die Hand des Schicksals gegeben. Eine Frau ist das besondere Geschenk des Himmels. -Papst.

Eine gute Frau ist das letzte und beste Geschenk des Himmels an den Mann – sein Juwel mit vielen Tugenden, sein Juwelenkästchen; Ihre Stimme ist süße Musik, ihr Lächeln sein strahlendster Tag, ihr Kuss der Hüter seiner Unschuld, ihre Arme die blassen seiner Sicherheit, ihr Fleiß sein sicherster Reichtum, ihre Sparsamkeit sein sicherster Verwalter, ihre Lippen seine treuen Ratgeber, ihr Busen der sanfteste Kissen seiner Fürsorge. – JEREMY TAYLOR .

Sie ist nicht dazu geschaffen, die Bewunderung aller zu erregen, sondern das Glück eines Einzelnen . – BURKE .

Nichts kann berührender sein, als eine sanfte und zärtliche Frau zu sehen, die auf ihrem Weg auf den wohlhabenden Pfaden des Lebens ganz schwach und abhängig gewesen war und sich jeder unbedeutenden Unhöflichkeit gegenüber gelassen zeigte und plötzlich zu geistiger Kraft aufsteigt, um die Trösterin und Stütze ihres Mannes zu sein unter dem Unglück und mit unerschütterlicher Festigkeit den bittersten Wind des Unglücks ertragen. – WASHINGTON IRVING .

Deine Frau ist eine Konstellation von Tugenden, sie ist der Mond, und du bist der Mann im Mond . – CONGREVE .

Denn nichts Schöneres kann man an einer Frau finden , als das Gute im Haushalt zu studieren und gute Werke an ihrem Mann zu fördern. –Milton.

Was gibt es im Tal des Lebens , das halb so entzückend ist wie eine Frau? Wenn sich Freundschaft, Liebe und Frieden vereinen , um das Eheband göttlich zu prägen? – Kupfer.

O Frau! Du kennst die Stunde, in der der Herr des Hauses zurückkehren wird, wenn die Hitze und Last des Tages vorüber ist; Lass ihn nicht in einer solchen Zeit, wenn er von der Arbeit erschöpft und von der Entmutigung erschöpft ist, bei seiner Ankunft in seiner Wohnung feststellen, dass der Fuß, der ihm entgegeneilen sollte, in der Ferne wandert, dass die weiche Hand, die den Schweiß abwischen sollte Von seiner Stirn aus klopft er an die Türen anderer Häuser . – WASHINGTON IRVING .

Weisheit. – Es ist einfacher, für andere weise zu sein als für uns selbst. – LA ROCHEFOUCAULD .

Die Wolken mögen Titel und Besitztümer herabhängen lassen, beide mögen uns suchen; aber Weisheit muss gesucht werden. – YOUNG .

Wahre Weisheit besteht darin, zu wissen, was es am besten zu wissen weiß, und das zu tun, was am besten zu tun ist . – HUMPHREYS .

Glücklich ist der Mann, der Weisheit findet , und der Mann, der Verstand erlangt ; denn der Handel damit ist besser als der Handel mit Silber, und der Gewinn daraus ist besser als feines Gold. Sie ist kostbarer als Rubine, und alles, was du begehren kannst, ist mit ihr nicht zu vergleichen. Die Länge der Tage liegt in ihrer rechten Hand; und in ihrer linken Hand Reichtum und Ehre. Ihre Wege sind angenehme Wege und alle ihre Wege sind Frieden. Sie ist ein Baum des Lebens für die, die sie ergreifen; und glücklich ist jeder, der behält sie . – PROV. 3:13-18 .

Der Narr ist bereit, für alles andere als Weisheit zu zahlen. Kein Mensch kauft das, von dem er glaubt, dass er bereits im Überfluss vorhanden ist. – SIMMS .

Wo das Auge des Mitleids weint und die Macht der Leidenschaft schläft, wo die Lampe des Glaubens brennt und der Strahl der Hoffnung zurückkehrt, wo die „stille leise Stimme" im Inneren nicht von Zorn oder Sünde flüstert und bei den gerechten Toten ruht – Strahlend über den gesenkten Kopf – Weisheit wohnt inne und tröstet den demütigen Geist – sucht und findet.

Der erste Punkt der Weisheit besteht darin, das Falsche zu erkennen; das zweite, zu wissen, was wahr ist. – LACTANTIUS .

Suche nach Weisheit, wo sie zu finden ist. Suchen Sie es in der Erkenntnis Gottes, des heiligen, gerechten und barmherzigen Gottes, wie er uns im Evangelium offenbart wird; von Ihm, der gerecht ist und dennoch der Rechtfertiger derer, die an Jesus glauben. – ERZDIAKON RAIKES .

Weisheit ist oft näher, wenn wir uns beugen, als wenn wir schweben. – Wordsworth.

Wer die Regeln der Weisheit lernt, ohne sich in seinem Leben daran zu halten, ist wie ein Mann, der auf seinen Feldern arbeitete, aber nicht säte. – SAADI .

Weisheit ist für den Geist das, was Gesundheit für den Körper ist. – LA ROCHEFOUCAULD .

So wie ganze Karawanen ihre Lampen mit einer Kerze anzünden können, ohne dass sie erschöpft ist, so können Myriaden von Stämmen Weisheit aus dem großen Buch gewinnen, ohne es zu verarmen. – RABBI BEN- AZAI .

Weisheit ist das Einzige, was uns von der Herrschaft der Leidenschaften und der Angst vor Gefahren befreien kann, und das uns lehren kann, die Verletzungen des Schicksals selbst mit Mäßigung zu ertragen, und das uns alle Wege zeigt, die zu Ruhe und Frieden führen. – CICERO .

passieren können. – TERENZ .

Dieser Mensch verwechselt seltsamerweise die Art seines Geistes, der er angehört, der nicht weiß, dass Friedfertigkeit , Sanftmut, Barmherzigkeit und Reinheit untrennbare Merkmale der Weisheit sind, die von oben kommt; und dass christliche Nächstenliebe niemals geopfert werden sollte, nicht einmal für die Förderung der evangelischen Wahrheit . – BISCHOF MANT .

So lehre uns, unsere Tage zu zählen, damit wir unser Herz der Weisheit widmen können. – PSALM 90:12 .

Witz. – Ich fürchte nichts so sehr wie einen Mann, der den ganzen Tag witzig ist. – MADAME DE SÉVIGNÉ .

anderen schaden. – AUS DEM LATEINISCHEN .

Der Mensch konnte seine Wege durch klare Vernunft lenken und sein Leben durch geschmacklose Nahrung finanzieren; aber Gott hat uns Witz und Geschmack und Helligkeit und Lachen und Düfte gegeben, um die Tage der Pilgerreise des Menschen zu beleben und „seine schmerzvollen Schritte über die brennende Marle zu bezaubern " – SYDNEY SMITH .

Witz ohne Weisheit ist Salz ohne Fleisch; und das ist nur ein trostloses Gericht, auf das sich ein hungriger Mann verlassen kann. – BISCHOF HORNE .

Witz besteht darin, schnell Ideen zusammenzustellen und zusammenzusetzen, in denen Ähnlichkeit und Kongruenz zu finden sind, um in der Fantasie angenehme Bilder und angenehme Visionen zu erschaffen. – LOCKE .

Es gibt viele Männer, die mehr Haare als Verstand haben. – SHAKESPEARE .

Du schlägst deinen Kopf, und der Witz wird kommen; Klopfen Sie , wie Sie möchten, es ist niemand zu Hause. -Papst.

Witz ersetzt nicht Wissen. – VAUVENARGUES .

Den Witz über den gesunden Menschenverstand zu stellen bedeutet, das Überflüssige über das Notwendige zu stellen. – M. DE MONTLOSIER .

Frau. – Ehre den Frauen! sie flechten und weben die Rosen des Himmels in das Leben des Menschen; Sie sind es, die uns in den faszinierenden Banden der Liebe vereinen. und verborgen im bescheidenen Schleier der Gnaden hegen sie sorgfältig das äußere Feuer zarten Gefühls mit heiligen Händen. – SCHILLER .

Die Welt war traurig! – der Garten war wild! Und der Mann, der Einsiedler, seufzte – bis die Frau lächelte. -Campbell.

Ein junger Mann bekommt selten ein besseres Bild von sich selbst als das, was sich in den Augen einer echten Frau widerspiegelt. denn Gott selbst sitzt hinter ihnen . – JG HOLLAND .

O , wenn sich das liebende, verschlossene Herz einer guten Frau vor einem Mann öffnen würde, wie viel kontrollierte Zärtlichkeit, wie viele verschleierte Opfer und stumme Tugenden würde er darin ruhen sehen? – RICHTER .

Versuchen Sie, gut zu sein, aber streben Sie nicht danach, großartig zu sein. Die edelste Stellung einer Frau ist der Rückzug; Ihre schönsten Tugenden verschwinden aus der Öffentlichkeit ; Inländisch Wert,- der ein zu starkes Licht meidet. – Lord Lyttleton.

Die Natur hat Frauen mit dieser Brautgabe der Liebe in die Welt geschickt, und zwar aus diesem Grund, damit sie, was auch immer ihre Bestimmung ist, Mütter und Kinder der Liebe seien, denen immer Opfer dargebracht werden müssen und von denen keine zu bekommen sind.— RICHTER .

Das ganze Leben einer Frau ist eine Geschichte der Zuneigungen. Das Herz ist ihre Welt; dort strebt ihr Ehrgeiz nach dem Imperium; Dort sucht ihre Gier nach verborgenen Schätzen. Sie drückt ihre Sympathien dem Abenteuer entgegen, sie lässt sich mit ihrer ganzen Seele auf den Verkehr der Zuneigung ein; und wenn sie Schiffbruch erleidet, ist ihr Fall hoffnungslos, denn es ist ein Bankrott des Herzens . – WASHINGTON IRVING .

erwachsene Frau wird nicht mehr verabscheut als ein weibischer Mann. – Shakespeare.

Was wäre ein reich gedeckter Tisch ohne eine Frau an seiner Spitze? -T. Wharton.

O Frau! in unseren Stunden der Bequemlichkeit, unsicher , schüchtern und schwer zu befriedigen, und variabel wie der Schatten , den das Licht der zitternden Espe macht; Wenn Schmerz und Angst die Stirn runzeln, bist du ein dienender Engel! –Walter Scott.

Die bescheidene Jungfrau, die umsichtige Ehefrau oder die umsichtige Matrone sind im Leben viel nützlicher als gehüllte Philosophen, polternde Heldinnen oder Jungfrauenköniginnen. Sie, die ihren Mann und ihre Kinder glücklich macht, die die einen vom Laster befreit und die anderen zur Tugend erzieht, ist eine viel größere Figur als die in Liebesromanen beschriebenen Damen, deren einzige Aufgabe darin besteht, die Menschheit mit Pfeilen aus ihrem Köcher oder ihrer Familie zu ermorden Augen . – GOLDSCHMIED .

Wenn das Herz eines Mannes von Sorgen bedrückt ist , wird der Nebel zerstreut, wenn eine Frau erscheint. -Fröhlich.

Frauen sind eine neue Rasse, die neu geschaffen wurde, seit die Welt das Christentum angenommen hat. – BEECHER .

Nicht, dass sie ihren Erlöser küsst gestochen, Nicht sie verleugnete ihn mit unheiliger Zunge; Während die Apostel schrumpften, konnte sie tapfer sein, zuletzt an seinem Kreuz und frühestens an seinem Grab. —ES Barrett.

O liebende Frau, die Erfüllung des Mannes, süß, die ihn sonst nicht vollständig vervollständigt ! Wie leer und nutzlos der traurige Überrest blieb, wenn er ihrer, seines edleren Teils, beraubt wäre . –Abraham Coles.

Wie der Weinstock, der schon lange sein anmutiges Laubwerk um die Eiche geschlungen hat und von ihr in den Sonnenschein emporgehoben wurde, sich, wenn die robuste Pflanze vom Blitz zerrissen wird, mit seinen liebkosenden Ranken um sie klammert und ihre zerbrochenen Äste zusammenbindet; So hat es die Vorsehung wunderbar angeordnet, dass die Frau, die in seinen glücklicheren Stunden lediglich die Abhängigkeit und Zierde des Mannes ist, ihm Stütze und Trost sein soll, wenn er von plötzlichem Unglück heimgesucht wird; Sie schlängelte sich in die rauen Nischen seiner Natur, stützte zärtlich den gesenkten Kopf und verband das gebrochene Herz . – WASHINGTON IRVING .

Gesunde Frauen sind die Hoffnung der Nation. Männer, die einen kontrollierenden Einfluss ausüben – die Meistergeister – hatten bis auf wenige Ausnahmen Mütter, die auf dem Land geboren wurden. Sie geben an ihre Söhne jene Charaktereigenschaften weiter – moralische, intellektuelle und körperliche –, die Institutionen Stabilität verleihen und Ordnung, Sicherheit und Gerechtigkeit fördern. – DR. JVC SMITH .

Der Mann hat die Welt unterworfen, aber die Frau hat den Mann unterworfen. Geist und Muskeln haben seine Siege errungen; Liebe und Lieblichkeit haben ihr zu eigen gemacht. Kein Monarch war so groß, kein Bauer so niedrig, dass er nicht gerne einer Frau sein Bestes zu Füßen gelegt hätte. – GAIL HAMILTON .

Amerikanische Damen sind im Ausland für zwei charakteristische Merkmale bekannt (neben ihrer Schönheit und Eigenständigkeit), und zwar für ihre schlechte Gesundheit und ihre extravagante Hingabe an die Kleidung. – ABBA GOOLD WOOLSON .

Wo ist der Mann, der die Macht und das Können hat, den Strom des Willens einer Frau einzudämmen ? Denn wenn sie es will, wird sie es tun, darauf können Sie sich verlassen, und wenn sie es nicht will, wird sie es nicht tun, und es hat ein Ende mit dem Nichts .

Ich hatte oft Gelegenheit, die Standhaftigkeit zu bemerken, mit der Frauen die überwältigendsten Schicksalsschläge ertragen. Diese Katastrophen, die den Geist eines Mannes zerstören und ihn in den Staub werfen, scheinen alle Energien des sanfteren Geschlechts hervorzurufen und ihrem Charakter eine solche Unerschrockenheit und Erhabenheit zu verleihen, dass er mitunter an Erhabenheit grenzt. – WASHINGTON IRVING .

Fühlen, lieben, leiden, sich hingeben wird immer der Text des Lebens von Frauen sein. – BALZAC .

Alles, was eine Frau auf dieser Welt zu tun hat, ist in den Pflichten einer Tochter, einer Schwester, einer Frau und einer Mutter enthalten. – STEELE .

Ich habe es immer gesagt – die Natur wollte die Frau zu ihrem Meisterwerk machen. – LESSING .

Die christliche Religion allein betrachtet die eheliche Vereinigung in der Ordnung der Natur; es ist die einzige Religion, die die Frau dem Mann als Partnerin präsentiert; jeder andere überlässt sie ihm als Sklavin. Allein der Religion verdanken europäische Frauen ihre Freiheit. – ST. PIERRE .

Die Natur hat Frauen zwei schmerzhafte, aber himmlische Gaben gegeben, die sie auszeichnen und sie oft über die menschliche Natur erheben : Mitgefühl und Begeisterung. Aus Mitgefühl widmen sie sich; durch Begeisterung erhöhen sie sich selbst. – LAMARTINE .

Die Gehirnfrauen interessieren uns nie so sehr wie die Herzfrauen; Weiße Rosen gefallen weniger als rote. – HOLMES .

Es gibt nichts, wovon ich im Laufe meines Lebens mehr profitiert habe als durch die gerechten Beobachtungen, die gute Meinung und die aufrichtige und sanfte Ermutigung liebenswürdiger und vernünftiger Frauen . – ROMILLY .

Wörter. – Eine sanfte Antwort wendet den Zorn ab; aber schmerzliche Worte erregen Zorn. – SPRÜCHE 15:1 .

Meine Worte fliegen in die Höhe, meine Gedanken bleiben unten, Worte gehen ohne Gedanken niemals in den Himmel. –Shakespeare.

Wir sollten mit unseren Worten genauso vorsichtig sein wie mit unseren Taten und so weit davon entfernt sein, schlecht zu reden wie schlecht zu tun. – CICERO .

Unbescheidene Worte lassen sich nicht verteidigen , denn ein Mangel an Anstand ist ein Mangel an Sinn. – Graf von Roscommon.

Wer ist dieser, der den Rat durch Worte ohne Wissen verdunkelt ? – HIOB 38:2 .

Mit einem Wort ist es wie mit einem Pfeil: Der einmal losgelassene Pfeil kehrt nicht zum Bogen zurück; noch ein Wort an die Lippen. – ABDEL-KADER .

Oft sieht man Worte auf der Suche nach einer Idee, aber Ideen sucht man nie nach Worten. – HW SHAW .

Ich hasse alles, was mehr Platz einnimmt, als es wert ist. Ich hasse es, eine Ladung Bandboxen die Straße entlanggehen zu sehen, und ich hasse es, ein Paket voller großer Wörter zu sehen, ohne dass etwas darin ist. – HAZLITT .

Angenehme Worte sind wie eine Honigwabe, süß für die Seele und gesund für die Knochen . – SPRÜCHE 16:24 .

Männer, die viel zu sagen haben, verwenden die wenigsten Worte . – HW SHAW .

Was du bei dir behältst, kannst du ändern und reparieren; aber einmal gesprochene Worte kann man sich nie mehr merken. – ROSCOMMON .

Wenn Sie nicht möchten, dass ein Mann etwas tut, sollten Sie ihn besser dazu bringen, darüber zu sprechen; Denn je mehr Männer reden, desto wahrscheinlicher ist es, dass sie nichts anderes tun. – CARLYLE .

Es wäre gut für uns alle, alt und jung, uns daran zu erinnern, dass unsere Worte und Taten, ja, auch unsere Gedanken, auf nie anhaltenden Rädern stehen, die immer weiter auf dem Weg der Ewigkeit rollen. – MM BREWSTER .

„Worte, Worte, Worte!" sagt Hamlet abfällig. Aber Gott bewahre uns vor der zerstörerischen Macht der Worte! Es gibt Worte, die Herzen schneller spalten können als scharfe Schwerter. Es gibt Worte, deren Stachel ein ganzes Leben lang bleiben kann! – MARY HOWITT .

Wie gut ist ein Wort, das zur rechten Zeit gesprochen wird ! – SPRÜCHE 15:22, 23 .

Arbeiten. – Holen Sie sich Arbeit. Stellen Sie sicher, dass es besser ist als das, wofür Sie arbeiten. – Frau BROWNING .

Kein Mensch ist glücklicher als derjenige, der die besondere Arbeit für die Welt, die ihm zufällt, liebt und erfüllt. Auch wenn er möglicherweise nicht das volle Verständnis seiner Arbeit und ihres letztendlichen Wertes besitzt; Wenn er es nur liebt – immer vorausgesetzt, dass sein Gewissen es gutheißt –, bringt es eine überwältigende Befriedigung mit sich. – LEO W. GRINDON .

Industrie ist nichts unmöglich. – PERIANDER .

In der Arbeit liegt der wahre Stolz des Lebens; Auf der Grundlage aktiver Beschäftigung kann die frühe Begeisterung zwar nachlassen, sie degeneriert jedoch nie in Gleichgültigkeit, und das Alter lebt in ewiger Jugend. Das Leben ist nur für Müßiggänger oder solche, deren Seele leer ist, eine Ermüdung. – LEO W. GRINDON .

Das haben wir dir geboten: Wer nicht arbeiten will, soll auch nicht essen . – 2. THESS. 3:10 .

Wenn Sie sich sein Königreich nicht wünschen, beten Sie nicht dafür. Aber wenn Sie das tun, müssen Sie mehr tun, als dafür zu beten, Sie müssen dafür arbeiten. – RUSKIN .

Kein Mensch wird in die Welt hineingeboren, dessen Werk nicht mit ihm geboren wird. Für diejenigen, die es wollen, gibt es immer Arbeit und Werkzeuge, mit denen man arbeiten kann. und gesegnet sind die geilen Hände der Arbeit. – LOWELL .

Ich bezweifle, dass harte Arbeit, beharrlich und regelmäßig ausgeführt, jemals jemandem geschadet hat. – LORD STANLEY .

Darin sind Frauen sicherlich glücklicher als wir Männer: Ihre Beschäftigungen nehmen einen geringeren Teil ihrer Gedanken ein, und die ernste Sehnsucht des Herzens, das schöne Innenleben der Fantasie beherrscht immer den größeren Teil . – SCHLEIERMACHER .

Mutig durch den Sonnenschein und die Schauer! Die Zeit hat seine Arbeit zu tun, und wir haben unsere. –Emerson.

Wir haben nur Spaß an unserer Arbeit, unserem Tun; und unser bestes Tun ist unser größtes Vergnügen. – JACOBI .

Die moderne Majestät liegt in der Arbeit. Was ein Mann tun kann, ist sein größter Schmuck, und wenn er es tut, achtet er stets auf seine Würde. – CARLYLE .

Meiner Meinung nach ist Arbeit für den Menschen ebenso notwendig wie Essen und Schlafen. Sogar diejenigen, die nichts tun, was man für einen vernünftigen Menschen als Arbeit bezeichnen könnte, bilden sich dennoch ein, dass sie etwas tun. Die Welt besitzt keinen Mann, der in seinen eigenen Augen ein Faulpelz ist. – WILHELM VON HUMBOLDT .

Es ist nicht die Arbeit, die Menschen tötet; es ist Sorge. Arbeit ist gesund; Man kann einem Mann kaum mehr auferlegen, als er ertragen kann. Sorge ist Rost auf der Klinge. Es ist nicht die Revolution, die die Maschinerie zerstört, sondern die Reibung. – BEECHER .

Welt. – Die Welt ist ein Land, das noch niemand durch Beschreibung kannte; man muss es selbst durchqueren, um es kennenzulernen. Der Gelehrte, der im Staub seines Verstecks über die Welt redet oder schreibt, weiß nicht mehr darüber als der Redner über den Krieg, der sich klugerweise bemühte, Hannibal darin zu unterrichten. – CHESTERFIELD .

Es geht dir darum, die Welt zu kennen, nicht sie zu lieben . Sie gibt nur wenig und auch nicht so lange. -Jung.

Ich bin überhaupt nicht beunruhigt darüber, dass ich in diese Welt gekommen bin und bisher meinen Weg in dieser Welt bestanden habe; weil ich so darin gelebt habe, dass ich Grund zu der Annahme habe, dass ich ihm von Nutzen gewesen bin; und wenn das Ende naht, werde ich das Leben aufgeben wie ein Gasthaus und nicht wie ein richtiges Zuhause. Denn die Natur scheint mir diese Station hier für uns bestimmt zu haben, als Aufenthaltsort , nur als vorübergehender Aufenthaltsort und nicht als feste Siedlung oder dauerhafte Behausung . – CICERO .

Es ist schön, die Welt zu retten, aber schlecht anzubeten. – George MACDONALD .

Die Welt ist eine hervorragend gekleidete Braut; Wer sie heiratet, muss seine Seele mit einer Mitgift bezahlen. – HAFIZ .

O wer würde dieser Welt vertrauen oder wertschätzen, was in ihr ist, die jede Minute gibt und nimmt, und hackt und verändert ? – Quarles.

schließlich Gottes Welt. – CHARLES KINGSLEY .

Es gibt eine andere und eine bessere Welt. – KOTZEBUE .

Gott, so wird uns erzählt, blickte auf die Welt, nachdem er sie erschaffen hatte, und erklärte sie für gut; aber asketische Pietisten werfen in ihrer Weisheit ihre Augen darüber und bezeichnen es im Wesentlichen als völligen Fehlschlag, als klägliche Produktion, als dürftige Angelegenheit. – BOVEE .

Der einzige Zaun gegen die Welt ist ein gründliches Wissen über sie . – LOCKE .

Betrachten Sie dies als ein sicheres Mittel, um vielen Leiden vorzubeugen und von ihnen befreit zu werden: Mischen Sie sich so wenig in die Welt und ihre Ehren, Plätze und Vorteile ein, wie Sie können. Und befreie dich so weit und so schnell wie möglich von ihnen. – FULLER .

Es gibt kein Wissen, für das ein so hoher Preis gezahlt wird wie das Wissen über die Welt; und niemand wurde jemals ein Experte darin, außer auf Kosten eines verhärteten oder verwundeten Herzens . – LADY BLESSINGTON .

Ein guter Mann und ein weiser Mann kann manchmal wütend auf die Welt sein, manchmal trauert sie darum; aber stellen Sie sicher, dass kein Mensch jemals mit der Welt unzufrieden war, der darin seine Pflicht erfüllte. – SOUTHEY .

Du musst dich damit zufrieden geben, die Welt so unvollkommen zu sehen, wie sie ist. Du wirst niemals Ruhe haben, wenn du dir selbst auf die Nerven gehst , weil du die Menschheit nicht zu der genauen Vorstellung von den

Dingen und der Lebensregel bringen kannst, die du dir in deinem eigenen Kopf gebildet hast. – FULLER .

Ich bin froh zu glauben, dass ich nicht dazu verpflichtet bin, die Welt in Ordnung zu bringen, sondern nur das Werk zu entdecken und mit fröhlichem Herzen zu tun, das Gott bestimmt . – JEAN INGELOW .

Jeder auf dieser Welt will zuschauen, aber niemand mehr als wir selbst . – HW SHAW .

O welch eine Herrlichkeit erweist sich diese Welt für den, der mit glühendem Herzen unter dem hellen und herrlichen Himmel hinausgeht und auf gut erfüllte Pflichten und gut verbrachte Tage blickt . – Longfellow.

Vertraue nicht der Welt, denn sie zahlt nie , was sie verspricht . – ST. AUGUSTINUS .

Verehrung. – Der Akt der göttlichen Anbetung ist das unschätzbare Privileg des Menschen, des einzigen geschaffenen Wesens, das sich in Demut und Anbetung verneigt. – HOSEA BALLOU .

Anbetung und Gebete sind für den Menschen und nicht für Gott erforderlich. nicht, um Gott ruhmreicher zu machen, sondern um den Menschen zu verbessern , damit er im richtigen Sinne seines abhängigen Zustands bestätigt wird und jene frommen und tugendhaften Gesinnungen erlangt, in denen seine höchste Verbesserung besteht. – BLAIR .

Herr, lass uns zu deinen Toren gehen , um den erfreulichen Klang zu hören, damit wir dort Erlösung finden , solange sie noch gefunden werden kann.

Dort lasst uns Freude und Trost ernten; Dort lehre uns, wie man betet, um Gnade zur Wahl und um Kraft , den engen, schmalen Weg zu halten .

Und so vergrößere unsere Liebe zu Dir, dass alle unsere zukünftigen Tage ein einziger Sabbat voller Dankbarkeit und Lob sei . – Okay .

Denken Sie daran, dass Gott sich nicht verspotten lässt; dass es das Herz des Anbeters ist, auf den er Rücksicht nimmt. Wir sind nie sicher, bis wir Ihn von ganzem Herzen lieben, den wir anzubeten vorgeben. – BISCHOF HENSHAWE .

Die beste Art, Gott anzubeten, besteht darin, die Not der Zeit zu lindern und die Lage der Menschheit zu verbessern. – ABULFAZZI .

Jugend. – Die Kraft, die Männlichkeit zu öffnen, wird nie so gut eingesetzt wie bei der Ausübung der Unterwürfigkeit gegenüber dem offenbarten Willen Gottes; es verleiht der Religion Anmut und Schönheit und bringt eine reiche Ernte hervor. – BISCHOF MANT .

Wer sich in der Jugend nur um sich selbst kümmert, wird im Mannesalter ein sehr Geizhals und im Alter ein elender Geizhals sein . – J. HAWES .

Wenn ein Baum im Frühling nicht blüht, wird man im Herbst vergeblich nach Früchten suchen. – HASE .

Jugend, Begeisterung und Zärtlichkeit sind wie die Tage des Frühlings. Anstatt, o mein Herz, über ihre kurze Dauer zu klagen, versuche, sie zu genießen. – RÜCKERT .

Jeder Lebensabschnitt birgt seine besonderen Versuchungen und Gefahren. Aber die Jugend ist die Zeit, in der wir am meisten in die Falle geraten. Dies ist vor allem die Formungs- und Fixierungsperiode, die Frühlingszeit der Disposition und Gewohnheit; und in dieser Jahreszeit, mehr als in jeder anderen, nimmt der Charakter seine dauerhafte Form und Farbe an, und die Jungen sind es gewohnt, ihren Lauf für Zeit und Ewigkeit zu nehmen. – J. HAWES .

Die besten Regeln, um einen jungen Mann zu formen, sind, wenig zu reden, viel zu hören, allein über das nachzudenken, was in Gesellschaft passiert ist, der eigenen Meinung zu misstrauen und die anderer zu schätzen, die es verdienen . – SIR W. TEMPLE .

Denke jetzt an deinen Schöpfer in den Tagen deiner Jugend . – PREDIGER 12:1 .

Was wir in der Jugend säen, ernten wir im Alter; Der Samen der Distel bringt immer die Distel hervor. – JT FIELDS .

Ich liebe die Bekanntschaft junger Leute; Denn erstens möchte ich nicht daran denken, dass ich alt werde. Zweitens müssen junge Bekannte am längsten überleben, wenn sie denn bestehen; und dann, mein Herr, haben junge Männer mehr Tugend als alte Männer; Sie haben in jeder Hinsicht großzügigere Gefühle . – DR. JOHNSON .

Mädchen, die wir so lieben, wie sie sind; junge Männer für das, was sie zu sein versprechen. – GOETHE .

Rücksichtslose Jugend macht reumütiges Alter. – FRANKLIN .

Oh! Die Freude an jungen Ideen, die in den Geist gemalt werden, breitet sich in den warmen, leuchtenden Farben auf noch unbekannten Objekten aus, wenn alles neu und alles schön ist. –Hannah More.

Im Lexikon der Jugend, die das Schicksal einem klugen Mann vorbehalten hat, gibt es kein Wort wie „versagen" . – LYTTON .

Anfang an durchlaufen. – GOETHE .

Junge Männer halten alte Männer für Narren, und alte Männer wissen, dass junge Männer Narren sind. – DR. METCALF .

So wie ich einen Jugendlichen gutheiße, der etwas vom alten Mann in sich hat, so bin ich nicht weniger zufrieden mit einem alten Mann, der etwas von der Jugend hat. – CICERO .

Die Jugend ist nicht das Zeitalter der Weisheit; Lassen Sie uns daher gebührend darüber nachdenken. – RIVAROL .

Eifer. – Übermäßige Motive kehren ihre eigentliche Natur um und betäuben und betäuben den Geist, anstatt ihn zu erregen. – COLERIDGE .

Nichts hat der Religion mehr Vorurteile zugefügt oder die Wahrheit mehr herabgewürdigt als ungestümer und unzeitgemäßer Eifer . – BARROW .

Durch Eifer wird Wissen erlangt, durch mangelnden Eifer geht Wissen verloren; Möge ein Mann, der diesen doppelten Weg von Gewinn und Verlust kennt, sich so positionieren, dass das Wissen wachsen kann. – BUDDHA .

Eifrige Männer zeigen Ihnen immer die Stärke ihres Glaubens, während vernünftige Männer Ihnen die Gründe dafür zeigen. – SHENSTONE .

Wer aus Eifer für seinen Freund etwas Niedriges tut, verbrennt den goldenen Faden, der ihre Herzen miteinander verbindet. – JEREMY TAYLOR .

Lassen Sie niemals zu, dass Ihr Eifer Ihre Nächstenliebe übertrifft. Ersteres ist nur menschlich, letzteres ist göttlich. – HOSEA BALLOU .

Es ist eine Kohle vom Altar Gottes, die unser Feuer entzünden muss; und ohne Feuer, wahres Feuer, kein akzeptables Opfer . – WILLIAM PENN .

Jede Abweichung von den Regeln der Nächstenliebe und der brüderlichen Liebe, der Sanftmut und Nachsicht, der Sanftmut und Geduld, die unser Herr seinen Jüngern vorschreibt, ist wahr, wie sehr sie auch auf der Verbundenheit zu Ihm und dem Eifer für seinen Dienst beruhen mag eine Abkehr von der Religion dessen, „des Menschensohnes", der „nicht kam, um das Leben der Menschen zu zerstören, sondern um sie zu retten." – BISCHOF MANT .

Heftiger Eifer für die Wahrheit hat hundert zu eins Chancen, entweder Launenhaftigkeit, Ehrgeiz oder Stolz zu sein. – SWIFT .

Eifer ohne Wissen ist wie eine Expedition zu einem Mann im Dunkeln. – NEWTON .

Eifer, wenn er nicht richtig geleitet wird, wenn er sich am meisten darum bemüht, Gott zu gefallen, zwingt Ihm jene unzeitgemäßen Aufgaben auf, die Ihm nicht gefallen. – HOOKER .

Wir tun das in unserem Eifer, in dem unsere ruhigeren Momente Angst haben würden, darauf zu antworten . – SCOTT .

www.ingramcontent.com/pod-product-compliance
Lightning Source LLC
Chambersburg PA
CBHW051318130726
47987CB00004B/1861